Jürgen F. Schopp • Typografie und Translation

manual

Jürgen F. Schopp

Typografie und Translation

facultas.wuv

Basiswissen Translation

herausgegeben von Mira Kadrić, Universität Wien

Jürgen F. Schopp, Dr. (em.), lehrte am Institut für Sprach- und Translationswissenschaften der Universität Tampere in Finnland.

Bibliografische Information Der Deutschen Nationalbibliothek

Die Deutsche Nationalbibliothek verzeichnet diese Publikation in der Deutschen Nationalbibliografie; detaillierte bibliografische Daten sind im Internet über http://d-nb.de abrufbar.

facultas.wuv, Berggasse 5, 1090 Wien

Innengestaltung und Satz: Jürgen F. Schopp
Druck: Facultas AG
Printed in Austria

ISBN 978-3-7089-0305-7

Vorwort

Noch Mitte der 1980er Jahre war der Begriff *Typografie* für die meisten Translatorinnen und Translatoren terra incognita, unbekanntes Land. Erst mit Desktop-Publishing (DTP) – einem Softwaretypus, der unter anderem die Darstellung und den Ausdruck von Proportionalschrift im Computer ermöglichte – wurde Mitte der 80er Jahre publizierenden Laien das Werkzeug des Schriftsetzers und Typografen in die Hand gegeben, was sie in die Lage versetzte, nun selbst Druckvorlagen zu gestalten und herzustellen. Damit wurde Typografie gleichermaßen zur Kulturtechnik, zur Handschrift unserer Zeit und der Computer das dominierende Schreibwerkzeug. Seitdem betätigen sich in vielen Kommunikationsfeldern, deren Drucksachen ursprünglich ausschließlich professionell gestaltet waren, Laientypografen, mit oft umfangreichem technischen und typografischen *Wissen*, aber ungeschultem typografischen Auge und mangelndem gestalterischen *Können*. Davon betroffen sind auch die translatorischen Berufe, deren traditionelle Arbeitsweise sich durch DTP grundlegend verändert hat.

Professionelles Übersetzen wird hier aufgefasst als berufliche Tätigkeit, bei der auf Bestellung verbale Kommunikationsmittel angefertigt („produziert") werden, die vom Auftraggeber oder dessen Klienten im Rahmen meist öffentlicher und nicht selten repräsentativer trans- oder interkultureller Kommunikation eingesetzt werden sollen. Daher spielen besonders beim professionellen Übersetzen typografische Kenntnisse und Fertigkeiten eine immer wichtigere Rolle, entstand durch DTP doch ein völlig neuer translatorischer Produkttyp, das *publikationsfertige* Translat, bzw. eine Arbeitstechnik, bei der die Übersetzung direkt in die layoutformatierte Ausgangstextdatei geschrieben wird.

Das Verhältnis von Typografie und Translation bzw. Translatologie hat zwei Hauptaspekte. Aus semiotischer Perspektive ist damit zu rechnen, dass typografische Mittel eine Zeichenfunktion ausüben und somit kulturspezifisch geprägt sein können, was eine Art visuelle Kulturspezifik zur Folge hat. Der zweite Aspekt betrifft die Gestaltung des Translats, das in der heutigen globalen Schreibkultur mit Desktop-Publishing so gut wie immer in typografischer Gestalt anzufertigen ist oder diese spätestens im zielkulturellen Kommunikationsmedium (als Print- oder digital-elektronischem Medium) erhält. Diese Gestaltung bewegt sich, abhängig von Textsorte und Kommunikationsfeld, auf einer Skala zwischen laientypografischer Textverarbeitung („typografischem Schreiben") und professionellem typografischem Design. Beim professionellen Übersetzen genügt es daher nicht, dass Translatorinnen und Translatoren lediglich in der Lage sind, sich laientypografisch zu betätigen, sondern sie müssen über translationsspezifisches typografisches Wissen und die entsprechenden Fertigkeiten verfügen. Beides ist bereits im Rahmen des Curriculums zu vermitteln. Typografisch unzureichend gestaltete Texte beeinträchtigen das Kommunikationsziel und verhindern im Extremfall gar die Rezeption des Textes.

Dieses Buch soll in seinen sechs Kapiteln die Rolle und den Stellenwert der visuellen Textgestaltung und -gestalt im professionellen Übersetzungsprozess darstellen, angehenden TranslatorInnen ein berufsspezifisches typografisches Basiswissen vermitteln, ihr typografisches Bewusstsein und den Blick für typografische Phänomene verstärken und Anregungen geben, wie typografische Fertigkeiten autodidaktisch erworben werden können.

Im 1. Kapitel wird kurz die Entwicklung der Schrift zum heutigen Medium dargestellt, mit dem Texte visualisiert werden; damit verbunden ist eine Skizze der schriftlichen Kommunikation zwischen Beruf und Kulturtechnik.

Das 2. Kapitel behandelt die Rolle der Typografie unter kommunikativem Aspekt, ihre zahlreichen Funktionen und ihre Existenzweisen, die zwischen den Polen Experten- und Laientypografie anzusiedeln sind; außerdem wird auf fachsprachliche Aspekte eingegangen.

Den Hauptteil des Buches – sozusagen ein Buch im Buch – bildet Kapitel 3, das sich an diejenigen richtet, die nicht nur wissen wollen, wann und wo im Translationsprozess TranslatorInnen mit Typografie in Kontakt kommen, sondern was Typografie *ist* und wie sie „funktioniert". Das Kapitel geht auf die Vielzahl der typografischen Mittel und Gestaltungsprinzipien ein, die das typografische Instrumentarium ausmachen und zeigt zudem auf, unter welchen Bedingungen und in welchem Umfang Typografie als Translationsproblem auftreten kann.

Im 4. Kapitel behandelt Karen Jesserer den digital-typografischen Schreibprozess, wie er im heutigen Translatoren-Alltag vorausgesetzt wird, d. h. das Schreiben am Computer und seine technischen Voraussetzungen.

Der Rolle bzw. dem Stellenwert der Typografie im gesamten Herstellungsprozess eines Translats vom Angebot bis zum „Imprimatur" bzw. „Gut-zum-Druck" widmet sich das 5. Kapitel.

Das 6. Kapitel geht schließlich auf das professionelle Korrekturlesen in unterschiedlichen Phasen des Translationsprozesses ein, vor allem auf die von translatorischer Seite oft übersehene oder vernachlässigte Phase der Kundenkorrektur.

Noch ein Wort zur Rechtschreibung: Trotz des Prinzips der Rechtschreibreform, dass Zusammengehörendes gleich geschrieben wird, empfiehlt die 24. Auflage des Rechtschreibdudens (2006: 18) die Formen *Graph* und *Graphem*, während in *Typografie, grafisch* u. Ä. das ph aus dem Griechischen mit f wiedergegeben wird. Solche Inkonsequenzen zeigen, welch ein komplexes und nur schwer in Regeln zu fassendes Phänomen die Sprache ist – gesprochen wie geschrieben; wir müssen mit solchen Widersprüchen leben.

Tampere und Wien im August 2011

Jürgen F. Schopp
Karen Jesserer

Inhaltsverzeichnis

1 Schrift und Kommunikation

Schreiben ist im Gegensatz zum Sprechen keine natürliche kommunikative Tätigkeit, sondern eine Kulturtechnik, die mehr oder weniger mühsam erlernt werden muss – die nicht unumstrittene Neuregelung der deutschen Rechtschreibung wird ja gerade damit begründet, dieses Lernen zu vereinfachen. Für die meisten unter uns ist diese Kulturtechnik freilich schon so selbstverständlich geworden, dass wir nicht selten das Schriftbild mit der geschriebenen Sprache gleichsetzen und keinen Unterschied zwischen dem verbalen Inhalt und seiner visuellen Präsentation machen: *geschriebene Sprache* wird schlechthin als Sprache aufgefasst. So meinte schon der Altmeister der Sprachwissenschaft, Ferdinand de Saussure: „Auch heute noch verwechseln gebildete Leute die Sprache mit ihrer Orthographie [...] Man vergißt zuletzt, daß man sprechen lernt, ehe man schreiben lernt, und das natürliche Verhältnis ist umgedreht" (1931/1967: 30). Andererseits ist es eine Tatsache, dass durch die Schrift spezielle Kommunikationsformen und Textsorten entstanden sind und eine Sprache wie das Deutsche auf der *Langue*-Ebene zwei Subsysteme aufweist: die Sprechstandardsprache und die Schreibstandardsprache (Gallmann 1985: 2).

1.1 Kleine Geschichte der Schrift I: Vom Begriff zum Laut

Eine der wichtigsten kulturellen Errungenschaften der Menschheit ist zweifellos die Schrift, auch wenn sie nicht unbedingt die Voraussetzung für Kultur ist, wie die Existenz oraler (lat. *oral*, „mündlich") Kulturen bis in die Gegenwart hinein beweist (Stein 2006).

Am Beginn der Schriftentwicklung stand vermutlich die Notwendigkeit, nicht anwesenden Familien-, Sippen- oder Stammesangehörigen anhand eines Gegenstandes (z. B. eines Zweiges) etwas mitzuteilen (z. B. welcher Richtung zu folgen ist) oder Geschehenes festzuhalten. Zwar handelt es sich hierbei noch nicht im entferntesten um das, was wir heute Schrift nennen. Aber der betreffende Gegenstand diente als Zeichen und somit als Mittel, durch das die typischen Beschränkungen mündlicher Kommunikation wie persönliche Anwesenheit und auditiver (lat. *audire*, „hören") Kanal aufgehoben werden konnten. Solche „Gegenstandsschriften" sind z. B. die sprichwörtlichen Kerbhölzer, die Knotenschnüre (Quippus) der Inkas und die Wampungürtel der Irokesen. Es handelt sich dabei um „visuelle Mnemotechniken oraler Kulturen" (Stein 2006: 13). Die Fähigkeit zum Zeichengebrauch ist eine wesentliche Voraussetzung zur Entstehung und Entwicklung der Schrift.

Die zweite Voraussetzung ist die technische Fähigkeit, Zeichen darzustellen; man spricht in diesem Zusammenhang von „zeichnerischen Vorstufen der Schrift"

(Jensen 1969: 24); hierzu lassen sich die steinzeitlichen Höhlenbilder ebenso zählen wie die skandinavischen Felszeichnungen, sog. (eingemeißelte) Petroglyphen und (aufgemalte) Petrogramme (vgl. Jensen 1964: 26). So können die heutigen Wörter für *Schreiben* in fast allen Sprachen auf Wörter zurückgeleitet werden, die für die Tätigkeiten *Kratzen, Ritzen, Kerben, Malen* u. ä. standen (z. B. dt. *schreiben,* lat. *scribere,* „(Buchstaben) mit dem Griffel eingraben, einzeichen“, vgl. engl. *to write,* eigentlich: „(Runen ein)ritzen“).

Von Schrift im eigentlichen Sinn lässt sich erst sprechen, wenn es möglich ist, durch eine Reihe von konventionalisierten (lat. *conventio,* „Herkommen, Brauch“) Zeichen größere sprachliche Einheiten (Texte) festzuhalten und zu übertragen. Dabei gibt es grundsätzlich zwei Prinzipien: Man orientiert sich wie ursprünglich bei der chinesischen Schrift und den ägyptischen Hieroglyphen sprach(form)-unabhängig an den Begriffen, an Inhalten (Begriffsschrift, Ideographie) – das ist die ältere Entwicklungsstufe, die allerdings in Reinkultur nicht vorkommt.

Das zweite Prinzip besteht darin, dass man versucht, den Klang der Sprache aufzuzeichnen, zunächst einmal als Wortschrift (Logographie). Diese (jüngere) Entwicklungsstufe kann in einer Silben- oder in einer Lautschrift resultieren. Lautschrift existiert als Konsonantenschrift (z. B. Arabisch, Hebräisch) oder volle Alphabetschrift (z. B. Griechisch, Latein).

Der griechische Philosoph Heraklit (ca. 550–480 v. Chr.) nannte die Schrift „des Lebens gewaltiger Beginn“. Sicherlich bezog er sich auf die griechische Schrift, die erste voll ausgebildete Alphabetschrift, die nicht nur Konsonanten, sondern auch Vokale darstellte und mit der es nun möglich war, den Klang der Sprache abzubilden und aufzuzeichnen.

Doch bis es soweit war, waren bereits mehrere Jahrtausende vergangen und die Schrift hatte eine Entwicklung hinter sich, die vom analogen zum digitalen Schreiben (und Lesen) führte (vgl. Henrich 2000: 389). Gemeint ist damit das Darstellungsprinzip: *analog* heißt in diesem Kontext, dass das Schriftzeichen eine bildhafte, wenn auch vereinfachte (abstrahierte, stilisierte) Darstellung des Bezeichneten ist, d. h. eine gewisse Ähnlichkeit mit ihm aufweist, z. B. Umriss oder Silhouette wie bei den ägyptischen Hieroglyphen (wörtlich: „heilige Zeichen“) oder unterscheidende, charakteristische Merkmale – mit anderen Worten: eine Verbildlichung von Begriffen (Jean 1991: 14). *Digital* dagegen bedeutet, dass die Kommunikation auf einem konventionalisierten System von Zeichen beruht, das

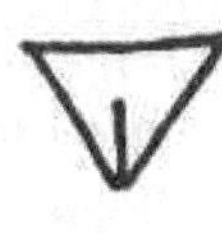

Abb. 1:
Entwicklung der Schrift:
vom analogen (links; Haarmann 1990: 159)
zum digitalen Darstellungsprinzip
(rechts; Fazzoli 2004: 26)

gesondert erlernt werden muss, da die Zeichen für Elemente der (gesprochenen) Sprache stehen, die an sich schon das digitale Prinzip nutzt. Als Beispiel dient hier das (analoge) altsumerische Zeichen für „Frau“ (Abb. 1, obere Reihe links), das in der Keilschrift zum digitalen Zeichen geworden ist (Abb. 1 oben rechts). Das Gleiche gilt für das altchinesische Ideogramm für „Frau“, chin. Nü, in Abb. 1 unten links, das diese noch in der charakteristischen unterwürfigen Haltung (gebeugt sitzend, die Hände in den Ärmeln verschränkt) erkennen lässt, während diese Abbildungselemete im modernen chinesischen Zeichen (rechts) völlig verschwunden sind (Fazzioli 2004: 26).

Charakteristisch für die weitere Entwicklung der meisten Schriftsysteme ist eine Eigendynamik, die von der ideographischen Darstellung von Begriffen zur phonographischen Wiedergabe von lautlichen Einheiten führte, oder wie Luidl es ausdrückte: vom „Sinn-Zeichen“ zum „Klang-Zeichen“ (1989: 21). Verantwortlich dafür ist zum einen das *Rebusprinzip* (lat.-franz. *rebus*, „durch Sachen“), und zum zweiten das Prinzip der *Akrophonisierung* (griech. *akro…*, „spitz…“ und griech. *phon…*, „Laut“).

Das Rebusprinzip ist uns aus Bilderrätseln bekannt: Man addiert von mehreren Bildern die Lautwerte der Wörter, mit denen die dargestellten Begriffe bezeichnet werden und erhält so ein neues Wort. So wird z. B. aus „Ei“ und „Damm“ das Wort „Eidam“ gebildet oder aus „Sand“ und „Ahle“ das Wort „Sandale“. Das Besondere daran ist, dass nicht Bedeutungen addiert werden wie z. B. bei der Bildung von Zusammensetzungen, sondern reine, von der Bedeutung des Wortes losgelöste Lautketten, die ein neues Wort mit eigener Bedeutung ergeben. Als aktuelles Beispiel kann die Marke „4you“ dienen.

Das akrophonische Prinzip besagt, dass im Laufe der Schriftentwicklung der Anfangslaut des (meist einsilbigen) Wortes vom Wort getrennt und mit dem Piktogramm des ursprünglichen Wortes gleichgesetzt wurde, z. B. semitisch *bet*, „Haus“, wurde zu *b*, griechisch *beta* (Dobelhofer 1993: 37). Wir wenden dieses Prinzip heute noch an, wenn wir z. B. am Telefon einen Namen mit Hilfe bestimmter Wörter buchstabieren (S wie „Siegfried“, C wie „Caesar“ usw.).

So wurde die Schrift von der bildhaft dargestellten Sprache zum Bild der menschlichen Stimme, wie Voltaire es ausdrückte (vgl. Kuckenburg 1998: 167f). Der Schritt von der grafischen Darstellung von Begriffen zur grafischen Darstellung von Lauten bedeutete aber, dass die Schrift damit an eine bestimmte Sprache gebunden war (Stein 2006: 13) und nicht mehr als interlinguales Kommunikationsmittel verwendet werden konnte. Vielleicht liegt gerade in diesem Umstand der Ursprung der Geschichte von der Sprachverwirrung beim Turmbau zu Babel: der Übergang von der Ideographie zur Phonographie.

Und noch ein verbreiteter Irrtum ist zu berichtigen. Die Schrift wurde nicht *erfunden*, um Gedanken aufzuzeichnen, sondern sie *entwickelte* sich – erst einmal aus wirtschaftlichen Gründen und zu sakralen Zwecken. Ihre primäre Funktion war – wie Kuckenburg (1998: 159) es ausdrückt – das Zählen, erst dann kam das Erzählen und der mit dem technologischen Wandel verbundene kognitive Wandel: Das neue Kommunikationsmittel prägte das Denken der Menschen. Wirtschaftliche Gründe, nämlich das Bedürfnis kleiner „mittelständischer" Händler und Kaufleute der biblischen Landschaft Kanaan nach privater Buchführung, waren es vermutlich, die zur Entstehung der Buchstabenschrift führten, denn die konnten sich nicht die im Tempel- oder Staatsbetrieb angestellten professionellen Schreiber leisten, sondern waren auf sich selbst angewiesen; da war die leichte Erlernbarkeit einer alphabetischen Schrift ein wesentlicher Vorteil (Kuckenburg 1998: 283, 301).

Das im Gebiet des heutigen Libanon beheimatete Händlervolk der Phönizier gilt als Vermittler einer konsonantischen Buchstabenschrift an die Griechen, die daraus eine volle Alphabetschrift machten. So lässt sich durchaus feststellen, dass die Übernahme von Schriftsystemen in andere Sprachen und Kulturen stets Entwicklungsschübe auslöste, die zu einer Weiterentwicklung führten.

Wie wir in Kap. 3.1 sehen werden, ist die Schrift heute ein sehr komplexes Gebilde, das neben alphabetischen Zeichen auch eine Reihe weiterer Zeichen (Ziffern, Interpunktionen, ja sogar Wortzeichen) umfasst und es so möglich macht, nicht nur den Klang einer sprachlichen Äußerung aufzuzeichnen, sondern komplexe Texte.

> Als Schrift können alle Zeichensysteme definiert werden, die es erlauben, sprachliche Äußerungen entweder inhaltlich oder darüber hinaus noch formulierungsgetreu aufzuzeichnen.

1.2 Kleine Geschichte der Schrift II: Vom Wortband zum Wortbild

Mit der Alphabetschrift war der erste wichtige Schritt getan. Ein zweiter folgte, die Entwicklung vom einfachen zum doppelten Alphabet, mit anderen Worten: die Entstehung von Groß- und Kleinbuchstaben oder wie sie fachsprachlich heißen, *Versalien* und *Gemeinen*. Das war gleichzeitig eine Entwicklung, die positive Auswirkungen auf die Lesbarkeit der Texte hatte. Werden Wörter nämlich in Versalien geschrieben, dann stehen alle Buchstaben zwischen zwei optischen Linien und ergeben eine bandartiges Gebilde. Fachleute sprechen deshalb vom *Zweiliniensystem*, das *Wortbänder* erzeugt:

WORTBÄNDER IM ZWEILINIENSYSTEM

Schreibt man den Text dagegen mit Groß- und Kleinbuchstaben, dann ergeben sich vier optische Linien und jedes Wort hat einen typischen Umriss. In diesem Fall sprechen Fachleute vom *Vierliniensystem* und von *Wortbildern*:

Wortbilder im Vierliniensystem

Diese Entwicklung, die sich im täglichen Gebrauch gleichsam von selbst einstellte, hatte zur Folge, dass auch bei alphabetischen Schriften eine Art ideographisches

Lesen möglich wurde, wie bereits de Saussure beobachtet hat: „... ein geläufiges und bekanntes Wort wird auf einen Blick erfaßt, unabhängig von den Buchstaben, aus denen es zusammengesetzt ist. Das Bild des Wortes gewinnt für uns einen ideographischen Wert." (1931/1967: 40)

Die äußerst komplexe Entwicklung der Lautschrift, als deren Resultat wir heute in den Schriften des griechischen Schriftkreises ein Doppelalphabet mit zwei verschiedenen Figurensätzen (Groß- und Kleinbuchstaben bzw. Versalien und Gemeine; schrifthistorisch: Majuskeln und Minuskeln) verwenden, beginnt mit der Übernahme des nur aus Konsonanten bestehenden Schriftsystems der Phönizier durch die Griechen, die es um Vokalzeichen erweiterten (der Konsonant *Aleph* wurde zum Vokal *Alpha*). Von den Römern erhielt diese Buchstabenschrift, die bis ins erste vorchristliche Jahrhundert aus den 21 Buchstaben A–X bestand – Y und Z wurden dann zur Schreibung griechischer Namen eingeführt (Bischoff 2004: 76) –, über das lange Zeit als interkulturelles Kommunikationsmittel verwendete Latein ihre für das Abendland maßgeblichen Lautwerte (die allerdings in vielen europäischen Sprachen nicht mehr zutreffen).

Neben einer Vielzahl von Schriftformen für unterschiedliche Zwecke spielt vor allem die römische *Capitalis monumentalis* (z. B. auf der Trajanssäule in Rom, 113/14 n. Chr.) eine wichtige Rolle, da ihre in Stein gemeißelten Formen später von den Renaissancegelehrten und -druckern als Großbuchstaben verwendet wurden:

SCHRIFTBEISPIEL CAPITALIS

Die Entwicklung der Kleinbuchstaben setzt mit der *Unziale* ein. Kennzeichnend für sie ist die Rundung der Formen, z. B. bei den Buchstaben A, E, M und N, aus denen sich unsere heutigen Kleinbuchstaben *a, e, m* und *n* entwickelt haben. Bei der Buchstabenbreite zeigt die Unziale noch deutlich Majuskelcharakter. Allerdings kommt es allmählich zur Auflösung des Zweiliniensystems, indem sich Ansätze zu Unter- und Oberlängen entwickeln:

schriftbeispiel unziale

Bei der Halbunziale setzt sich diese Entwicklung zum Vierliniensystem fort: die Buchstaben werden schmaler und tragen nun schon deutlich den Charakter von Minuskeln mit Mittel-, Ober- und Unterlängen:

schriftbeispiel halbunziale

Von besonderer Wichtigkeit ist die *Karolingische Minuskel*, eine wegen ihrer guten Lesbarkeit beliebte und verbreitete Schrift:

karolingische minuskel

Von der Karolingischen Minuskelschrift leiten sich zwei Zweige ab: die gebrochenen Schriften – so benannt, weil beim Schreiben des Buchstabens die Rohrfeder abgesetzt wurde, wodurch ein „Bruch" im Buchstabenbild entstand – und die runden Schriften, die wir heute Antiqua (dt. „Altschrift") nennen.

Schriftbeispiel Fraktur

Schriftbeispiel Antiqua

Die letzte Stufe der gebrochenen Schrift, die Frakturschrift, gilt weltweit immer noch als typisch deutsche Schrift, obwohl sie 1941 von den nationalsozialistischen Behörden verboten und durch die Antiqua ersetzt wurde (s. Kap. 3.1.6).

Die ersten Antiquadruckschriften entstanden während der Renaissance nach Vorbild der Humanistischen Minuskel, einer von italienischen Gelehrten zum Abschreiben antiker Texte geschaffenen Buchschrift, deren Formen von der irrtümlich für antik gehaltenen Karolingischen Minuskel stammen. So ist unsere heutige Schrift mit dem doppelten Alphabet von zweifacher Herkunft: die Großbuchstaben sind römisch-antik, die Kleinbuchstaben stammen aus dem Mittelalter.

Die Renaissance war für die Entwicklung der Druckschriften besonders wichtig. Schriften aus dieser Zeit richten sich in ihrem Charakter noch nach der handgeschriebenen Buchschrift. Man spricht daher vom *humanistischen Formprinzip* (vgl. Bollwage 2000: 318). Diese älteren Antiqua-Druckschriften zeigen einen etwas asymmetrischen, dynamischen Charakter und sind daher auch heute noch gute Schriften für Mengensatz (folgendes Beispiel oben: *Garamond*), das Gleiche gilt für die (jüngeren) Groteskschriften, denen das humanistische Formprinzip zugrunde liegt (unteres Beispiel: *Humanist 521 BT*):

Humanistisches Formprinzip

Humanistisches Formprinzip

Schriften aus der Zeit des Klassizismus zeigen dagegen einen streng symmetrischen und daher statischen Charakter, bei der Antiqua mit einer starken vertikalen Betonung der Strichstärken. Solche Schriften vertreten das *klassizistische Formprinzip* (vgl. Bollwage 2000: 318). Ihre Hauptvertreter sind Antiquaschriften aus der Klasse der Klassizistischen Antiqua (im Beispiel oben: *Bauer Bodoni*) und die davon abgeleiteten Grotesk- (im Beipiel unten: *Helvetica*) und Egyptienne-Schriften (zu den Schriftklassen vgl. Kap. 3.1.4).

Klassizistisches Formprinzip

Klassizistisches Formprinzip

Ein weiteres Faktum ist wichtig: Im Laufe der Zeit traten zu den phonetischen Buchstaben, den alphabetischen Zeichen, weitere Zeichen wie die Satzzeichen und der Wortzwischenraum (mehr dazu in Kap. 3). Erst dadurch wurde es möglich, Texte aller Art wiederzugeben.

Der Entwicklungsschritt der Schrift vom Zwei- zum Vierliniensystem ermöglicht das Lesen von Wortbildern und damit eine Lesetechnik, die dem ideographischen Lesen nahekommt. Durch die Integration weiterer Zeichen wurde die Schrift zu einem Medium zur Visualisierung von Texten. Für die Lesbarkeit der Schriften ist die Unterscheidung von humanistischem und klassizistischem Formprinzip wichtig.

1.3 Schreiben als Kulturtechnik und Profession

Zwischen Übersetzen und Setzen bestehen eine Reihe von Parallelen. Eine davon ist, dass beide Tätigkeiten sowohl als Kulturtechnik ausgeübt werden als auch berufsmäßig.

In allen Kulturen und Gesellschaften gibt es eine Reihe von Tätigkeiten und Techniken, die bis zu einem gewissen Grad von (fast) allen Mitgliedern beherrscht und täglich oder bei Bedarf eingesetzt werden. Viele dieser Tätigkeiten und Techniken beruhen auf besonderen Kenntnissen und Fertigkeiten, die durch Anleitung, Schulung und Ausbildung erworben werden.

Wenn aber Produkte verlangt werden, die ein hohes Maß an Qualität und Repräsentation besitzen sollen, dann wendet man sich an Fachleute, denn nur diese verfügen über das erforderliche Maß an Kenntnissen, Fertigkeiten und Arbeitsmitteln. Damit lassen sich grob zwei Handlungsbereiche abgrenzen: Die Ausübung einer Tätigkeit findet im privaten Rahmen statt, zum eigenen Nutzen (als Kulturtechnik) oder auf beruflicher Basis, d. h. durch *professionelles Handeln.* Bedingt durch die technische Entwicklung können dabei für einzelne Anwendungsbereiche Verschiebungen im Zuständigkeitsbereich auftreten wie wir in Kapitel 4 sehen werden.

Das Bündel an Wissen, Kenntnissen und Fertigkeiten, das notwendig ist, um an den kulturellen Leistungen einer Gemeinschaft teilzunehmen, wird im Deutschen gewöhnlich *Kulturtechnik* genannt. Im weitesten Sinne lässt sich alles als Kulturtechnik bezeichnen, was nicht als genetisch bedingtes Verhalten gelten kann, sondern im Rahmen der Enkulturation erlernt werden muss. Im engeren Sinn versteht man unter einer Kulturtechnik eine *„durch Erziehung vermittelte Fähigkeit, die die Aneignung, Erhaltung u. Verbreitung von Kultur ermöglicht"* (so das Duden-Universalwörterbuch von 2001).

Die drei „klassischen" Kulturtechniken Lesen, Schreiben und Rechnen sind angesichts der Vielfalt kultureller Erscheinungen und Technologien, für die sie Grundfertigkeiten darstellen, präziser als „Basiskulturtechniken" zu bezeichnen, wobei die Beherrschung der Kulturtechnik Schreiben die Kulturtechnik Lesen voraussetzt, nicht aber unbedingt umgekehrt. Für unser Thema wichtig ist die Verbreitung typografischer Textgestaltungsmittel durch Desktop-Publishing als Erweiterung der *Basiskulturtechnik Schreiben,* die als „Popularisierung" einer professionellen Tätigkeit aufgefasst werden kann.

> Unter *Kulturtechnik* ist eine auf speziellem Wissen basierende Fertigkeit zu verstehen, die gesondert erlernt werden muss (z. B. an einer Schule, Volkshochschule und ähnlichen Einrichtungen, unter gewissen Voraussetzungen auch autodidaktisch), von Gruppen kollektiv beherrscht wird und das Individuum in die Lage versetzt, im privaten bis halböffentlichen Bereich für den eigenen Bedarf und Nutzen (im Gegensatz zum Beruf) oder den seines privaten Umfeldes die entsprechende einfache oder komplexe Tätigkeit auszuüben und so an zivilisatorischen bzw. kulturellen Errungenschaften und Einrichtungen einer Gesellschaft teilzunehmen.

Nun finden sich einerseits relativ einfache Kulturtechniken, zu deren Ausübung prinzipiell die menschlichen Sinne und ein durchschnittliches Gedächtnis ausreichen und andererseits mehr oder weniger komplexe Kulturtechniken, die die Beherrschung von Naturphänomenen oder von Werkzeugen voraussetzen. Für beide Gruppen gilt, dass sich im Lauf der Zeit in Wechselwirkung durch gesteigerte qualitative Ansprüche und wachsende Spezialisierung eigene Berufe entwickelt haben, die ein höheres Maß an Wissen und Können bieten als es bei der zugrundeliegenden Kulturtechnik der Fall ist.

Auf der anderen Seite findet sich das Nebeneinander von Beruf und Kulturtechnik, verbunden mit einer Zuständigkeitsteilung: für ersteren der öffentliche Bereich, für letztere der halböffentliche und private Bereich. Ein wesentlicher Unterschied ist, dass das kulturtechnische Handeln zumeist auf den Handelnden selbst bezogen ist, während das professionelle Handeln in der Regel einen Auftraggeber voraussetzt und Produkte bzw. Dienstleistungen „verkauft" werden, die der Auftraggeber entweder selbst in Anspruch nimmt oder im Auftrag eines Klienten angefordert hat.

Für anspruchsvolle Produkte und spezifische Aufgaben sind Fachleute notwendig, die das erforderliche Methodenwissen und Fachkönnen besitzen. Hinzu tritt, dass u. U. nur diese über die erforderlichen Werkzeuge verfügen und Zugang zu den nötigen Grundstoffen und Materialien haben. Professionell heißt auch, über eine breite Palette von Erfahrungen zu verfügen, die in jedem gegebenen Fall die adäquaten Mittel und Verfahren kennt bzw. kreativ neue Verfahren und Lösungsmöglichkeiten für einen gegebenen Fall findet, und dies auf möglichst ökonomische Weise, die Zeit und sonstige Ressourcen spart. Und schließlich gehören zur Professionalität bzw. Ausübung eines Berufes eine Reihe von sozialen Fähigkeiten und Pflichten, einschließlich der fachlichen Beratung des Kunden. In der Translationssoziologie spricht man in diesem Zusammenhang von „Sozialkapital" und „Kulturkapital", die zusammen mit anderen „Kapitalmodi" die professionellen Handlungsmöglichkeiten in einer spezifischen Translationskultur bestimmen (Prunč 2007: 310–312).

> Die Bezeichnung *Kulturtechnik* ist polysem; sie steht für unterschiedliche Begriffe:
> 1. für eigenständige Phänome;
> 2. für Teile einer komplexeren Kulturtechnik;
> 3. für die Vorstufe einer professionellen Tätigkeit;
> 4. in Opposition zu einer professionellen Tätigkeit;
> 5. für die Basistechnik einer komplexen professionellen Tätigkeit und
> 6. vor allem in neuerer Zeit: für die durch technologische Entwicklung entstandene und ermöglichte, zur Berufstätigkeit parallel stattfindende Tätigkeit von mehr oder weniger geschulten Laien in einem speziellen Handlungsbereich.

Ein gutes Beispiel für Entwicklungstendenzen und den Wechsel von Kulturtechnik, Beruf und zurück zur Kulturtechnik mit Koexistenz zum Beruf ist die visuelle Textgestaltung: Die heutige Kulturtechnik Schreiben war ursprünglich nicht allgemein verbreitet, sondern wurde – wie z. B. im alten Ägypten – nur von „Experten" berufsmäßig beherrscht und ausgeübt. Schreiben war für die alten Ägypter eine so wichtige Tätigkeit, dass ein ägyptischer Schreiber gute gesellschaftliche Aufstiegsmöglichkeiten hatte. So nannte sich der Statthalter und Generalissimus Haremhab, der für den minderjährigen Pharao Tutanchamun die Regierungsgeschäfte führte, auf einem Relief in seiner Grabanlage bei Memphis, das übrigens auch die erste bildliche Darstellung eines Dolmetschaktes enthält (Kurz 1986), neben einer Vielzahl von anderen Titeln „Rekrutenschreiber" und „wahrer königlicher Schreiber" (später wurde er selbst Pharao und eigentlicher Nachfolger Tutanchamuns).

Durch die Entwicklung des Schulwesens wurde aus der Berufstätigkeit eine allgemein verbreitete Kulturtechnik. Solange noch ausschließlich von Hand geschrieben wurde, bildeten sich ein privater und ein professioneller Handlungsbereich heraus. Letzterer wurde von Johannes Gutenberg zum Ausgangspunkt seiner Erfindungen im Rahmen der typografischen Buchherstellung gemacht. Bis zur Einführung von Desktop-Publishing Mitte der 80er Jahre des 20. Jahrhunderts blieben die grafischen Berufe (Schriftsetzer, Buchdrucker, Schriftgießer etc.) als „Schwarze Kunst" nur in ihren Produkten der Öffentlichkeit zugänglich – allerdings mit umso größerer Breitenwirkung. Erst DTP ermöglichte dem Laien, sein eigener Setzer und Drucker zu sein. Die technische Entwicklung führte Ende des 20. Jahrhunderts zu einer radikalen Umstrukturierung der traditionellen grafischen Berufe: Aus Schriftsetzer und Reprograf entstand der neue Ausbildungsberuf „Mediengestalter/-in für Digital- und Printmedien". Daneben wird für private und halböffentliche Kommunikationsbereiche die typografische Gestaltung des Textes als Kulturtechnik von Laien und Semiprofessionellen durchgeführt. Dies macht sich vor allem in Translationsfeldern wie der Technischen Kommunikation und Publizieren im Hochschulbereich bemerkbar, deren typografisches Niveau oft irgendwo zwischen Laien- und Expertentypografie einzuordnen ist.

Die visuelle (wie auch sprachliche) Qualität eines Druckmediums bzw. einer elektronisch-digitalen Publikation steht in engem Zusammenhang mit den Verwendungsumständen: Es sollte als Selbstverständlichkeit gelten, dass das sprachliche und typografische Gestaltungsniveau umso höher sein muss, je größer das Repräsentationsniveau, der Prestige- und Materialwert sowie gegebenenfalls auch die Lebens- bzw. Gebrauchs- und Nutzungsdauer, der Verbreitungs- und Öffentlichkeitsgrad ist. Daraus lässt sich eine Art „Korrelationsaxiom" (Schopp 2005: 77) ableiten:

> Sprachliche und visuelle Qualität eines Textes korrelieren mit dem Repräsentationswert, der Lebensdauer, dem Öffentlichkeitsgrad sowie dem materiellen Wert des Mediums, in dem der Text verwendet wird.

1.4 Vom vor-typografischen Schreiben zur digitalen Typografie

Im Laufe der kulturellen und technischen Entwicklung haben immer wieder technische Neuerungen für umgreifende Veränderungen der Schreibkultur gesorgt. So hat auch immer schon die gerade mehrheitlich genutzte Schreibtechnologie – einschließlich des Beschreibmaterials bzw. des Schriftträgers – das optische Erscheinungsbild des Textes wesentlich geprägt. Die Bildhaftigkeit der in Stein gehauenen oder auf Papyrus gemalten Hieroglyphen steht in starkem Kontrast zur gleichzeitigen Keilschrift, deren Zeichen in Ton gedrückt wurden; die eckige Form der Runen erinnert an die Herstellungstechnik, die Zeichen in Holztäfelchen zu ritzen; der Gänsefederkiel des Mönches im mittelalterlichen Kloster ergibt ein anderes Buchstabenbild (fachspr. *Duktus*) als der Pinsel des chinesischen Gelehrten. Allerdings lässt sich immer auch die Tendenz nachweisen, die typischen Merkmale der aus einer bestimmten Schreibtechnologie stammenden Zeichengestalt in einer anderen Schreibtechnologie wiederzugeben.

Vor Erfindung des Buchdrucks wurde – abgesehen vom monumentalen Gebrauch von Schrift auf Grabdenkmälern, Triumphbögen etc., der die Entwicklung unserer heutigen Buchstabenformen allerdings wesentlich beeinflusste – von Hand geschrieben (solche Texte kann man *skriptografisch* nennen): für private und eilige Aufzeichnungen *idiografisch,* für repräsentative Zwecke *kalligrafisch* durch professionelle Schreiber z. B. in den Skriptorien der Klöster.

Antriebskraft der Erfindung des Mainzer Patriziers und Goldschmieds Henne Gensfleisch zur Laden – uns unter dem Namen Johannes Gutenberg bekannt – war die Idee und der Wunsch, identische Exemplare eines Textes herzustellen, die alle Merkmale der Handschrift bewahren oder gar noch vervollkommnen sollten, z. B. durch einen gleichmäßigen rechten Textrand. So imitierte er detailgetreu die professionelle Handschrift, die in den damaligen Skriptorien üblich war, die gitterartige *Textura*. Kern seiner Erfindung war der Gedanke, den Text in seine kleinsten Einheiten, die einzelnen Buchstaben, aufzulösen und diese nach Bedarf immer wieder neu zu verwenden. Dazu schuf er ein Repertoire von etw. 290 verschiedenen Typen, durch die auch typische Unregelmäßigkeiten der Handschrift nachgeahmt werden konnten. Demnach erfand Gutenberg nicht den Buchdruck, sondern den *Schriftsatz mit beweglichen Einzellettern*. Allerdings verbesserte er auch die damalige Drucktechnik durch die Übernahme der rheinischen Weinkelter als Druckpresse.

Der zunehmende Bedarf an Schriftverkehr und die Einführung der spitzen Stahlfeder als Schreibinstrument führte zur Entwicklung bestimmter Schriftstile in den Kanzleien, die ihrerseits wieder das Entstehen von Druckschriften in einem bestimmten Duktus zur Folge hatten (z. B. die *Kurrentschrift*, die *Kanzleischrift*, die *Sütterlin-Schrift*). Diese wurden abgelöst durch die Schreibmaschine mit ihren technisch bedingten gleich breiten Buchstabenbildern einer *Courier*, *Pica* etc., die dann den ersten Textverarbeitungssystemen im Computer als Vorlage dienten. Mit der Möglichkeit der Darstellung von Proportionalschrift auf dem Bildschirm und im Ausgabegerät erfolgte die Verbreitung von typografischen Schriften des grafischen Gewerbes durch Desktop-Publishing (abgekürzt DTP; mehr dazu in Kap. 4). Die Einführung einer technischen Neuerung bedeutete aber nicht unbedingt eine qualitative Verbesserung des Textbildes. So ist heute zu beobachten, wie eine Flut von Texten mit einer großen Zahl typografischer Mängel den Lesemarkt überschwemmt.

Mit den ersten Textverarbeitungsprogrammen übernahm in vielen Berufen der Computer die Stelle der Schreibmaschine, indem er zunächst einfach die Schreibmaschinenschrift mit ihren gleich breiten Zeichen kopierte. Desktop-Publishing schließlich machte typografische Schrift der breiten Öffentlichkeit zugänglich. Man spricht daher von der „Demokratisierung der Schrift" (z. B. Wehde 2000: 8). Es entstand eine völlig veränderte Schreibkultur: Typografie wird nun als allgemeine Schreibtechnik zum weitverbreiteten Bildungsgut, zur Kulturtechnik, zum „typografischen Schreiben". Damit folgt der durch die Einführung des Papiers möglichen Entprofessionalisierung des Schreibens im Mittelalter (vgl. Assmann 1994: 8) die „Entprofessionalisierung der Typografie" Ende des 20. Jahrhunderts.

Unter Desktop-Publishing ist eine aus den USA stammende Schreibtechnologie für den Computer zu verstehen, die wörtlich mit „Publizieren am Schreibtisch" erklärt werden kann. Sie hat sich seit etwa Mitte der 80er Jahre als Weiterentwicklung der klassischen Textverarbeitung und Qualitätsalternative zu deren Schreibmaschinen-Orientierung etabliert und in der Zwischenzeit diese bereits weitestgehend ersetzt. Das in diesem Zusammenhang am häufigsten zitierte Schlagwort war „WYSIWYG" (*What you see is what you get*), das ausdrückte, dass nun das Textbild am Bildschirm und im Ausdruck – anders als bei der ersten Generation der Textverarbeitung – gleich waren.

An die Schreibmaschine erinnern im DTP sowohl die auf technische Gegebenheiten zurückzuführende unergonomische Tastaturbelegung mit ihrem reduzierten Zeichensatz (z. B. das typografisch so gut wie nie zur entsprechenden Schrift passende Zollzeichen " für beide Anführungszeichen) als auch eine Reihe von Hervorhebungstechniken wie das einfache und das doppelte Unterstreichen, die Hervorhebung durch Großbuchstaben usw.

Bis zur Einführung von DTP Mitte der 80er Jahre wurden Handschrift, Maschinenschrift und typografische Schrift in unterschiedlichen Kommunikationsfeldern textsortenspezifisch eingesetzt. Je repräsentativer (und teurer) das gedruckte Produkt war, je breiter der Rezipientenkreis, desto höhere Ansprüche wurden an die Gestaltung und ihre handwerkliche Ausführung gestellt, und desto höher waren die Anforderungen an sprachliche und orthotypografische Korrektheit. Es ist alte Handwerks- und Künstlertradition, dass anspruchsvollere, repräsentativere Arbeiten derjenige ausführen darf, der über den höchsten Qualifikationsgrad und die besten (materiellen wie ideellen) Ressourcen verfügt. Im typografischen Bereich war das bis zur Einführung von Desktop-Publishing nicht anders: Der gestalterische (und materielle) Aufwand und die Ausstattung der Drucksachen sowie die sprachliche und orthotypografische Korrektheit entspricht („korreliert") vor allem der dem Produkt zugedachten Lebensdauer und seinem Repräsentationswert.

Schriftliche Kommunikation im öffentlichen Kommunikationsbereich ist heute gekennzeichnet durch:
1. zunehmende „Privatisierung", d. h. in einigen Kommunikationsfeldern werden immer mehr typografische Aufgaben statt von Fachleuten von (interessierten) Laien oder Semiprofessionellen ausgeübt;
2. unreflektierte Übernahme von Gestaltungskonventionen und Normen aus der Schreibtechnologie *Schreibmaschine* (z. B. in akademischen Publikationen);
3. arithmetische Ausrichtung der Layoutgestaltung anstelle der Berücksichtigung optischer Gesetzmäßigkeiten.

1.5 Schriftcharakter und Schreibtechnologie

Auf vielen kulturellen Gebieten lässt sich beobachten, wie bei Erfindungen die alten Formen zunächst beibehalten oder nachgeahmt werden und erst allmählich neue Funktionen erhalten. Gerade an der Schrift lässt sich dies gut nachweisen: Gutenberg ahmte – wie bereits erwähnt – in seinen Drucktypen die professionelle Schreibweise der klösterlichen Schreibstuben (Skriptorien) nach und verband somit eine neue, revolutionäre Technik mit konventionellen Formen. Heute erleben wir gleich zweimal eine parallele Entwicklung: Die erste Generation der Textverarbeitungs-Software orientierte sich nach dem Schriftbild der Schreibmaschine, für DTP und Computersatz wurden Proportionalschriften nach Vorbild der typografischen Schriften geschaffen.

Die verschiedenen Präsentationsformen der Schrift lassen sich in folgende Gruppen gliedern: 1. *Handschrift,* 2. *Monumentalschrift,* 3. *Schreibmaschinenschrift* und 4. *typografische Schrift* oder *Druckschrift,* die hier von besonderem Interesse ist.

Generell gilt, dass die charakteristischen Formen einer Schreibtechnik in andere Schreibtechnologien übernommen werden und somit die Grenzen zwischen den aufgeführten Gruppen fließend sind. So existierten z. B. Schreibmaschinenschriften wie die **Courier** auch in Bleilettern und wurden vorbildlich für die ersten Computerfonts.

1. *Handschrift* verfügt über ein praktisch unbeschränktes Zeicheninventar und tritt in drei grundsätzlichen Erscheinungsformen auf: individuell geprägt (*idiografisch*) als Ausdruck einer Persönlichkeit, mit großer Variationsbreite im Schriftbild der einzelnen Buchstaben; *normgerecht* als Schul-/Lern-, Verkehrs-, Kanzlei- und Urkundenschrift (z. B. *Deutsche Kurrent*), bei der individuelle Züge auf ein Minimum beschränkt bleiben sollten; schließlich für repräsentative Texte mit der Breitfeder oder dem Pinsel gezeichnete *kalligrafische* Schrift, bei der individuelle Unterschiede des Buchstabenbildes wenig oder kaum ins Auge fallen.

2. *Monumentalschrift* für repräsentative Zwecke findet sich meist in kalligrafischer, zuweilen auch idiografischer Ausformung in Stein oder Metall, seltener auch in Holz. Die römische Monumentalschrift *Capitalis* war von entscheidendem Einfluss auf die heutige Druckschrift, da ihre Buchstabenformen als Vorbild der Großbuchstaben (Versalien) dienten, was bei vielen Druckschriften noch an deren statischem Charakter zu erkennen ist.

3. Charakteristisch für *Schreibmaschinenschrift* sind der ursprünglich technisch bedingte reduzierte Zeichensatz und die optisch sowie rechnerisch gleiche Breite aller Zeichen. Man spricht daher auch von „Monospace-Schriften". Diese Schriftform wurde mit der Zeit in all jenen Bereichen eingesetzt, in denen die handschriftlichen Verkehrs-, Urkunden- und Aktenreinschriften etabliert waren, d. h. insbesondere in halböffentlichen Kommunikationsfeldern wie der Büro- und Kanzleikommunikation.

4. *Typografische Schrift* zeichnet sich gegenüber individueller Handschrift in zweifacher Hinsicht aus: Zum einen sind die verschiedenen Realisationen ein und desselben Zeichens stets identisch (eine Ausnahme bilden die sog. *Random-Schriften*, deren Schriftbild sich per Zufallsgenerator kontinuierlich verändert, z. B. die 1990 auf dem Markt erschienene Schrift *Beowulf* der holländischen Schriftdesigner Erik van Blokland und Just van Rossum), zum andern verfügen sämtliche Zeichen der gleichen Schrift über gemeinsame, konstante *periphere grafische Merkmale*, über die im nächsten Kapitel mehr zu erfahren ist.

Ursprünglich war der Einsatzbereich der verschiedenen Präsentationsformen relativ eindeutig: Individuelle Handschrift blieb dem privaten Einsatz vorbehalten. In Kommunikationsfeldern mit begrenztem Öffentlichkeitsgrad kamen Schreibmaschinenschriften zum Einsatz, während Verfügbarkeit und Einsatz von typografischen Schriften in der Regel Fachleuten vorbehalten war. Die Einführung von DTP brachte den Durchbruch zur bereits erwähnten „Demokratisierung der Schrift" und ihren Konsequenzen: Die Grenzen zwischen den Kommunikationsbereichen scheinen aufgehoben, Schriften werden nicht mehr im Hinblick auf ihre Eignung ausgewählt und eingesetzt, sondern aufgrund mechanischer Übernahme von Gestaltungsmustern oder persönlicher Vorlieben. Damit verändert sich auch allmählich ihre assoziative Wirkung (siehe Kap. 3.1.4). So wurde die *Times New Roman*, 1932 von Stanley Morison nach Vorbildern der Barockantiqua speziell für die Bedürfnisse der großen englischen Tageszeitung geschaffen – eine Schrift aus dem Bereich der Massen- bzw. Medienkommunikation also, – zur globalen Universalschrift, die für persönliche Notizen ebenso eingesetzt wird wie für wissenschaftliche Abhandlungen, ganz zu schweigen von Web-Seiten, für die sich serifenlose Schriften wesentlich besser eignen würden.

Schriftliche Texte treten heute vorwiegend in typografischer Form auf. Dabei werden Schriften aus allen Entwicklungsstufen verwendet und zwar losgelöst von ihrem ursprünglichen Einsatzfeld.

1.6 Von Graphemen, Graphen und Allographen: zentrale und periphere grafische Merkmale

Wie lassen sich die einzelnen Buchstaben einer Schrift auseinanderhalten? Wodurch unterscheiden sie sich beim lateinischen Alphabet? Und wie ist es möglich, dass wir in Abb. 3 auf Seite 25 in den unterschiedlichen Buchstabenbildern den Großbuchstaben A erkennen? Zur Erklärung ziehen wir die in der Sprachwissenschaft parallel zu *Phonem, Phon* und *Allophon* geprägten Benennungen *Graphem, Graph* und *Allograph* hinzu. Dabei ist sinnvollerweise von der Existenz zweier Sprachsysteme auszugehen, der Sprechstandardsprache und der Schreibstandardsprache (Gallmann 1985).

Ähnlich wie in der gesprochenen Sprache die Realisierung eines Phonems als Phon bezeichnet wird und unterschiedliche Realisierungen eines Phons Allophone genannt werden, unterscheidet man in der geschriebenen Sprache *Grapheme, Graphe* und *Allographe.* Allerdings besteht keine eindeutige Symmetrie bzw. Parallelität zwischen den lautsprachlichen und schriftsprachlichen Begriffen, die durch diese Benennungen sprachlich erfasst sind. Besonders die Bezeichnungen *Graph* und *Graphem* werden in gleicher Bedeutung verwendet. Es kommt ganz darauf an, ob man die Schriftsprache als sekundär zur Lautsprache und die Schrift damit als sekundäres Zeichensystem ansieht oder ob der Fall auftritt, dass Schrift primäre Zeichenfunktion wahrnimmt.

Allgemein wird das *Graphem* als kleinste semantisch unterscheidende (man sagt dann „distinktive") grafische Einheit eines Schriftsystems definiert (vgl. Nöth 1985: 267). Die genauere Definition hängt einerseits davon ab, wie die Abhängigkeit von Laut- und Schriftsprache gesehen wird, andererseits, ob der Bezugspunkt die *Langue* oder die *Parole* ist. Hier einige Bedeutungen:

1. *Graphem* als Konzept der kleinsten Einheit des Schriftsystems auf der *Langue*-Ebene, sozusagen als „Graph-Idee" (Vermeer 1972: 173), d. h. als noch nicht gestalthafte Einheit; damit wäre z. B. auch die schriftartspezifische Existenz zweier Graphe wie a/ɑ, g/g für den gleichen Laut erklärbar.
2. *Graphem* als Grundtypus eines minimalen grafischen Zeichens, das relativ autonom zur Lautsprache gesehen wird (damit überschneidet sich *Graphem*

dann allerdings mit dem *Graph*-Begriff); als Grundtypus für die Großbuchstaben könnten die auf ihr Skelett reduzierten Formen der römischen Capitalis und für die Kleinbuchstaben die der humanistischen Minuskel gelten.

3. *Graphem* als einzelnes grafisches Zeichen oder Gruppe von grafischen Zeichen, die (sprachspezifisch) einem Laut oder einer Lautfolge entsprechen wie ⟨sch⟩ für /ʃ/ im Deutschen oder ⟨th⟩ für /θ/ im Englischen. Damit überschneidet sich dieser Graphembegriff allerdings mit den Begriffen *Graph* und *Buchstabe.*

Das Ideal der alphabetischen Schrift, die eindeutige Wiedergabe eines Lautes mit einem visuellen Zeichen wird in den vom griechischen Alphabet abstammenden Schriften zwar angestrebt, aber nur annähernd erreicht. Daraus resultiert das Problem, dass unterschiedliche Laute bzw. Lautsequenzen in den verschiedenen Schriftsprachen, die sich der lateinischen Schrift bedienen, mit z. T. völlig unterschiedlichen Graphen oder Graphgruppen wiedergegeben werden.

Auf der *Parole*-Ebene werden Grapheme durch Graphe repräsentiert. In Schriftsystemen wie der griechischen, kyrillischen und lateinischen Schrift existieren für den gleichen Laut in der Regel zwei Graphe, denn das Alphabet besteht aus Groß- und als Kleinbuchstaben (also als Doppelalphabet), die sich teilweise nur durch die Größe unterscheiden wie bei c/C, o/O, p/P, s/S, u/U, v/V, w/W, x/X, z/Z, teilweise auch ein mehr oder weniger ausgprägtes, abweichendes Buchstabenbild zeigen wie bei a/A, b/B, d/D, e/E, f/F, g/G, t/T etc. Handelt es sich nun um unterschiedliche Grapheme oder Graphe? Die Antwort hängt von den Verwendungsumständen ab. Bezogen auf die lautlichen Einheiten der gesprochenen Sprache spielt es keine Rolle ob ich „KOMMEN" oder „kommen" schreibe. Dagegen macht es im Deutschen im normalen Fließtext sehr wohl einen Unterschied, ob ich „Arm" oder „arm" schreibe, da dadurch die Wortklasse und somit semantische Inhalte markiert werden.

Die einzelnen Graphe (Grapheme) unterscheiden sich durch *grafisch distinkte Merkmale* (abgekürzt GDM), auch *zentrale grafische Merkmale* genannt (Jegensdorf (1980: 19), z. B. unterscheidet sich das E vom F durch den unteren Querbalken. Das in Abb. 2 dargestellte Inventar grafischer Elemente, das offensichtlich anhand der im Deutschen vorkommenden Großbuchstaben entwickelt wurde, setzt sich aus zwei Teilen zusammen, den einzelnen grafischen Elementen (Tabelle 1) und ihrer Platzierung in vertikalen Schreibräumen (Tabelle 2), dargestellt durch eine Indexzahl. Zur eindeutigen Beschreibung werden dann die Symbole ← (= „steht vor") und ↑ (= „steht über") gebraucht.

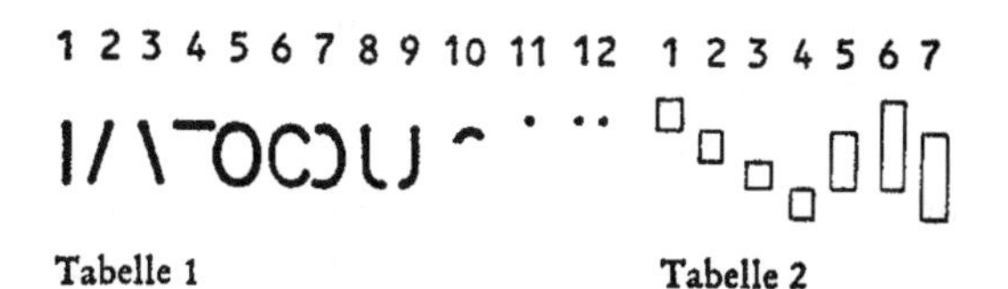

Abb. 2: Inventar grafischer Elemente zur Beschreibung zentraler grafischer Merkmale (Althaus 1980: 140)

Versuchen wir ein Anwendungsbeispiel: Die Buchstaben b, d, p und q sind prinzipiell aus den gleichen Formelementen zusammengesetzt, unterscheiden sich aber jeweils durch die Platzierung des vertikalen Strichs. Die linguistische Beschreibung sieht dann folgendermaßen aus: b lässt sich als $1^6 \leftarrow 5^5$ beschreiben, d = $5^5 \leftarrow 1^6$, p = $1^7 \leftarrow 5^5$ und q = $5^5 \leftarrow 1^7$. Dass dieses Verfahren bereits für die eindeutige Beschreibung von Kleinbuchstaben wie a und g nicht mehr ausreicht, dürfte einleuchten.

Jedenfalls handelt es sich bei den Groß- und Kleinbuchstaben um unterschiedliche Graphe, die bei gleichzeitiger Verwendung beider Alphabete (Groß- und Kleinschreibung) bedeutungsdifferenzierend sind. Bei ausschließlicher Verwendung eines der Alphabete (im Versalsatz bzw. bei radikaler Kleinschreibung) dagegen verschwindet eine Bedeutungsebene.

Ein Sonderfall ist im Deutschen das Graph ß, das offiziell nur als Kleinbuchstabe existiert (Duden 2006: 1161), laientypografisch aber immer häufiger auch zwischen Großbuchstaben verwendet wird. Das hat dazu geführt, dass in der Norm ISO-10646 und Unicode 5.1.0 ein eigener Platz für einen Eszett-Großbuchstaben reserviert ist. Versuche zur Schaffung eines Versal-ß gab es schon mehrfach, so im Jahr 1903 und zuletzt für den DDR-Duden aus den 60er-Jahren (Herrmann 2005: 200; http://de.wikipedia.org/wiki/Versal-Eszett).

Aus phonetischer Sicht handelt es sich beim Eszett um ein *Allograph* des Phonems /s/, womit wir beim nächsten für uns wichtigen Begriff angelangt sind. Ebenso wie der Begriff *Graphem* mehrdeutig ist, wird auch *Allograph* mit unterschiedlichen Bedeutungen verwendet. Erstens bezeichnet er grafische Varianten, die sich im Verlauf der Geschichte der Schrift eingebürgert haben, wie z. B. der Wechsel zwischen i/j oder u/v. Zweitens wird er auf die konkret realisierten Varianten eines Graphems angewendet, d. h. man versteht darunter die kleinsten distinktiven Einheiten eines Schriftsystems, die in orthografisch geregelter Beziehung stehen, z. B. im Deutschen die verschiedenen Schriftzeichen für den s-Laut in *Gas, Guss, gießen,* sowie die unterschiedlichen Längenbezeichnung für /e:/ in *Meer, mehr, reden* (vgl. Bußmann 1983: 22).

Eine weitere Bedeutung von *Allograph* bezieht sich auf die Unterscheidung *handschriftliche* vs. *druckschriftliche* (also *typografische*) Präsentationen eines Buchstabens (Nöth 2000: 361). Diese Bedeutung führt uns zu einem weiteren für die Typografie wichtigen Umstand: das Vorkommen von *peripheren grafischen Merkmalen* (gr.-lat. *peripher,* „am Rande befindlich").

Im Gegensatz zu den *grafisch distinkten Merkmalen,* die Graphe individualisieren bzw. klassifizieren und die – wenn auch nur grob oder unvollständig – durch das in Abb. 2 gezeigte Instrumentarium beschrieben werden können, entziehen sich die *peripheren grafischen Merkmale* einer exakten wissenschaftlichen Beschreibung. Typografisch lassen sich zwei Gruppen unterscheiden: *Dekorativ-individualisierende Merkmale* sind für die Existenz der unterschiedlichen Schriften verantwortlich, die heute in einer fast unüberschaubaren Zahl von Computerfonts existieren; *systembildende Merkmale* spiegeln sich in den Schriftklassen und Schriftschnitten wider.

Abb. 3:
Allographe des Versalbuchstabens „A" (Schopp 2010)

Gehen wir zuerst auf die *dekorativ-individualisierenden Merkmale* ein. Abb. 3 oben zeigt uns zwölfmal den Großbuchstaben A mit z. T. erheblich von einander abweichendem Buchstabenbild. Jeder Buchstabe unterscheidet sich vom anderen durch bestimmte *periphere grafische Merkmale* und steht für eine typografische Schrift (heute oft ungenau einfach „Font" genannt), die durch einen eigenen Namen (z. B. *Arial, Palatino, Arnold Böcklin*) bezeichnet wird. Die übrigen Buchstaben des Alphabets und die numerischen Zeichen (Ziffern), die allgemein gebräuchlichen Logogramme (z. B. %, &, §) sowie die Satzzeichen (Interpunktionen) tragen alle die für diese Schrift charakteristischen dekorativ-individualisierenden Merkmale, durch die sie sich von anderen Schriften unterscheidet. Dies gilt ebenso für traditionelle Druckschriften wie für digitalisierte Computerfonts.

Je mehr Schriften miteinander verwandt sind, desto schwieriger fällt es Laien, diese auseinander zu halten. Die Unterschiede erschließen sich oft nur dem geübten Auge (z. B. bei *Arial, Helvetica* und *Futura*, bei *Times, Palatino* und *Garamond*). Am ehesten unterscheidbar sind hier die Achsenstellung der Rundungen, das Verhältnis von Ober- bzw. Unter- und Mittellänge sowie die Verwendung „alternativer" Buchstabenformen wie in Abb. 4 , Bsp. ⑧ auf der nächsten Seite.

In der Gruppe der „systembildenden" peripheren grafischen Merkmale unterscheiden Typografen (vgl. Tschichold 1952/1965: 21 sowie Davidshofer & Zerbe 1961: 49) bei den abendländischen Druckschriften grob zwischen *gebrochenen* Schriften, die z. T. deutschen Ursprungs sind und *runden* Schriften römischen Ursprungs (Abb. 4 ①), von denen die *Antiqua*, (engl. *Roman*!) die wichtigste ist. Umgangssprachlich werden die gebrochenen Schriften oft *Frakturschriften* genannt, genaugenommen ist die Fraktur jedoch deren jüngste Stufe.

Andere periphere grafische Merkmale spiegeln sich in der *Klassifikation* der Druckschriften wider (s. Kap. 3.1.4): z. B. das Auftreten und die Ausprägung von Serifen (fein, normal, betont, serifenlos ②) sowie der charakteristische Wechsel in der Strichführung (z. B. fett–fein, fett–halbfett ③), fachsprachlich *Duktus*, und das der Schriftvorlage zugrundeliegende Schreibwerkzeug (Pinsel, Rohrfeder, Spitzfeder, Stichel usw. ④).

Weitere *systematische* Allographe ergeben sich aus der die *Schriftschnitte* charakterisierenden Schreiblage, d. h. dem Neigungswinkel der senkrechten Grundstriche (normal, kursiv, oblique ⑤) und der Buchstabenbreite, auch Breitenlauf genannt (schmal, normal, breit etc. ⑥) sowie der Strichstärke (mager, normal, halbfett, dreiviertelfett, fett etc. ⑦).

Einige Fonts mit handschriftlichem Charakter (Klasse *Handschriftliche Antiqua;* s. Kap. 3.1.5) können so stark ausgeprägte periphere grafische Merkmale tragen, dass diese die zentralen grafischen Merkmale überlagern oder gar teilweise

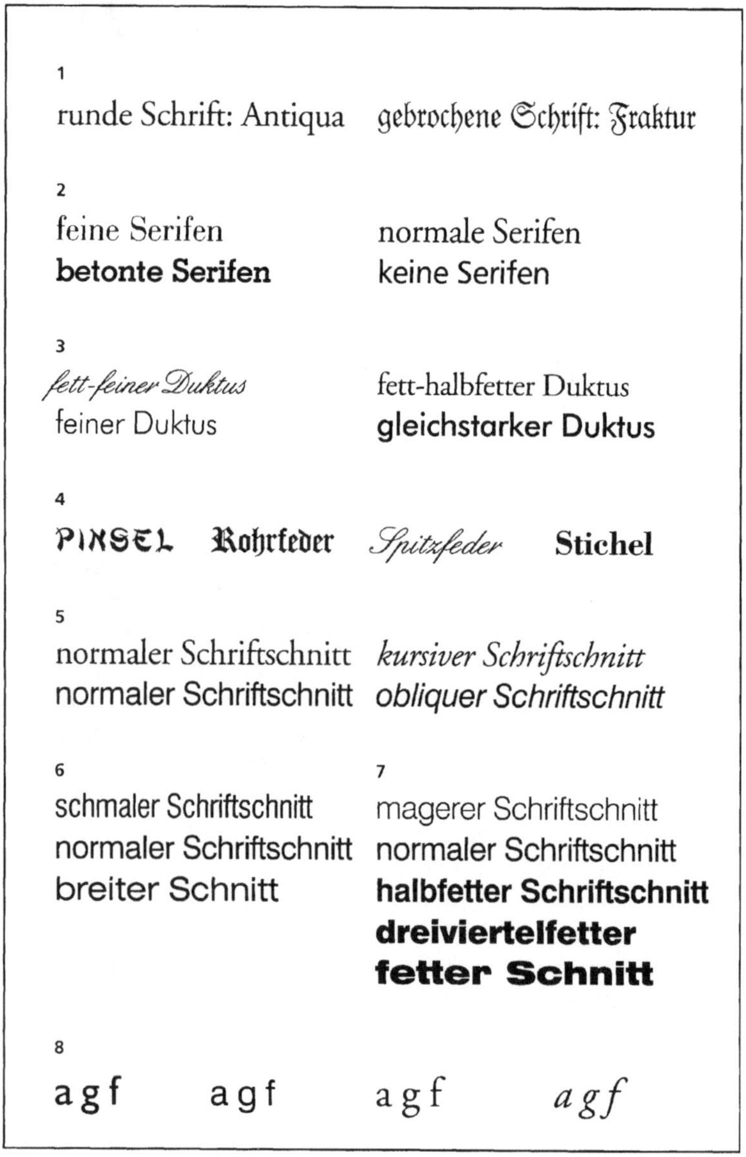

1

runde Schrift: Antiqua gebrochene Schrift: Fraktur

2

feine Serifen normale Serifen
betonte Serifen keine Serifen

3

fett-feiner Duktus fett-halbfetter Duktus
feiner Duktus **gleichstarker Duktus**

4

PINSEL Rohrfeder *Spitzfeder* **Stichel**

5

normaler Schriftschnitt *kursiver Schriftschnitt*
normaler Schriftschnitt *obliquer Schriftschnitt*

6

schmaler Schriftschnitt
normaler Schriftschnitt
breiter Schnitt

7

magerer Schriftschnitt
normaler Schriftschnitt
halbfetter Schriftschnitt
dreiviertelfetter
fetter Schnitt

8

agf agf agf *agf*

Abb. 4: „Systematische" periphere grafische Merkmale

eliminieren. Die Folge ist, dass vereinzelt stehende Buchstabenformen (z. B. in fremdländischen Namen) nicht oder nur schwer erkannt oder mit anderen leicht verwechselt werden können (Bsp. 1):

Bsp. 1 Versalien von Schreibschriften

DO	Biffo MT
FIJT	NuptialScript
FIJT	Freehand 521 BT
FIJTS	English 157 BT
FIJTS	Künstlerschreibschrift

Auch wenn ein solcher Großbuchstabe im fortlaufenden Text aufgrund der folgenden Kleinbuchstaben in der Regel vom Leser korrekt identifiziert werden kann, muss mit dem Auftreten von Problemen gerechnet werden, z. B. bei fremdsprachlichen Elementen (Namen u. dgl.). Daher sind solche Schriften für transkommunikative Zwecke ungeeignet. Dieser Aspekt wird auch bei fremdsprachendidaktischen Werken nicht immer ausreichend beachtet. Gerade für diese Adressatengruppe sind aber klare Buchstabenbilder mit einem Minimum an peripheren grafischen Merkmalen wichtig, da sie eindeutige Wortbilder ergeben und so das Lernen und Einprägen erleichtern.

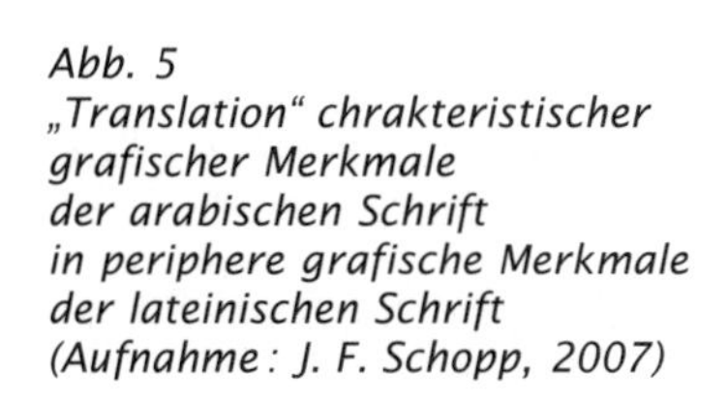
Abb. 5
„Translation“ chrakteristischer grafischer Merkmale der arabischen Schrift in periphere grafische Merkmale der lateinischen Schrift (Aufnahme: J. F. Schopp, 2007)

Bei manchen Schriften lösen bestimmte periphere grafische Merkmale, Assoziationen aus, die die Interpretation des Textes steuern und ein nonverbales Element der Botschaft bilden können. Dies ist z. B. bei gebrochenen Schriften der Fall, die im deutschsprachigen Kulturraum in einem politischen Kontext eingesetzt werden; darüber mehr in Kap. 3.1.6. In diesem Fall wird typografische Schrift in semiotischer Hinsicht zu einem primären Zeichen.

Ein Sonderfall ist die Translation charakteristischer grafischer Merkmale nichtlateinischer Schriftsysteme in periphere Merkmale lateinischer Schrift. Catford nannte dieses Phänomen „graphologische Übersetzung" („graphological translation", 1965). Dadurch entstehen gezielte Verfremdungseffekte, die besonders in der Touristikwerbung eingesetzt werden. Abb. 5 auf der vorhergehenden Seite zeigt ein Hausschild im ursprünglich arabischen Stadtviertel Albaycín von Granada. Offensichtlich will der Hausbesitzer durch die arabisch wirkenden Buchstaben an diese Tradition anknüpfen

Durch *zentrale grafische Merkmale* (auch: *grafisch distinkte Merkmale* genannt) unterscheiden sich die einzelnen Buchstaben (Graphe) eines Alphabets voneinander. Duch *periphere grafische Merkmale* unterscheiden sich die einzelnen Schriften („Fonts"), Schriftschnitte und Schriftklassen voneinander. Schriften, bei denen die peripheren grafischen Merkmale die zentralen grafischen Merkmale überdecken, sind nur dann einsetzbar, wenn die umgebenden Textelemente ein eindeutiges Erkennen des Buchstabens ermöglichen.

Quellen und weiterführende Literatur

Althaus, H. P. 1980. „Graphetik." – In: Althaus, H. P. & Henne, H. & Wiegand, H. E. (Hrsg.). 1980. *Lexikon der Germanistischen Linguistik*. 2. Auflage. Tübingen: Max Niemeyer, 138–142.

Assmann, Aleida. 1994. „Aspekte einer Materialgeschichte des Lesens." In: Hoffmann, Hilmar (Hrsg.): *Gestern begann die Zukunft – Entwicklung und gesellschaftliche Bedeutung der Medienvielfalt*. Darmstadt: Wissenschaftliche Buchgesellschaft, 1994, 3–16.

Bischoff, Bernhard. 2004. *Paläographie des römischen Altertums und des abendländischen Mittelalters*. 3. unveränd. Aufl. Berlin: Erich Schmidt, (Grundlagen der Germanistik, 24).

Bollwage, Max. 2000. „Formen und Strukturen. Gedanken über eine moderne Klassifikation der Druckschriften." In: *Gutenberg-Jahrbuch 2000*, im Auftrag der Gutenberg-Gesellschaft herausgegeben von Stephan Füssel. Mainz, 317–324.

Bußmann, Hadumod. 1983. *Lexikon der Sprachwissenschaft*. Stuttgart (= Kröners Taschenausgabe, Bd. 452).

Catford, J. C. 1965. *A Linguistic Theory of Translation. An Essay in Applied Linguistics*. London, New York, Toronto: Oxford University Press.

Davidshofer, Leo & Zerbe, Walter. 1961. *Satztechnik und Gestaltung. – Schweizerisches Fach- und Lehrbuch für Schriftsetzer*. Zürich, Bern: Bildungsverband Schweizerischer Buchdrucker.

Doblhofer, Ernst. 1993. *Die Entzifferung alter Schriften und Sprachen*. Stuttgart: Philipp Reclam jun.

Duden. 2006. *Die deutsche Rechtschreibung.* 24., völlig neu bearb. u. erw. Aufl. Hrsg. v. d. Dudenredaktion. Auf der Grundlage der neuen amtlichen Rechtschreibregeln. Mannheim, Leipzig, Wien, Zürich: Dudenverlag, (Der Duden in 12 Bänden, Bd. 1).

Fazzioli, Edoardo. 2004. *Gemalte Wörter. 214 chinesische Schriftzeichen – vom Bild zum Begriff. Ein Schlüssel zum Verständnis Chinas, seiner Menschen und seiner Kultur.* Aus dem Italienischen von Anna Eckner. Schriftzeichen: Rebecca Hon Ko. Wiesbaden: marixverlag.

Gallmann, Peter. 1985. *Graphische Elemente der geschriebenen Sprache.* http://www.personal.uni-jena.de/~x1gape/Pub/Graph_Ele_1985_3_Hauptteil.pdf [13.04.2011].

Henrich, Andreas. 2000. „Lesen digital." In: *Gutenberg-Jahrbuch 2000,* im Auftrag der Gutenberg-Gesellschaft herausgegeben von Stephan Füssel. Mainz, 339–345.

Haarmann, Harald. 1990. *Universalgeschichte der Schrift.* Frankfurt a. M., New York: Campus.

Herrmann, Ralf. 2005. *Zeichen setzen. Satzwissen und Typoregeln für Textgestalter.* Bonn: mitp-Verlag.

Jean, Georges. 1991. *Die Geschichte der Schrift.* Ravensburg: Otto Maier.

Jegensdorf, Lothar. 1980. *Schriftgestaltung und Textanordnung: Theorie und didaktische Praxis der visuellen Kommunikation durch Schrift.* Ravensburg: Otto Maier.

Jensen, Hans. 1969. *Die Schrift in Vergangenheit und Gegenwart.* – 3., neubearb. u. erw. Aufl. Berlin: Deutscher Verlag der Wissenschaften. [Reprogr. Nachdruck 1984].

Kuckenburg, Martin. 1998. *... und sprachen das erste Wort. Die Entstehung von Sprache und Schrift. Eine Kulturgeschichte der menschlichen Verständigung.* 2. Aufl. Düsseldorf: Econ.

Kurz, Ingrid. 1986. „Das Dolmetscher-Relief aus dem Grab des Haremhab in Memphis. Ein Beitrag zur Geschichte des Dolmetschens im alten Ägypten." In: *Babel* 32:2, 73–77.

Luidl, Philipp. 1989. *Typografie: Herkunft, Aufbau, Anwendung.* 2., überarb. Aufl. Hannover: Schlütersche.

Nöth, Winfried. 1985. *Handbuch der Semiotik.* Stuttgart: J. B. Metzler.

Nöth, Winfried. 2000. *Handbuch der Semiotik.* 2., vollständig neu bearbeitete und erweiterte Auflage. Stuttgart, Weimar: Metzler.

Prunč, Erich. 2007. *Entwicklungslinien der Translationswissenschaft. Von den Asymmetrien der Sprachen zu den Asymmetrien der Macht.* Berlin: Frank & Timme (Hartwig Kalverkämper & Larissa Schippel (Hrsg.). TransÜD. Arbeiten zur Theorie und Praxis des Übersetzens und Dolmetschens. Bd.14).

Saussure, Ferdinand de. 1931/1967. *Grundfragen der allgemeinen Sprachwissenschaft.* Hrsg. von Charles Bally und Albert Sechehaye. Unter Mitwirkung von Albert Riedlinger übersetzt von Herman Lommel. 2. Aufl. mit neuem Register und einem Nachwort von Peter v. Polenz. Berlin: de Gruyter.

Schopp, Jürgen F. 2005. *»Gut zum Druck«? – Typographie und Layout im Übersetzungsprozeß.* (= Acta Universitatis Tamperensis 1117). Tampere: Tampere University Press. www-Version: http://acta.uta.fi/pdf/951-44-6465-6.pdf; besonders Kap. 3 u. 4.

Schopp, Jürgen F. 2010. „In »fremdem Gewand«. Anmerkungen zum Problem der visuellen Gestaltung von Touristikprospekten." In: *TRANS, Internet-Zeitschrift für Kulturwissenschaften,* Nr. 17, Februar 2010, http://www.inst.at/trans/17Nr/2-8/2-8_schopp.htm

Stein, Peter. 2006. *Schriftkultur. Eine Geschichte des Schreibens und Lesens.* Darmstadt: Wissenschaftliche Buchgesellschaft.

Süß, Harald. 1991. *Deutsche Schreibschrift lesen und schreiben lernen.* Lehrbuch. Augsburg: Augustus-Verlag.

Tschichold, Jan. 1952/1965. *Meisterbuch der Schrift.* Ein Lehrbuch mit vorbildlichen Schriften aus Vergangenheit und Gegenwart für Schriftenmaler, Graphiker, Bildhauer, Graveure, Lithographen, Verlagshersteller, Buchdrucker, Architekten und Kunstschulen. 2. neubearbeitete Auflage. Ravensburg: Otto Maier.

Vermeer, Hans J. 1972. *Allgemeine Sprachwissenschaft. Eine Einführung.* Freiburg: Rombach.

Wehde, Susanne. 2000. *Typographische Kultur – Eine zeichentheoretische und kulturgeschichtliche Studie zur Typographie und ihrer Entwicklung.* Tübingen: Niemeyer, (Studien und Texte zur Sozialgeschichte der Literatur, Bd. 69).

http://de.wikipedia.org/wiki/Versal-Eszett [03.09.2008]

2 Typografie und Kommunikation

Lange Zeit war Typografie vor allem Buchtypografie, daher die häufige Gleichsetzung mit der Buchdruckerkunst. Manche der Regeln, die immer wieder unreflektiert in laientypografische Literatur übernommenen werden, stammen von hier. Heute deckt der typografisch gestaltete Text das gesamte Feld der schriftlichen Kommunikation ab, einschließlich des privaten, ursprünglich hand- oder maschinengeschriebenen Briefes und anderer „privater" Textsorten. Entsprechend vielseitig sind Aufgaben und Funktionen der Typografie. Ihre Hauptaufgabe ist es aber, eine sprachliche Information zu übermitteln, indem der Inhalt interpretiert und in ästhetisch ansprechender Form präsentiert wird. Daraus ergeben sich eine Reihe von Aufgaben und Funktionen der Typografie.

2.1 Das „Kleid des Textes" (Typografie-Definition)

Das Wort *Text* leitet sich her vom lateinischen Wort *texere,* „weben, flechten, kunstvoll zusammenfügen". Im Spätmittelalter wurde daraus lat. *textus,* „Gewebe, Geflecht, zusammenhängender Inhalt einer Rede oder Schrift". Konkret zeigt sich das im Namen der spätmittelalterlichen gotischen Schrift, der Textur (auch: Textura), die ein gewebeähnliches Textbild ergab. Wir können Text allerdings auch als Gewebe von Zeichen auf unterschiedlichen Ebenen auffassen (s. Kap. 2.2 das „TT+T- Modell"). Typografie macht also das sprachliche Produkt, den Text, sichtbar, wird gewissermaßen zum Kleid des Textes (Stöckl 2004). Und wie jemand passende oder schlecht sitzende, billlige oder teure, modische oder zeitlose Kleider tragen kann, gibt es auch bei der typografischen Gestalt eines Textes die unterschiedlichsten Möglichkeiten und Existenzweisen. „Natürlich" ist die typografische Gestalt allerdings so gut wie nie – sie ist immer das Ergebnis eines mehr oder weniger bewussten und professionellen Handelns.

Das sprachliche Zeichen *Typografie* – offensichtlich eine Prägung humanistischer Gelehrter – besteht aus zwei Teilen. Den ersten Teil bildet das griechische Substantiv τυπος (*typos*), das „Schlag, Spur, Gestalt, Gepräge, Abdruck" bedeutet und im Lateinischen zu *typus,* im Deutschen zu *Typ* (vgl. auch *Type*) wurde. Der zweite Teil besteht aus dem Verb γραφειν (*graphein*), das die Bedeutungen „zeichnen, malen, einritzen, graben, schreiben" (vgl. dt. „gravieren") aufweist. Das Wort bedeutet demnach das „Schreiben" mit Typen bzw. Lettern, wie es durch Gutenbergs Erfindung in die abendländischen Kultur eingeführt wurde, und bezieht sich auf den gesamten Gestaltungsprozess, durch den ein verbaler Text in einem traditionellen Printmedium oder einem elektronisch-digitalen Medium Form annimmt. Unter *Gestaltung* ist dabei sowohl die kreative Formgebung als auch der konkrete technische Gestaltungsprozess zu verstehen. In dieser Bedeutung findet sich *...typografie* in Zusammensetzungen wie *Buchtypografie, Zeitungstypografie, Werbetypografie* etc. oder für die typografischen Teilbereiche *Mikro-* (auch *Detail-) typografie* und *Makrotypografie*, auf die das Kapitel 3 näher eingeht.

Im *Lexikon der graphischen Technik* aus dem Jahr 1970 wird der Begriff *Typografie* noch definiert als „Die Gestaltung eines Druckerzeugnisses, besonders die von Büchern, Broschüren, Zeitschriften, Werbedrucken, Industrie- und Geschäftsdrucksachen, wenn die Anwendung von Schrift überwiegt." Abgesehen davon, dass mit „Gestaltung" (wie bei „Übersetzung") sowohl der Prozess als auch dessen Ergebnis gemeint sein kann, reichen die genannten Merkmale heute nicht mehr zur Begriffsbestimmung aus. Zwar lässt der Hinweis auf die dominierende Rolle der (typografischen) Schrift den Schluss zu, dass zur Visualisierung sprachlicher Zeichen – einschließlich paraverbaler und paralinguistischer Elemente des Textes (s. u.) – selbstverständlich noch weitere Mittel benötigt werden. Doch war die Eingrenzung auf Druckerzeugnisse (Print-Medien) schon damals zu eng, da typografische Schrift außerdem in Film und Fernsehen, auf Laden- und Verkehrsschildern sowie Informationstafeln aller Art eingesetzt wird. Erst recht gilt dies heute nach der Einführung von Desktop-Publishing und der starken Verbreitung elektronischer Medien, bei denen das typografische Schriftbild auf digitalem Weg erzeugt wird.

Typografie im eigentlichen Sinne liegt stets vor, wenn ein Text zwecks Veröffentlichung in einem traditionell gedruckten oder elektronisch-digitalen Medium nach dem „typografischen Prinzip" (Brekle 1997) gestaltet und hergestellt wird. Im weiteren Sinne gehört alles zur Typografie, was die Wirkung dieser Zeichen beeinflusst, also auch die Farbe, die Papierqualität usw.

Das typografische Prinzip besteht darin, dass die Gestaltung des Textes mit vorgeformten Zeichen (Lettern, Typen) erfolgt, die dann unter Anwendung einer Vervielfältigungstechnik (Druck, digitale Publikationstechniken) bei wiederholtem Auftreten eine identische Gestalt aufweisen. Die dominierenden Bedeutungsmerkmale beziehen sich hier auf den „Schreibprozess", nicht auf das entstandene Produkt und seine visuelle Gestalt.

Vor allem in linguistischer und translatologischer Literatur wird Typografie nach ihrer linguistischen Entdeckung in den 70er Jahren und ihrer „Demokratisierung" durch Desktop-Publishing in den 80er Jahren des vorigen Jahrhunderts in der Regel als Gestalt eines Textes gesehen und nicht als Gestaltungsprozess. Da darf es nicht verwundern, dass der Typografiebegriff auf jeden veröffentlichten Botschaftsträger ausgeweitet wird, der Textelemente enthält, d. h. auch auf Texte mit deutlich handschriftlichem („skriptografischem") Charakter. Damit entfernt sich dieser Typografiebegriff allerdings wesentlich von dem des grafischen Gewerbes, aus dem er stammt. Denn bei Texten dieser Art (z. B. Werbetexte und Comics) prägt nicht das typografische Prinzip das optische Erscheinungsbild des Textes, sondern die individuelle Schriftgestaltung mit folgender z. B. fotomechanischer Vervielfältigung. Allerdings werden gerade in diesen Bereichen in neuerer Zeit pseudohandschriftliche Fonts eingesetzt, was wiederum z. T. dazu führt, dass Textelemente in Schriftgrößen auftreten, die sich handschriftlich kaum herstellen ließen, d. h. der handschriftliche Charakter solcher Textelemente wird gerade durch die gewählte Schriftgröße unglaubwürdig und entpuppt sich letzten Endes als typografisch.

Heute tendiert man dazu, alles zur *Typografie* zu rechnen, was mit der technischen Präsentation von Schrift und der Gestaltung von Texten zusammenhängt, also auch die digitale Herstellung typografischer Schriften und die wissenschaftliche Beschäftigung mit dem Phänomen (vgl. Beinert 2006). Damit ist größtenteils der Zustand wieder hergestellt wie er zu Johannes Gutenbergs Zeit bestand, der sich sowohl sein Arbeitsgerät (Stempel, Gussform, Lettern) als auch sein Werkzeug (Druckerpresse) schuf, um drucken zu können.

Als professionelles Handeln umfasst Typografie grundsätzlich alle Gestaltungsideen, Entscheidungen, Arbeitsschritte sowie die Beherrschung und den Einsatz der verschiedenen Visualisierungsmittel – in erster Linie Schriftzeichen in den unterschiedlichsten Funktionen und mit unterschiedlichen grafischen Merkmalen – und Gestaltungsprinzipien. Typografie besteht nach der Analyse des Auftrags im zweck- und situationsgerechten Gestalten des Textes bzw. des zielkulturellen Mediums, das den Text enthält. Dieses erfordert die gut überlegte Wahl der geeigneten Grundschrift und der dazu passenden Titelschriften, die (z. T. sprachspezifische) Festlegung von Laufweite, Wortabstand und Zeilenlänge, die damit verbundene Abstimmung von Zeilenabstand und Satzart (Block- oder Flattersatz), die Wahl der Absatzmarkierung und anderer makrotypografischer Einheiten – und nicht zu vergessen die sorgfältige Beachtung der zielkulturspezifischen Orthotypografie.

Der deutsche Typograf Günter Gerhard Lange (1921–2008) nannte Typografie einmal „die Inszenierung einer Mitteilung in der Fläche“. Damit ist das Wesentliche auf den Punkt gebracht: Typografie ist erstens immer Resultat einer mehr oder weniger bewussten Handlung von Laien oder Experten, eben eine mehr oder weniger geglückte „Inszenierung“. Zweitens dient Typografie stets kommunikativen Aufgaben („Mitteilung“), wobei dem Gestaltenden eine Rolle als prototypischer Adressat zufällt. Und drittens braucht Typografie ein Medium, in dem die Mitteilung untergebracht wird, sei es als Buch, Zeitung, Flugblatt, Flyer in einem festgesetzten Format („Fläche“) oder als Computerbildschirm, Handydisplay und was es sonst noch alles gibt.

> Typografie im engeren Sinne ist die visuelle Gestaltung von Texten mit vorgefertigten Zeichen (Lettern, Typen). Im weiteren Sinne gehört alles zur Typografie, was die Wirkung dieser Zeichen beeinflusst. Schließlich versteht man unter Typografie sowohl (1) das die typografischen Zeichen umfassende Zeichensytemoid, (2) den Gestaltungsprozess und (3) die visuelle Gestalt des Mediums als Ergebnis dieses Gestaltungsprozesses.

2.2 Tektonik, Textur, Typografie: das „TT+T-Modell"

Typografisch gestaltete Texte sind in besonders starkem Maße Gewebe von Zeichen auf unterschiedlichen Ebenen, die einander bedingen, aufeinander Bezug nehmen, sich gegenseitig ergänzen und zusammen die Botschaft an die Adressaten vermitteln. Dies lässt sich an dem von mir so genannten „TT+T-Modell" (Schopp 2005: 59–61) in Abb. 6 veranschaulichen. In diesem Modell ist die von Holz-Mänttäri (1984: 126, 128, 131–135) auf professionell gestalte Texte („Designtexte") und Translate angewendete Dichotomie (griech. „Zweiteilung in Begriffspaare") von Tektonik und Textur um die visuelle Dimension, die Typografie erweitert. Seine Bestätigung findet das Modell in der Tatsache, dass besonders bei anspruchsvollen Kommunikationsaufgaben in manchen Kommunikationsfeldern oft alle drei Textebenen gesondert von betreffenden Fachleuten konzipiert und gestaltet werden. Beim Übersetzen tritt dazu dann noch eine vierte Fachkraft, der Übersetzer bzw. die Übersetzerin.

Aus translatorischer Perspektive ist daher im Hinblick auf die professionelle Gestaltung eines Zieltextes – genauer gesagt eines druck- bzw. publikationsfertigen Translats (Schopp 2005: 398ff) – von folgenden drei Vertextungsebenen auszugehen. In welchem Umfang eine dieser Textebenen als translationsrelevant angesehen werden muss, ist bei jeder Auftragsanalyse gesondert zu spezifizieren und hängt davon ab, inwieweit beim Entwurf der Tektonik, der Ausformulierung der Textur und der Planung und Gestaltung des Layouts bereits zielkulturspezifische Aspekte berücksichtigt worden sind und unter welchen Voraussetzungen das zielkulturelle Medium hergestellt wird.

1. *Tektonik:* Holz-Mänttäri versteht darunter die „Inhaltsstruktur" (1984: 128) bzw. „das tragende Gerüst eines Designtexts" (1993: 311), bestehend in Auswahl und Anordnung der kommunikativen Teilhandlungen. Hier muss von translatorischer Seite eingegriffen werden, wenn anzunehmen ist, dass wegen der in der Zielkultur geltenden Textbaukonventionen eine bloße Übernahme der Tektonik nicht die Wirkung hat, die sich der Auftraggeber von seinem Text bzw. dem herzustellenden Medium verspricht. Unter funktional-kommunikativem Aspekt lassen sich außerdem die textsortentypische Koordination hierarchisch geordneter

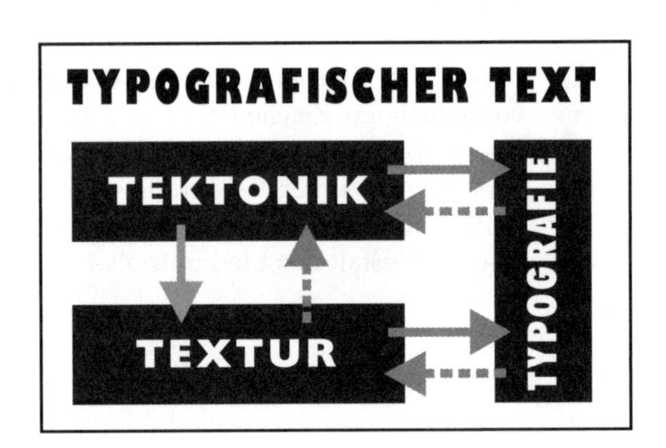

Abb. 6: Beziehungsgeflecht zwischen den drei translationsrelevanten Vertextungsebenen: das TT+T-Modell (Schopp 2005: 61)

Teiltexte und Textteile sowie das Auftreten para- und metatextueller Elemente wie z. B. der „lebende Kolumnentitel" (siehe Kap. 2.6) in wissenschaftlichen Publikationen hinzurechnen.

2. *Textur:* Darunter ist die sprachliche Gestalt des Textes zu verstehen (Holz-Mänttäri 1984 und 1993). *Textur* umfasst in Abgrenzung von Typografie die Gesamtheit aller *verbalen* Mittel, die aufgrund der Tektonik ausgewählt und nach einem sinnvollen Plan angeordnet sind (lexikalische, phraseologische, syntaktische und stilistische Einheiten, Verweis- und Verknüpfungselemente, aus denen sich die Mikro- und Makrostruktur des Textes aufbaut) und die den verbalen Inhalt des Textes bilden.

Vielen Übersetzern gilt diese Ebene immer noch als das klassische translatorische Betätigungsfeld, was sich z. B. in der Selbstbezeichnung *Sprachmittler* und in der europäischen Translationsnorm DIN EN 15038 im Begriff *Mehrwertdienstleistung* niederschlägt, der alles umfasst, was nicht Übersetzen im traditionell engen Sinn ist – selbst eine eindeutig translatorische Leistung wie die Lokalisierung (2006: 17).

3. *Typografie:* Die dritte Ebene besteht in der optischen Gestalt des Textes, die seine kommunikativen und sprachlichen Elemente abbildet. Dies geschieht entweder in einem traditionellen Printmedium oder als Teil eines elektronisch-digitalen Mediums – in zunehmendem Maße als „Crossmedium" in beiden Funktionen. Diese dritte Ebene, oft allgemein *Layout* genannt, fällt traditionell nicht in den translatorischen Aufgabenbereich, doch werden seit Einführung von Desktop-Publishing als translatorisches „Schreibwerkzeug" entsprechende Leistungen (wie z. B. das Überschreiben der layoutformatierten AT-Datei mit der Übersetzung) von Auftraggebern bestellt, bzw. bieten Übersetzer diese Leistungen als „Mehrwertdienstleistung" an.

Durch typografische Mittel wird sowohl die Textur als auch die Tektonik des Textes sichtbar (in Abb. 6 durch die Pfeile symbolisiert). Zur Verdeutlichung der Tektonik gehören z. B. Absätze, Einzüge und Initialbuchstaben zur Markierung gedanklicher Einheiten, Überschriften und Zwischenüberschriften, die Kennzeichnung unterschiedlicher Textteile durch verschiedene Schriftgrößen und bestimmte nicht-alphabetische Zeichen (z. B. die Anführungszeichen zur Markierung von Zitaten im wissenschaftlichen Text und direkter Rede in literarischen Texten). Die Textur erhält vor allem durch die Buchstaben (Lettern) und den Leerraum zwischen den Wörtern Gestalt. Die grammatisch bedingten paraverbalen Elemente, d. h. die die verbalen Textelemente begleitenden Phänomene wie Intonation, Betonung und Pausen werden typografisch durch Satzzeichen dargestellt. In bestimmten Textsorten werden gegebenenfalls auch paralinguistische Textelemente typografisch kodiert (s. Abb. 8 auf S. 37), das sind nicht-grammatische Phänomene des Sprachgebrauchs wie Stimmhöhe, Lautstärke, Klangfarbe, Tempo etc.

In einigen Fällen können typografische Zeichen bedeutungsbildend auftreten, indem sie durch Aktivierung von kulturspezifischem Wissen kontextuell in den Gesamttext Bedeutungselemente integrieren, die so nicht verbalisiert werden müssen (Abb. 7, nächste Seite). Der in einer Anzeige anlässlich der österreichischen

Abb. 7:
Bedeutungsbildung durch typografischen Schriftcharakter (Der Standard, 9. Juni 1994)

Parlamentswahlen von 1994 beim Textelement „Andere tun es auch." vorgenomme Wechsel der Schriftart von der Grotesk zur Frakturschrift, wird von jedem Österreicher und Deutschen mit Bezug auf die kulturspezifische Gleichsetzung von gebrochenen Schriften und Nazi-Ideologie eindeutig interpretiert als: „Die Rechtsextremen gehen jedenfalls wählen." Anderswo in der Welt wird diese Bedeutung wohl nicht verstanden. Dort werden gebrochene Schriften weiterhin mit dem geschichtlich begründeten Merkmal „typisch deutsch" verbunden (vgl. die Abb. 23 u. 24 in Kap. 3.1.6).

Durch typografische Mittel werden in der schriftlichen Kommunikation sowohl Tektonik als auch Textur eines Textes sichtbar und damit rezipierbar. In besonderen Fällen trägt Typografie zur Bedeutungsbildung bei, indem sie (kulturspezifisch) dem verbal Geäußerten Bedeutungsmerkmale hinzufügt. Typografie ist daher die dritte translationsrelevante Textebene und muss in das translatorische Handeln einbezogen werden.

2.3 Funktionen der Typografie

Wir haben täglich mit Texten unterschiedlichsten Inhalts in den verschiedenartigsten Publikationsformen zu tun. Entsprechend weist Typografie eine Vielzahl von Funktionen auf. Neben den von Bühlers *Organonmodell* (1934/1982: 24–33) ableitbaren kommunikativen Grundfunktionen der Darstellung, des Ausdrucks und des Appells sowie der von Willberg & Forssman (1997) auf unterschiedliche Leseanlässe bezogenen acht Funktionen der Lesetypografie (s. u.), ist aus translatorischer Sicht interessant und wichtig, welches Abbildungsverhältnis hinter der typografischen Gestalt des Textes steht.

2.3.1 Typografische Abbildungsfunktionen

Wir gehen davon aus, dass durch typografische Mittel alle sprachlichen Ebenen sowie die begleitenden paraverbalen und paralinguistischen Phänomene abgebildet werden können, wobei es von der Textsorte oder vom Genre abhängt, ob etwas typografisch visualisiert oder (metasprachlich) verbalisiert wird. In literarischen Werken z. B. werden Äußerungen, die heftige Gemütserregungen und -bewegungen wiedergeben, in der Regel durch verbale Mittel gekennzeichnet, während in einem Comic das grafische Erscheinungsbild der Äußerung diese gleichsam „ikonisiert" und in das betreffende Bild integriert (hierzu u. a. Kaindl 2004: 228).

Jegensdorf nennt im Hinblick auf den Beitrag des Visuellen zur Bedeutungs(ab)bildung des Visualisierten fünf Grundfunktionen: (1) bedeutungs-gliedernd, (2) bedeutungs-akzentuierend, (3) bedeutungs-ergänzend, (4) bedeutungs-aufbauend und (5) bedeutungs-„frei" (1980: 71–86).

Sieht man die auf der Grundlage eines sekundären Zeichensystems erfolgende Darstellung von Tektonik und Textur durch Typografie als Basisfunktion und grundlegend für visuell-verbalen Sprachgebrauch an, reichen drei weitere Funktionen aus. Die Frage ist dabei, ob und inwieweit durch die gewählten typografischen Elemente dem visualisierten sprachlichen Zeichen weitere semantische Inhalte hinzugefügt werden.

In Bezug auf das Zeichenniveau ist die primäre Ebene, bei der das Zeichen bzw. der Zeichenkörper direkt zur Bedeutungsbildung beiträgt, zu unterscheiden von der sekundären Ebene, bei der das Zeichen auf ein Zeichen der ersten Ebene verweist; schließlich noch die tertiäre Verwendung, bei der die Gestalt des visuellen Zeichens nicht auf dessen verbalen Inhalt bezogen wird, sondern gewissermaßen ein Eigenleben führt und für sich gesehen z. B. als dekorative Form eingesetzt wird (Jegendorfs „bedeutungs-„freie" Funktion).

Im Hinblick auf den Beitrag typografischer Elemente zur Konstruktion von Bedeutung genügt es, folgende Fälle zu unterscheiden: 1. die (relativ) bedeutungsneutrale typografische Visualisierung (visuell-verbale Basisfunktion); 2. die Hinzufügung von Bedeutung durch typografische Elemente zum verbalen Inhalt, wodurch das typografische Zeichen zum primären Zeichen wird, sowie 3. als einen Sonderfall die „ikonische" Abbildung verbaler Inhalte durch typografische

Abb. 8: Darstellung verbaler und paralinguistischer Elemente im Comic (Goscinny & Uderzo 1963: 33; 1990: 33; 1978 33)

Elemente. Als 4. und weiterer Sonderfall ist die Abbildung von „Textbildern" zu sehen, z. B. wenn im Verlauf einer Erzählung Exemplare anderer Textsorten (z. B. eine Zeitungsmeldung oder ein Flugblatt) „zitiert" werden. Im Folgenden seien die einzelnen Punkte näher ausgeführt:

1. Als typografische Basisfunktion hat prinzipiell die Visualisierung von Textur und Tektonik des Textes zu gelten – von Laien oft nicht wahrgenommen, da für selbstverständlich bzw. für das schriftsprachliche Zeichen selbst gehalten. Durch den direkten Bezug auf ein anderes Zeichen liegt eine „sekundäre" Zeichenfunktion vor. Die typografische Gestalt ist (relativ) bedeutungsneutral und beschränkt sich in erster Linie auf die Visualisierung verbaler Zeichen bzw. tektonischer Strukturen. Daneben finden sich durch Anwendung bestimmter Hervorhebungstechniken – in schöner Literatur meist *kursiver* Schriftschnitt, in Comics z. B. größerer Schriftgrad oder fetterer Schriftschnitt – auch paraverbale und paralinguistische Elemente. In Abb. 8 wird im französischen Comic das plötzliche Ansteigen der Lautstärke durch den größeren Schriftgrad des Textelements „tous!" visualisiert, während sowohl die deutsche als auch die lateinische Übersetzung für alle Textelemente den gleichen Schriftgrad beibehält, wodurch die paralinguistische Information verlorengeht.

① Kontrast im Schriftcharakter oder in der Schriftfarbe

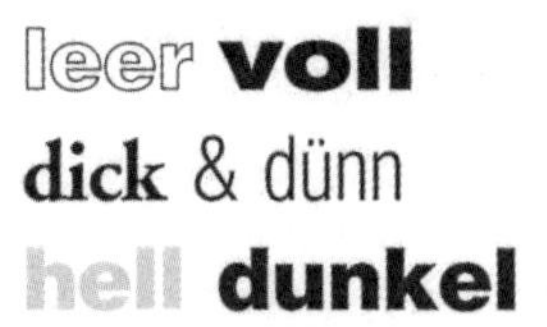

② Ikonisierung des Wortinhalts durch unkonventionelle Positionierung eines Graphs

TNNNEL

③ Ikonisierung durch Schriftgrößenwechsel

MIKROSKOP

④ Bedeutungskonstituierung durch Mischung alphabethischer, numerischer und anderer Graphe

1am+ver2felt
8tung – 4 you

⑤ »Integrierte Bedeutungen« durch hervorhebenden Wechsel im Schriftcharakter oder Figurensatz

SEE**LENIN**GENIEUR
schreIBMaschinen

Abb. 9:
Doppelte Kodierung durch Typografie: verbale und visuelle Elemente drücken das Gleiche aus
(Schopp 2005: 173)

Ein wichtiges Moment innerhalb dieser Basisfunktion ist die Gestaltung des Textes unter dem Postulat der *Lesbarkeit* (manchmal als *Leserlichkeit* bezeichnet), die solides typografisches Fachwissen und Fachkönnen voraussetzt. Dabei geht es vor allem darum, die typografischen Größen Schriftcharakter, Schriftgröße, Laufweite, Wortabstand, Zeilenlänge und Zeilenabstand (s. Kap. 3) sprachspezifisch und der Textsorte entsprechend sorgfältig aufeinander abzustimmen.

Ein dritter Bereich – ebenfalls aus translatorischer Perspektive zu berücksichtigen – ist die für eine Schriftkultur geltende *Orthotypografie*. Darunter ist der korrekte Gebrauch bestimmter typografischer Zeichen zu verstehen, aber auch das kulturspezifische Gestaltungsniveau eines gedruckten Mediums; dies wird vor allem wichtig, wenn das zielkulturelle Medium in der Ausgangskultur oder einer Drittkultur hergestellt wird.

2. Durch ein typografisches Mittel wird dem sprachlichen Zeichen ein ergänzendes oder modifizierendes Moment beigefügt, das zur Bildung einer neuen Bedeutung führt; in diesem Fall wird das typografische Zeichen zum „primären Zeichen". Dies ist der Fall, wenn wie in Abb. 7 (S. 36) ein kulturspezifisch interpretierter Schriftcharakter in Verbindung mit spezifischen Inhalten auftritt. Weniger spektakuläre Fälle sind die typografische Markierung von Bedeutungsklassen in einem fortlaufenden Text wie z. B. Namen, Buchtitel, Begriffe, Fremdwörter durch kursiven Schriftschnitt oder Kapitälchen.

1090 THE UNABRIDGED MARK TWAIN A CONNECTICUT YANKEE

Adam-newsboy of the world went around the corner to get my change; is around the corner yet. It was delicious to see a newspaper again, yet I was conscious of a secret shock when my eye fell upon the first batch of display head-lines. I had lived in a clammy atmosphere of reverence, respect, deference, so long, that they sent a quivery little cold wave through me:

HIGH TIMES IN THE VALLEY OF HOLINESS!

THE WATER-MORKS CORKED!

BRER MERLIN WORKS HIS ARTS, BUT GETS LEFT!

But t he Boss scores on his first Innings!

The Miraculous Well Uncorked amid awful outbursts of

INFERNAL FIRE AND SMOKE ANDTHUNDER!

THE BUZZARD-ROOST ASTONISHED!

UNPARALLELED REJOIBINGS!

—and so on, and so on. Yes, it was too loud. Once I could have enjoyed it and seen nothing out of the way about it, but now its note was discordant. It was good Arkansas journalism, but this was not Arkansas. Moreover, the next to the last line was calculated to give offence to the hermits, and perhaps lose us their advertising. Indeed, there was too lightsome a tone of flippancy all through the paper. It was plain I had undergone a considerable change without noticing it. I found myself unpleasantly affected by pert little irreverencies which would have seemed but proper and airy graces of speech at an earlier period of my life. There was án abundance of the following breed of items, and they discomforted me:

Local Smoke and Cinders.

Sir Launcelot met up with old King Agrivance of Ireland unexpectedly last weok over on the moor south of Sir Balmoral le Merveilleuse's hog dasture. The widow has been notified.

Expedition No. 3 will start adout the first of next mgnth on a search f8r Sir Sagramour le Desirous. It is in command of the renowned Knight of the Red Lawns, assissted by Sir Persant of Inde, who is competent, intelligent, courteous, and in every way a brick, and further assisted by Sir Palamides the Saracen, who is no huckleberry himself. This is no pic-nic, these boys mean business.

The readers of the Hosannah will regret to learn that the hadndsome and popular Sir Charolais of Gaul, who during his four weeks' stay at the Bull and Halibut, this city, has won every heart by his polished manners and elegant c¶nversation, will pull out to-day for home. Give us another call, Charley!

The bdsiness end of the funeral of the late Sir Dalliance the duke's son of Cornwall, killed in an encounter with the Giant of the Knotted Bludgeon last Tuesday on the borders of the Plain of Enchantment was in the hands of the ever affable and efficient Mumble, prince of unzertakers, than whom there exists none by whom it were a more satisfying pleasure to have the last sad offices performed. Give him a trial.

The cordial thanks of the Hosannah office are due, from editor down to devil, to the ever courteous and thoughtful Lord High Stew[illegible]l of the Palace's Thrid Assistant V[illegible] for several saucers of ice cream [illegible] a quality calculated to make the ey[illegible] of the recipients humid with gr[illegible]ude; and it done it. When this administration wants to chalk up a desirable name for early promotion, the Hosannah would like a chance to sudgest.

Abb. 10: Konstruktion von „Textbildern" durch Typografie (Twain 1984:1090f)

3. Durch die Typografie wird das verbal Geäußerte ein zweites Mal kodiert, indem Bedeutungsmerkmale gleichsam „ikonisiert" werden, z. B. um einen größeren Aufmerksamkeitseffekt zu erzielen (Abb. 9, S. 38).

4. Ein vierter Fall liegt vor, wenn in einen Text, z. B. einen Roman, andere Texte integriert („Text-im-Text") und durch typografische Mittel als „Text-Bild" abgebildet werden. Auch hier haben wir eine ikonische Funktion der Typografie, die sich allerdings nicht auf den verbalen Inhalt bezieht, sondern auf die textsortenspezifische visuelle Gestalt, durch die das betreffende Textelement vom erzählenden Text abgehoben wird. Das Beispiel in Abb. 10 (S. 39), eine Abbildung aus Mark Twains *A Connecticut Yankee in King Arthur's Court*, nutzt gleich auf zweifache Weise typografische Möglichkeiten. Zum einen zeigt es einen Ausriss einer Zeitungsseite, zum anderen zeigt es das typografische Niveau einer fiktiven „ersten Zeitung". Dieses Niveau entspricht offensichtlich dem jener kleinen Lokalblätter des Mittleren Westens der USA, die Samuel Langhorne aus eigener Erfahrung kannte – hatte er doch schon als Zwölfjähriger in seiner Heimatstadt Hannibal am Mississippi in der Druckerei des *Missouri Courier* eine Schriftsetzer- bzw. Druckerlehre begonnen. Nach deren Abschluss hatte er eine Zeit lang in der Druckerei seines Bruders Orion gearbeitet und war schließlich noch im Mittleren Westen als Redakteur tätig gewesen.

Dass die finnische Übersetzung der Nachricht über Sir Lancelots Abenteuer (Abb. 11) keine adäquate Lösung darstellt, dürfte einsichtig sein: Eine Korrekturfahne steht für einen anderen Abschnitt im Produktionsprozess einer Zeitung als ein fertiges Zeitungsexemplar. Sie bleibt in der Druckerei und gelangt nicht – wie es im Roman der Fall ist – in den Straßenverkauf. Dies ist ein gutes Beispiel dafür, wie die Vernachlässigung der Makrostruktur beim Übersetzen zu inkohärenten Translaten führen kann.

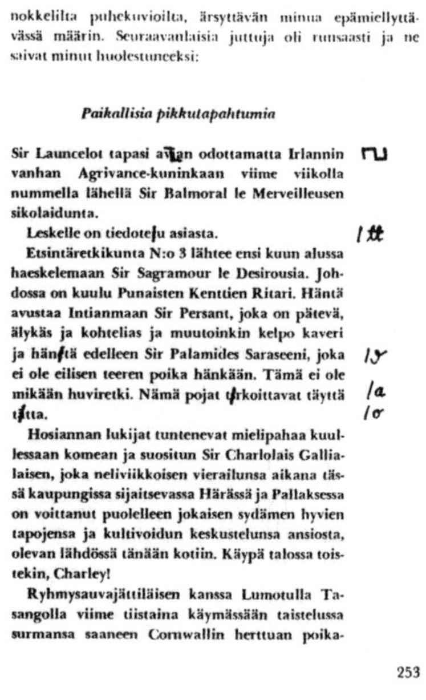

nokkelilta puhekuvioilta, ärsyttävän minua epämiellyttävässä määrin. Seuraavanlaisia juttuja oli runsaasti ja ne saivat minut huolestuneeksi:

Paikallisia pikkutapahtumia

Sir Launcelot tapasi avian odottamatta Irlannin vanhan Agrivance-kuninkaan viime viikolla nummella lähellä Sir Balmoral le Merveilleusen sikolaidunta.

Leskelle on tiedotelu asiasta.

Etsintäretkikunta N:o 3 lähtee ensi kuun alussa haeskelemaan Sir Sagramour le Desirousia. Johdossa on kuulu Punaisten Kenttien Ritari. Häntä avustaa Intianmaan Sir Persant, joka on pätevä, älykäs ja kohtelias ja muutoinkin kelpo kaveri ja hänftä edelleen Sir Palamides Saraseeni, joka ei ole eilisen teeren poika hänkään. Tämä ei ole mikään huviretki. Nämä pojat tirkoittavat täyttä tätta.

Hosiannan lukijat tuntenevat mielipahaa kuullessaan komean ja suositun Sir Charlolais Gallialaisen, joka neliviikkoisen vierailunsa aikana tässä kaupungissa sijaitsevassa Härässä ja Pallaksessa on voittanut puolelleen jokaisen sydämen hyvien tapojensa ja kultivoidun keskustelunsa ansiosta, olevan lähdössä tänään kotiin. Käypä talossa toistekin, Charley!

Ryhmysauvajättiläisen kanssa Lumotulla Tasangolla viime tiistaina käymässään taistelussa surmansa saaneen Cornwallin herttuan poika-

253

Abb. 11: Korrekturfahne statt Zeitungsexemplar in der finnischen Übersetzung (Twain 1986: 253)

Abb. 12:
Ein Beispiel für expressive typografische Gestaltung (Ruder 1967: 121)

Im Hinblick auf das Verhältnis von typografischer Gestalt und Abgebildetem lassen sich vier Fälle unterscheiden: (1) die visuelle Darstellung des verbalen Textes mit begleitenden paraverbalen und paralinguistischen Elementen (typografische Zeichen als sekundäre Zeichen, Basisfunktion der Typografie); (2) die Anreicherung des verbal Geäußerten durch zusätzliche Bedeutungselemente über typografische Mittel (typografische Zeichen als primäre Zeichen); (3) die zweifache Kodierung von Bedeutungselementen durch verbale und typografische Zeichen; (4) die typografische Darstellung und Einbindung von Exemplaren bestimmter Textsorten in ein literarisches Werk.

2.3.2 Kommunikative Grundfunktionen

Grundsätzlich dient Typografie der Herstellung von Mitteln zur schriftlichen Kommunikation (vor der Verbreitung von DTP fast ausschließlich der öffentlichen Kommunikation). Bei einer ganzen Reihe typografischer Produkte lassen sich die von Katharina Reiß (1976) vom Bühlerschen Organonmodell abgeleiteten kommunikativen Grundtypen oder Globalfunktionen – *informativ, expressiv* und *operativ (appellativ)* feststellen.

Den *informativen* Texttyp vertreten typografische Produkte, die einerseits nach den Prinzipien optimaler Lesbarkeit visualisiert sind, andererseits die Gestaltungsprinzipien derjenigen Lesetypografien bei Willberg & Forssman realisieren, bei denen die Informationsaufnahme im Vordergrund steht (siehe Kap. 2.3.3).

Eine *expressive* Typografie findet sich bei jedem individuell-kreativ gestalteten Textbild (Abb. 12); der Aspekt der Lesbarkeit spielt dabei eine geringe oder gar keine Rolle.

Operative (bzw. appellative) Typografie steht ganz im Dienste der Lenkung von Rezipienten-Verhalten, z. B. durch Aufmerksamkeitserregung, und umfasst

Abb. 13: Operative und informative Grundfunktion der Typografie (Toynbee 1988)

sowohl die bedeutungs-akzentuierende Funktion nach Jegensdorf als auch die bedeutungs-ergänzende, in Einzelfällen auch die bedeutungs-freie Funktion. Als Beispiel seien hier der Umschlag und die Titelseite der deutschsprachigen Ausgabe eines Buches des britischen Historikers Toynbee gezeigt (Abb. 13): Während beim Umschlag der Name den größten Schriftgrad aufweist – weil der Umschlag im Schaufenster, auf dem Verkaufstisch oder am Messestand die Funktion hat, die Aufmerksamkeit des Lesers zu erregen und dies offensichtlich über den (seinerzeit) berühmten Namen des Verfassers erreicht werden soll (operative Funktion) – folgt die Titelseite im Innern des Buches der Konvention und bringt den Titel im größten Schriftgrad, *informiert* also den Leser, um welches Buch von Toynbee es sich handelt.

Wie schon beim zugrunde liegenden Bühlerschen Organonmodell ist eine absolute Trennung der drei Grundfunktionen kommunikativer Typografie nicht möglich, sondern es muss – ebenso wie Reiß die Möglichkeit zur Mischtypenbildung einräumt –, auch im Hinblick auf die typografische Textgestaltung mit kommunikativ-typografischen Mischtypen gerechnet werden. Ein Beispiel: das „Kleingedruckte" in Kauf-, Miet-, Reise- und sonstigen Verträgen, das der gesetzlich vorgeschriebenen Verpflichtung zur Information Genüge tut, bei dem aber nicht selten durch typografische Mittel (kleiner Schriftgrad, enger, schwer lesbarer Schriftschnitt, kompresser Satz) die visuelle Informationsaufnahme unter Umständen absichtlich erschwert wird.

> Die Wahl typografischer Mittel bei der Gestaltung eines Textes richtet sich entsprechend dem Bühlerschen Organon-Modell u. A. nach der informativen, expressiven oder operativen bzw. appellativen Grundfunktion des Textes.

2.3.3 Achtmal Lesetypografie

Die beiden Typografen Willberg und Forssman haben ausgehend von den unterschiedlichen Leseanlässen acht Funktionen der Lesetypografie behandelt, die z. T. Jegensdorfs Funktionen des Visuellen entsprechen. Selbstverständlich handelt es sich hier um „Primärfunktionen", die nicht ausschließen, dass gelegentlich und sekundär auch andere Lesefunktionen zutreffen.

1. Bei der *Typografie für lineares Lesen* (S. 16–21) werden typografische Mittel so gewählt, dass ein möglichst störungsfreier Leseprozess gewährleistet ist und dem Leser ein bestmöglicher Lesekomfort geboten wird. Dieser ist notwendig, da sich das Auge in der Regel lange mit dem Text (z. B. schöngeistige Literatur) beschäftigt. Erreicht wird ein solcher Lesekomfort durch 60–70 Zeichen pro Zeile und 30–40 Zeilen pro Seite. Die Information soll der Reihe nach aufgenommen werden, daher werden *integrierte Auszeichnungen* (s. Kap. 3.1.11) angewendet, die sich dem Grauwert des Satzspiegels anpassen und die das Auge erst dann registriert, wenn es an der betreffenden Stelle im Text angelangt ist. Breite Ränder, die größer als ein Augensprung (eine Sakkade) sein müssen, sollen gewährleisten, dass der Blick innerhalb des Textes bleibt und nicht über den Papierrand schweift.

2. *Typografie für informierendes Lesen* (S. 22–27) ermöglicht ein schnelles, diagonales Überfliegen des Textes um festzustellen, was genauer gelesen werden muss. Diese Typografieart ist für Texte bestimmt, bei denen sich die Leser über Sachzusammenhänge informieren wollen, ohne das ganze Buch linear lesen zu müssen. Daher muss der Text in kürzere Zeilen (40–50 Zeichen) und leicht überschaubare Einheiten gegliedert sein, deren Überschriften kurz und deutlich über den Inhalt Auskunft geben. Zur Hervorhebung wird vor allem die Technik des *optischen Auszeichnens* (s. Kap. 3.1.11) durch fettere Schriftschnitte angewandt. Prototyp für diese Art von Typografie ist die Zeitung, daneben findet sie sich in Handbüchern, Sachbüchern und Ratgebern.

3. Die *differenzierende Typografie* (S. 28–33) stellt komplexe, abstrakte Sachzusammenhänge und Themen „so eindeutig wie möglich" (S. 29) dar. Sie ist auf „Berufsleser" zugeschnitten, die beim Lesen den Text be- und verarbeiten (z. B. durch Notizen, Randbemerkungen usw.). Solchen Lesern kann man längere Zeilen (bis 80 Zeichen) und vollere Seiten zumuten. Die unterschiedlichen Tektonikelemente – Grundtext, Zitate, Anmerkungen und Quellenangaben, Titel und Zwischentitel unterschiedlichen Grades – müssen typografisch deutlich unterscheidbar sein. Inhaltlich handelt es sich dabei vorwiegend um wissenschaftliche Publikationen und Lehrbücher, doch wird auch die literarische Sonderfom *Drama* zu dieser Lesetypografie gezählt.

4. *Typografie für konsultierendes Lesen* (S. 34–39) ermöglicht das gezielte Suchen nach Informationen über bestimmte Begriffe, wie es vor allem bei Nachschlagewerken aller Art der Fall ist. Die besonders motivierten Leser wenden auf der gezielten Suche nach Information der Reihe nach verschiedene Lesetechniken an: konsultierend > informierend > differenzierend > linear > konsultierend. Da aus technischen Gründen der Text in kleinen Schriftgraden („Konsultationsgrößen"; s. Kap. 3.1.9) dargeboten wird, muss die Schrift gut lesbar sein. Suchwörter

werden durch fetteren Schriftschnitt hervorgehoben. Der die Seiten füllende Satzspiegel wird in mehrere Spalten aufgeteilt, so dass die einzelnen Zeilen (40 Zeichen) möglichst mit einer Sakkade erfasst werden. Prototyp ist das Wörterbuch.

5. Die *Typografie für selektierendes Lesen* (S. 40–45) wird nach dem Motto „so deutlich wie möglich" gestaltet und soll – oft nicht sehr motivierten – Lesern durch eindeutige typografische Trennung der verschiedenen Inhaltsebenen bzw. Teiltextfunktionen die Textinhalte zugänglich machen – sollte also Grundlage jeder Art von didaktischer Literatur sein.

6. Für Leseanfänger jeden Alters ist *Typografie nach Sinnschritten* (S. 46–51) gedacht, die in Fibeln, Bilderbüchern und Lehrbüchern für Fremdsprachen von allen Typografiearten am engsten „der Sprache folgen" (ibid. 47) muss. Dies betrifft vor allem die Gliederung der Zeilen, die vom Sinnzusammenhang bestimmt wird und nicht nach formalen Gesichtspunkten erfolgt. Daher fallen auch Bildlegenden und Überschriften unter diese Art von Lesetypografie. Grundsätzlich, besonders aber bei fremdsprachendidaktischen Werken, sind Schriften mit eindeutig erkennbaren, leicht leslichen Buchstabenbildern wichtig.

7. *Aktivierende Typografie* (S. 52–57) soll Leser, die eigentlich keine sein wollen, „zum Lesen verleiten" und ist damit „das Feld des werblich und typografisch geschulten, kommunikationsorientierten Grafik-Designers" (S. 53) – eine eindeutig operative (appellative) Funktion also. Als Prototyp gilt das Magazin, doch fallen auch Geschenkbücher, Schulbücher und Sachbücher in diesen Bereich.

8. *Inszenierende Typografie* (S. 58–63) ist „[d]er subjektiv interpretierende Umgang des Typografen mit einem vorhandenen Text, der durch die Gestaltung gesteigert, interpretiert oder verfremdet wird, nicht aber dekorativ gegen die Sprache gerichtet ist" (S. 59) – primär expressive Typografie also, die aber weit davon entfernt ist, bloß reines Spiel mit visuellen Formen zu sein, sondern zum Nachdenken und Nachempfinden anreizen möchte.

> Ein weiterer wichtiger Gesichtspunkt bei der typografischen Gestaltung eines Textes ist die Lesetechnik, die bei der Rezeption des Textes angewendet wird.

2.4 Laien- und Expertentypografie

Früher bestand bei der visuellen Textgestaltung eine klare Zweiteilung: Für private Kommunikationszwecke wurden die Texte hand- oder maschinenschriftlich hergestellt, für öffentliche bzw. Massenkommunikation wurden sie typografisch gestaltet und gedruckt (s. Kap. 1.3). Seit Einführung und Verbreitung von DTP treten die meisten schriftlichen Texte in typografischer Gestalt auf und DTP-Software wird gleichermaßen von Laien wie auch von Fachkräften des grafischen Gewerbes eingesetzt. Der Unterschied liegt in der visuellen Qualität der Produkte. Denn ebensowenig wie der Einsatz einer Translationssoftware durch Fremdsprachenkundige schon als professionelles Übersetzen bezeichnet werden kann, bringt die Anwendung einer DTP-Software automatisch professionell gestaltete

Typografie hervor – auch wenn es in der Anfangsphase gerade ein Verkaufsargument war, mit DTP könne jedermann seinen Druckwerken ein professionelles Aussehen verleihen. „Professionell" meinte allerdings eher die Möglichkeit, unterschiedliche typografische Schriften anstatt der damals noch im Computer üblichen Schreibmaschinenschrift zu verwenden. So kam fast gleichzeitig auch das Schlagwort von der „Demokratisierung der Schrift" auf. Einer der am weitesten verbreiten Irrtümer bestand (und besteht z.T. heute noch) darin zu glauben, angelesenes Wissen (meist *Fachwort*wissen) allein würde schon zum Expertenstatus verhelfen (zu dieser Problematik: Schopp 2000). Da dabei nicht berücksichtigt wird, dass die typografische Gestaltungskompetenz eine Schulung des Auges und die Fähigkeit zum typografischen Sehen voraussetzt, die auf einem sicheren Formgefühl beruht, wird Typografie in diesem Fall vorwiegend zu einer Sache der linken, analytischen Gehirnhälfte – und das heißt: zu einer Sache des Wissens, nicht des gestalterischen Könnens.

Zum besseren Verständnis sei hier ein Modell herangezogen, mit dem Sigurd Wichter die Kommunikation zwischen Laien und Experten in Bezug auf ein Fach (für uns: die Typografie) erklärt. Für Wichter (1994: 9f) gliedert sich der fachliche Kommunikationsraum zum einen in das *Fach* selbst, in dem Experten auf Expertenniveau anhand der betreffenden Fachsprache miteinander kommunizieren. An das Fach schließt sich das *Fachumfeld* an, in dem „informierte Laien" in Kontakt mit Experten stehen („Niveau der informierten Laien"). Schließlich gibt es noch das *Fachaußenfeld,* das von „absoluten Laien" und ihrem „Nullniveau" bestimmt ist. Prinzipiell können die beteiligten Laien also in die Gruppen *absolute (naive)* und *informierte* (im besten Fall semiprofessionell arbeitende) Laien eingeteilt werden (Wichter 1994: 10).

Da die Grenze zwischen beiden fließend ist, setze ich hier als einen Pol den *Laientypografen,* der sich in bestimmten Kommunikationsfeldern semiprofessionell betätigt und dessen Produkte (z. B. in der Technischen Kommunikation) nicht selten auch von Übersetzern be- und verarbeitet werden. Den Gegenpol bilden die *professionellen Typografen* und *Grafikdesigner.* Typografische Gestaltung durch absolute Laien ist dagegen hier irrelevant, da sie für öffentliche schriftliche Kommunikation so gut wie keine Rolle spielt. Damit lässt sich analog zu Wichters horizontaler Einteilung der Fachsprache in ein „Expertensystem" und ein „Laiensystem" (1994: 43) von *Expertentypografie* und *Laientypografie* sprechen und typografisch gestaltete Kommunikationsmittel im Hinblick auf ihre visuelle Qualität zwischen diesen beiden Polen platzieren.

Typografische Erzeugnisse bewegen sich also zwischen „(erweiterter) Textverarbeitung" und „grafischem Design", d. h. zwischen allgemeiner Kulturtechnik und professionellem Handeln (s. Kap. 1.3). Das typografische Gestalten durch Laien könnte man aufgrund der ursprünglich starken Orientierung an der Schreibmaschine auch *typografisches Schreiben* nennen, wobei (u. U. kulturspezifisch) in bestimmten Kommunikationsbereichen und -feldern einer dieser Gestaltungszweige bevorzugt auftritt, z. B. in der Technischen Kommunikation und im akademischen Bereich.

Typisch für Laientypografie sind z. B. unübersichtlich vollgepackte, ungegliederte Seiten, oft in kleinen Schriftgraden oder engen Schriftschnitten, der häufige Gebrauch von Großbuchstaben (Versalien) – oft extrem genutzt bei Lizenzverträgen – und zentrierte Anordnung bei Titelzeilen, die von der Schreibmaschine herstammenden Unterstreichungen, vernachlässigte Orthotypografie (z. B. inkorrekter sprachspezifischer Gebrauch der Zollzeichen und typografischen Anführungsstriche, Verwechslung von Bindestrich und Gedankenstrich), fehlerhafte Zeichen-, Wort- und Zeilenabstände, „Hurenkinder" und „Schusterjungen", kontrastarme Schriftmischungen sowie ein Schriftcharakter, der nicht zum Textinhalt passt. Charakteristisch für das Arbeiten von Laientypografen ist außerdem die Verabsolutierung typografischer Einzelregeln und die Übertragung typografischer Regeln aus einem Gestaltungsbereich in einen anderen, z. B. aus der literarischen Buchtypografie in die wissenschaftliche Buchgestaltung. Für manche Laientypografen typisch ist außerdem der blinde Glaube an (oft dilettantisch durchgeführte) Lesbarkeitstest bzw. die Ergebnisse von Lesbarkeitsstudien, die unberücksichtigt lassen, dass die ästhetische Gesamtwirkung eines Textes ebenfalls einer der Lesbarkeitsfaktoren ist und optische Lesbarkeit sich nicht automatisch als Summe einzelner optimaler Werte einstellt.

Kennzeichen von Expertentypografie sind die harmonische Verteilung von bedrucktem und unbedrucktem Raum auf der Seite, klare Sichtbarmachung der Tektonik durch Einzüge und/oder Leerzeilen sowie deutlich in ihrer Rangfolge markierte Zwischenüberschriften, korrekte Orthotypografie, zum Inhalt und Medium passende Schrift in lesefreundlicher Größe und entsprechender Laufweite, optimal festgesetzter Wort- und Zeilenabstand etc.

Übersetzer müssen damit rechnen, dass die im Übersetzungsprozess eingebundenen Layoutvorlagen mehr oder weniger der Laien- oder Expertentypografie zuzurechnen sind, wobei der Professionalitätsgrad der Ausarbeitung in den unterschiedlichen Kulturen variieren kann. Hinzu tritt dann noch die mögliche Kulturspezifik bestimmter typografischer Zeichen oder deren kulturspezifischer Gebrauch (s. Kap. 3). Daher sollte es selbstverständlich sein, dass ein in der Ausgangskultur erstelltes semiprofessionelles oder laienhaftes Layout nicht unbedingt in der Zielkultur als solches reproduziert wird – schon gar nicht, wenn in der Zielkultur höhere Qualitätsanforderungen an das Textbild gestellt werden als in der Ausgangskultur, z. B. ein für die Schweiz mit ihrem traditionell anspruchsvollen typografischen Niveau bestimmtes Druckwerk.

> Seit der Einführung von Desktop-Publishing und der Einbindung von Laien in typografische Gestaltungsprozesse bewegt sich das typografische Niveau öffentlicher Kommunikationsmedien auf einer Skala zwischen den Polen Laientypografie und Expertentypografie.

2.5 Typografische Analyseebenen

Jede translatorische Analyse sollte die typografische Ebene mitberücksichtigen. Dies gilt für die Auftragsanalyse ebenso wie für die Ausgangstextanalyse, natürlich mit unterschiedlichem Fokus. Im ersten Fall geht es z. B. darum, den Arbeitsaufwand für die typografische Gestaltung der zielkulturellen Datei einzuschätzen und im Voraus zu kalkulieren. Bei der AT-Analyse müssen typografische Elemente erkannt werden, die im Zieltextlayout entweder erhalten, ersetzt oder getilgt werden müssen.

Was bei der Analyse eines typografisch gestalteten Textes wahrgenommen wird, hängt allerdings ganz vom Interesse und den Vorkenntnissen derjenigen ab, die die Analyse durchführen. Professionelle Typografen gehen bei der Bewältigung einer typografischen Aufgabe wie auch bei der Beurteilung eines fertigen typografischen Produktes stets von der kommunikativen Gesamtsituation und den zur Verfügung stehenden Mitteln aus.

Die professionelle typografische Gestalt eines Textes ist das Ergebnis eines bewussten Gestaltungsprozesses, dessen Entscheidungen bestimmt werden von: (1) dem Komplexitätsgrad des zu gestaltenden Textes und des Print- oder elektronisch-digitalen Mediums, (2) Art und Zweck bzw. Funktion des Textes (Textsorte), (3) Adressaten, (4) den zur Verfügung stehenden Gestaltungsmitteln und ihrer Kombinierbarkeit (Schriften bzw. Fonts, Druckverfahren, zu bedruckendes Material), (5) geltenden, u. U. kulturspezifischen Gestaltungskonventionen und Orthotypografie, (6) aktuell herrschenden (z. T. technologiebedingten) Gestaltungsmoden, (7) evt. persönlichen, individuellen Vorlieben des Gestaltenden, (8) evt. persönlichen Wünschen des Auftraggebers, (9) der zur Verfügung stehenden Zeit – die Parallelen zum Übersetzen sind offenkundig.

Die typografische Analyse eines zielkulturellen Mediums – ob traditionell gedruckt oder in elektronisch-digitaler Form – muss daher berücksichtigen, dass die vorliegende Gestalt das Resultat von Handlungen auf verschiedenen *Gestaltungsebenen* ist, wobei sich nicht immer die einzelnen Ebenen eindeutig trennen lassen. Aus translationswissenschaftlicher Perspektive ist natürlich (1) die *kulturspezifische Ebene* am interessantesten und wichtigsten. Sie äußert sich zum einen im Bereich der Orthotypografie, also im sprachkulturspezifischen Gebrauch bestimmter typografischer Zeichen (Anführungszeichen, Gedankenstriche etc.), aber evt. auch im gesamten typografischen Gestaltungsniveau und der sprachspezifischen Lesbarkeit eines Textes. Zum anderen ist davon die Wahl bestimmter Schriftarten betroffen, die in verschiedenen Kulturen unterschiedliche Assoziationen wecken können (s. Kap. 3.1.6) oder bei bestimmten Textsorten unterschiedlich bevorzugt eingesetzt werden. Damit sind wir bei der Gestaltungsebene (2), der *textsortenspezifischen Ebene:* Für die Gestaltung eines Rundschreibens gelten andere Konventionen als für die Gestaltung eines schöngeistigen Werkes oder einer Betriebsanleitung; hinzu kommt, dass sich für einzelne Textsorten kulturspezifische Konventionen herausgebildet haben, die nicht ohne weiteres von einer Kultur in eine andere transferiert werden können. Außerdem ist (3) mit einer *zeitspezifischen Ebene* zu rechnen, die sich in Gestaltungsmoden äußern kann. So können z. B. bestimmte Schriften auf den Markt und in Mode kommen und für Textsorten verwendet werden, für die sie eigentlich nicht gedacht waren; z. B. wurde die Futura von Paul Renner aus der Bauhaus-Ära selbst für die Titelseite der Weltausgabe von Goethes Werken 1932 eingesetzt, während die Ausgabe von 1942 den Titel wieder in Frakturschrift zeigt (Parallelen finden sich in Kunst, Architektur und Produktdesign). Schließlich ist (4) noch die *gestalterspezifische Ebene* zu nennen, auf der z. B. Verlage ihre eigenen Konventionen praktizieren (wieder vor allem in der Orthotypografie) oder bekannte Grafikdesigner gestalterische Akzente setzen.

Im Hinblick auf das konkret vorliegende Informationsmedium, das den verbalen Text enthält, lassen sich von den kleinsten Elementen bis zur Ganzheit des Mediums die folgenen *Zeichenebenen* unterscheiden:

1. Einzelzeichenebene
2. Paraverbale und paralinguistische Ebene (den verbalen Text begleitende oder ergänzende Zeichen)
3. Textebene
4. Textverbund-Ebene (vgl. Schopp 2005: 161f); als Sonderfall, besonders in literarischen Textsorten: „Text-im-Text" (s. Kap. 2.3.1).

Die einzelnen Gestaltungsebenen müssen bei der Analyse erkannt und auseinander gehalten werden, was ohne typografische Schulung nicht immer leicht ist.

> Bei der Analyse der typografischen Gestalt eines Textes in einem Medium müssen die verschiedenen Gestaltungsebenen auseinandergehalten werden. In erster Linie ist auf die visuelle Kulturspezifik und vom Sender bzw. Auftraggeber bewusste typografische Gestaltung zu achten. Auf dieser Grundlage wird entschieden, welche ausgangskulturellen typografischen Elemente im Zieltext-Layout den zielkulturellen Konventionen angepasst werden und welche erhalten werden müssen.

2.6 Kommunikation über Typografie: typografische Fachsprache

Desktop-Publishing zeigt auch Einwirkungen auf die typografische Fachsprache. Die Demokratisierung der Schrift und der Zugang zum typografischen Instrumentarium für jedermann ist verbunden mit einer Popularisierung des Fachwortschatzes. Diese wiederum hat zur Folge, dass der Gebrauch mancher Fachwörter sich nicht mit dem der Fachleute deckt. In Umkehrung des lateinischen Spruches „rem tene, verba sequentur" (die Sache erfassen und festhalten, dann werden die Worte folgen – vgl. Schopp 2000: 131) wird von typografischen Laien und Semiprofessionellen zu einem Fachwort ein Sinn konstruiert, der oft wesentlich von der professionell-fachsprachlichen Bedeutung abweicht oder sogar im Gegensatz zu ihr steht. Aus terminologischer Sicht heißt das: Einer etablierten *Benennung* wird ein *Begriff* zugeordnet, der sich vom fachlichen Begriff oft wesentlich unterscheidet.

Nehmen wir als Beispiel die Fachtermini *lebender Kolumnentitel* und *toter Kolumnentitel*. In textlinguistischen Beiträgen erhalten sie die Bedeutung „inhaltlich wechselndes" bzw. „inhaltlich konstantes Textelement in der Kopfzeile einer Seite" (Abb. 14). Fachleute bezeichnen dagegen mit *totem Kolumnentitel* die alleinstehende Seitenzahl (Pagina), weil sie optisch so wenig Gewicht hat, dass sie nicht zum Satzspiegel gezählt wird, der sich als bedruckte, gleichmäßig graue Fläche vom Papierhintergrund abhebt. Dagegen treten Zeilen mit metatextuellen Elementen, die zusammen mit der Seitenzahl am Seitenkopf (zuweilen auch am Seitenfuß) stehen, optisch so hervor, dass sie als *lebender Kolumnentitel* mit zum Satzspiegel gerechnet werden müssen (Willberg & Forssman 1997: 154ff). Was in der Semifachsprache stattgefunden hat, ist also eine neue Begriffsbildung durch Übertragung der allgemeinsprachlichen Merkmale von „lebend" und „tot" auf die fachsprachliche Benennung.

Die Entwicklung geht somit in Richtung einer Aufspaltung der typografischen Fachsprache in die Fachsprache der Experten einerseits und die „Fachliche Gemeinsprache" oder Semifachsprache der Laien andererseits (Abb. 15, nächste Seite). Beide Sprachvarietäten verfügen über einen gemeinsamen Teilwortschatz (1), bei dem sich Begriff und Benennung decken, wie z. B. bei *Flattersatz* und *Blocksatz*. Im Bereich (2) verwenden die Experten andere Benennungen als die (informierten) Laien: Während erstere z. B. die Großbuchstaben *Versalien* und die Kleinbuchstaben *Gemeine* nennen, verwenden (gebildete) Laien dafür oft *Majuskeln* und *Minuskeln*. Im Bereich (3) werden einer Benennung, die in beiden Sprachvarietäten

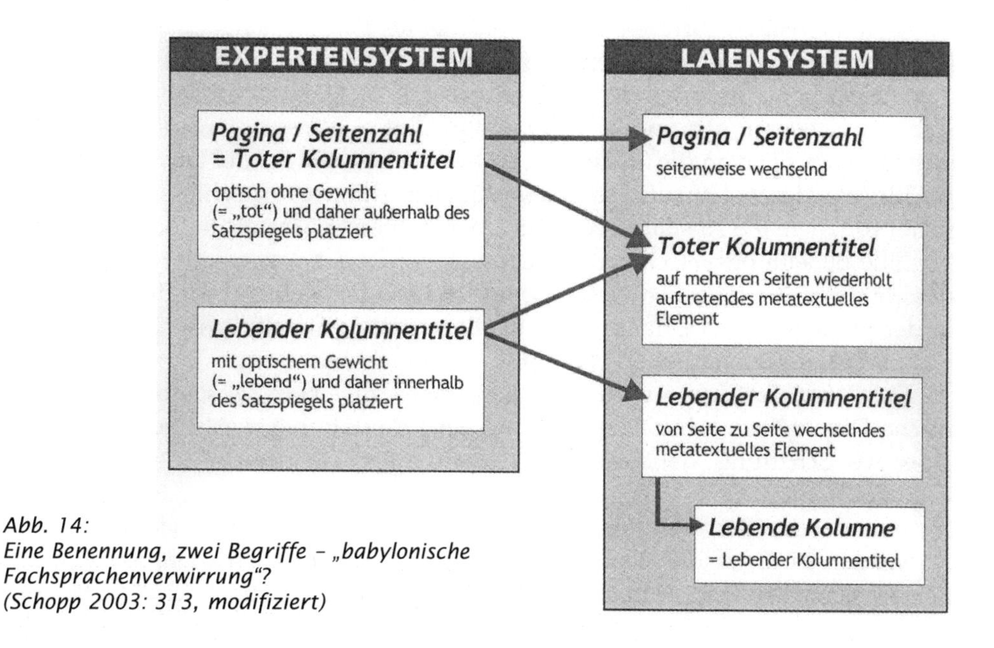

Abb. 14:
Eine Benennung, zwei Begriffe – „babylonische Fachsprachenverwirrung"?
(Schopp 2003: 313, modifiziert)

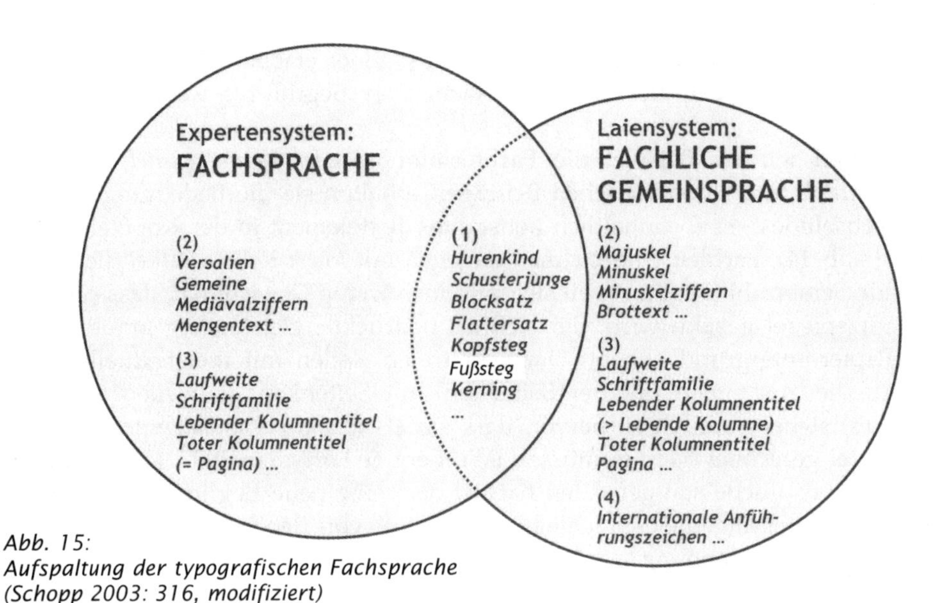

Abb. 15:
Aufspaltung der typografischen Fachsprache (Schopp 2003: 316, modifiziert)

auftritt, unterschiedliche Begriffe zugeordnet (Bsp.: *toter* und *lebender Kolumnentitel,* s. o.). Schließlich findet sich im Laiensystem der Bereich (4) mit Benennungen, die keine Entsprechung im Expertensystem haben. So ist die Benennung *Internationale Anführungszeichen* eine akademische Bildung für das von der Schreibmaschine her gewohnte Zollzeichen " in seiner Funktion als Anführungszeichen, während in professioneller Typografie stets die jeweils zum Schriftcharakter passenden typografischen Anführungszeichen „ “ verwendet werden.

Charakteristisch für die Semifachsprache des Laiensystems sind Bedeutungserweiterungen wie bei dem englischen Fachterminus *kerning,* der ursprünglich dem deutschen *Unterschneiden* – einer Art des Ausgleichs von optischen Buchstabenzwischenräumen wie bei Von > Von, Tat > Tat etc. – entsprach und nun semifachsprachlich an die Stelle von *Ausgleichen* getreten ist. Bei letzterem wurden im Bleisatz durch Hinzufügen unterschiedlich dünner Ausschlussstücke („Spatien“) vor allem die Abstände von Versalbuchstaben optisch einander angeglichen.

Eine Bedeutungsverschiebung liegt z. B. bei *Layout* vor, womit fachsprachlich der „Entwurf der visuellen Gestalt einer Drucksache“ gemeint ist, das heute aber in der publizierenden Öffentlichkeit als Bezeichnung für die „visuelle Gestalt als Resultat einer gestalterischen Handlung“ gebraucht wird.

Das Wort *Gestaltung* wird im Laiensystem allgemein verstanden als „technische Durchführung bzw. Realisierung einer Gestaltungsidee“ und weniger als „kreative Schaffung der visuellen Gestalt einer Drucksache“, fachsprachlich *Grafikdesign* genannt.

Ein weiteres Beispiel, das heute selbst in Fachliteratur z. T. widersprüchlich verwendet wird, ist die Benennung *Laufweite,* mit der im Expertensystem der flexibel einzustellende optimale Buchstabenabstand bezeichnet wird (z. B. Frick

1997, Forssman & de Jong 2002). Daneben wird die Benennung von verschiedenen Fachautoren in einer Reihe weiterer Bedeutungen verwendet, z. B. „Schriftweite" (Schuler 2003: 516) oder „elektronisch manipulierte Buchstabenbreite" (Beinert: Typolexikon.de), d. h. also „die Breite des Buchstabenbildes betreffend".

Schließlich kommt es in der Semifachsprache zur Bildung von Pseudotermini durch versehentliche Verschmelzungen (sog. Kontaminationen): Aus *Kegelbreite* und *Schrifthöhe* wird *Kegelhöhe* konstruiert, *Brotschrift* und *Mengentext* werden zu *Brottext* zusammengezogen.

> Die typografische Fachsprache der Gegenwart ist durch Uneinheitlichkeit und Widersprüchlichkeit gekennzeichnet, da die beteiligten Fachleute und interessierte Laien einzelne Benennungen mit unterschiedlichen Begriffen verbinden.

Quellen und weiterführende Literatur

Beinert, Wolfgang (Hrsg.). 2006. Typolexikon.de. Das Lexikon der westeuropäischen Typographie. Berlin: online seit 2002. http://www.typolexikon.de/ [25.02.2011]

Brekle, Herbert E. 1997. „Das typographische Prinzip. Versuch einer Begriffsklärung." In: *Gutenberg-Jahrbuch 1997*, 72. Jahrgang. Mainz. 58–63.

Bühler, Karl. 1934/1982. *Sprachtheorie*. Stuttgart, New York: Fischer (UTB 1159).

Catford, J. C. 1965. *A Linguistic Theory of Translation. An Essay in Applied Linguistics*. London, New York, Toronto: Oxford University Press.

Forssman, Friedrich & de Jong, Ralf. 2002. *Detailtypografie*. Mainz: Hermann Schmidt.

Frick, Richard. 1997. *Satztechnik*. Bd. 2 der Lehrmittelausgaben Satztechnik und Typografie, hrsg. von der Gewerkschaft Druck und Papier. 3. Aufl. Bern: GDP-Verlag.

Goscinny & Uderzo. 1963. *Astérix et les Goths*. Neuilly/S/Seine: Dargaud Éditeur.

Goscinny & Uderzo. 1978. *Asterix apud Gothos*. In Latinum convertit Rubricastellanus. 3. Aufl. Stuttgart: Delta.

Goscinny & Uderzo. 1990. *Asterix und die Goten*. Übersetzung aus dem Französischen: Gudrun Penndorf M. A. Stuttgart: Delta.

Holz-Mänttäri, Justa. 1984. *Translatorisches Handeln. Theorie und Methode*. Helsinki: Suomalainen Tiedeakatemia (= Annales Academiae Scientiarum Fennicae B 226).

Holz-Mänttäri, Justa. 1993. „Textdesign – verantwortlich und gehirngerecht." In: Justa Holz-Mänttäri und Christiane Nord (Hrsg.). *TRADUCERE NAVEM – Festschrift für Katharina Reiß zum 70. Geburtstag*. Tampere: Tampereen Yliopisto, 1993 (= studia translatologica ser. A vol. 3), 301–320.

Jegensdorf, Lothar. 1980. *Schriftgestaltung und Textanordnung: Theorie und didaktische Praxis der visuellen Kommunikation durch Schrift*. Ravensburg: Otto Maier.

Kaindl, Klaus. 2004. *Übersetzungswissenschaft im interdisziplinären Dialog. Am Beispiel der Comicübersetzung*. Tübingen: Stauffenburg (= Studien zur Translation, Bd.16). [Zugl.: Wien, Univ., Habil.-Schr., 1999].

Lexikon der graphischen Technik. 1970. 3. Aufl. Leipzig: Fachbuchverlag Leipzig.

Luidl, Philipp. 1989. *Typografie: Herkunft, Aufbau, Anwendung*. 2., überarb. Aufl. Hannover: Schlütersche.

Reiß, Katharina. 1976. *Texttyp und Übersetzungsmethode. Der operative Text*. Kronberg/Taunus: Scriptor.

Rösner, Hans & Kroh, Isabelle. 1996. *Visuelles Gestalten – Von der Idee zur Produktion.* Frankfurt a. M.: Polygraph.

Ruder, Emil. 1967. *Typographie – Ein Gestaltungslehrbuch.* 6. Auflage 1996. Sulgen: Niggli.

Schopp, Jürgen F. 2000. „Die vergessenen ÜbersetzerInnen. TCT-Disputation zu Ingrid Faber (1998) ausgleichen oder kerning – Typografie im Desktop Publishing: Experten- und Laienwortschatz. Frankfurt am Main etc." In: *TextconText,* Vol. 14 = Neue Folge 4 (2000), 131–147.

Schopp, Jürgen F. 2003. „Von Jungfern, Hochzeiten und Hurenkindern – Empirische Beobachtungen zum Einfluß der Laien auf die Fachsprache der Typografie." In: *Erikoiskielet ja käännösteoria. VAKKI-symposiumi XXIII. Vaasa 8.-9. 2. 2003.* Vaasa: 2003 (= Vaasan yliopiston käännösteorian ja ammattikielten tutkijaryhmän julkaisut N:o 30), 304-318.

Schopp, Jürgen F. 2005. *»Gut zum Druck«? – Typografie und Layout im Übersetzungsprozess.* (= Acta Universitatis Tamperensis 1117). Tampere: Tampere University Press. www-Version: http://acta.uta.fi/pdf/951-44-6465-6.pdf; besonders Kap. 2 u. 3.

Schopp, Jürgen F. 2008: „In Gutenbergs Fußstapfen: Translatio typographica. Zum Verhältnis von Typografie und Translation". In: Klaus Kaindl & Riitta Oittinen (Hrsg.): *The Verbal, the Visual, the Translator.* META vol. 53, no 1, Montreal 2008, 167–183.

Schuler, Günter. 2003. *bodytypes. Kompendium der Satzschriften: Serif, Sans Serif und Slab Serif.* Kilchberg (Schweiz): SmartBooks Publishing.

Stöckl, Hartmut. 2004. „Typographie: Gewand und Körper des Textes – Linguistische Überlegungen zu typographischer Gestaltung." In: *Zeitschrift für Angewandte Linguistik,* Heft 41, Sept. 2004, 5–48.

Twain, Mark. 1984. *A Connecticut Yankee in King Arthur's Court.* Berkley, Los Angeles, London: University of California Press (= The Mark Twain Library).

Twain, Mark 1986. *Jenkki kuningas Arthurin hovissa.* Suomentanut Kaarina Jaatinen. Hämeenlinna: Karisto.

Wichter, Sigurd. 1994. *Experten- und Laienwortschätze – Umriß einer Lexikologie der Vertikalität.* Tübingen: Niemeyer. (= Reihe Germanistische Linguistik 144, Kollegbuch)

Willberg, Hans Peter & Forssman, Friedrich. 1997. *Lesetypographie.* Mainz: Hermann Schmidt. (5. Aufl. 2010)

3 Das typografische Instrumentarium: Typografie als Translationsproblem

Zur „Visualisierung von Botschaften auf der Fläche" (Zintl 1991: 47) steht den Typografen ein umfangreiches Repertoire *typografischer Vertextungsmittel* zur Verfügung. Die meisten davon besitzen Zeichencharakter oder können die Eigenschaften eines Zeichens annehmen. Daraus folgt, dass sie bei der Gestaltung einer Drucksache oder eines elektronisch-digitalen Mediums unter Anwendung bestimmter Gestaltungsprinzipien u. U. kulturspezifisch eingesetzt werden.

Wenn wir von einem fertigen Druckprodukt ausgehen, in dem (z. T. recht komplexe) Botschaften kodiert sind, läßt sich eine Liste der vorkommenden Mittel aufstellen. Diese sind zum größeren Teil von typografischer Art im engeren Sinne, setzen jedoch zu ihrer Anwendung weitere Mittel voraus, die die Wirkung dieser typografischen Mittel bestimmen oder beeinflussen (z. B. die Papierqualität und -farbe). Alle diese visuellen „Vertextungsmittel" bilden das Repertoire bzw. das Instrumentarium, das alle für einen gegebenen Zweck zur Verfügung stehenden Mittel (Zeichen) umfasst, auf die der grafische Designer, Typograf oder Mediengestalter zurückgreifen kann. Die Regeln, nach denen diese Zeichen eingesetzt werden, lassen sich als „typografischer Kode" bezeichnen.

Hier konzentrieren wir uns in erster Linie auf Mittel zur Visualisierung der verbalen Textteile. Schon diese zeigen eine Vielzahl unterschiedlicher Schriften in verschiedenen Größen, die in Textblöcken verschiedener Breite angeordnet sind, wobei die Ränder „glatt" sind oder „flattern" können. Die Abstände zwischen den Zeilen in einzelnen Textblöcken können konstant sein oder variieren. Letzteres lässt auf unterschiedliche tektonische Funktion der Textblöcke schließen. Der Beginn einer gedanklichen Einheit innerhalb eines Textblocks kann mit unterschiedlichen Mitteln (Einzug, Ausrückung, Absatz, Initiale) gekennzeichnet werden. Weiters können Textteile in verschiedenen Farben gedruckt erscheinen. Hinzu tritt der Druckträger, in der Regel Papier, der darüber entscheidet, wie die Schrift zur Wirkung kommt.

Was davon jeweils als „typografisch" wahrgenommen wird, hängt stark vom Vorwissen und Interessenfokus des Analysierenden ab. Es muss daran erinnert werden, dass es sich bei der typografischen Gestaltung eines Textes in den meisten Fällen weniger um aufsehenerregende Lösungen handelt, sondern um oft mühselige Kleinarbeit, als deren Resultat das dem Laien gewohnte, wie selbstverständlich wirkende „Textbild" entsteht.

Die Vielzahl der typografischen Mittel läßt sich entsprechend der Komplexität des Textgewebes in die zwei Hauptbereiche Mikro- und Makrotypografie einteilen, die allerdings in typografischer Literatur unterschiedlich voneinander

MIKROTYPOGRAFIE I

Visualisierung verbaler, paraverbaler und paralinguistischer Textelemente

- Schrift als sekundäres Zeichensystem:
  - *Schriftgrundzeichen* (alphabetische Graphe, Buchstaben)
    - Versalien (Großbuchstaben, Majuskeln)
    - Kapitälchen
    - Gemeine (Kleinbuchstaben, Minuskeln)
  - *Schriftsonderzeichen* (nicht-alphabetische Graphe)
    - Ziffern (Normal- und Mediävalziffern)
    - Wortzeichen (Logographe/Logogramme)
    - Satzzeichen, Interpunktionen
  - suprasegmentale Graphe: Zitat-, Ausrufe-, Fragezeichen etc.
- Schriftart/Schriftgattung (als primäres Zeichensystemoid):
  - rund vs. gebrochen (Antiqua, Fraktur, Bastardformen)
  - serifennormal, serifenbetont, serifenlos, Mix
  - humanistisch, klassizistisch, geometrisch
  - Antiqua, Grotesk, Egyptienne, sonstige
- Schriftschnitt
  - Strichstärke: fein, mager, normal, halbfett, fett
  - Schriftlage/-stellung: normal, kursiv, oblique
  - Schriftbreite (Schriftproportionen): extraschmal, schmal, normal, breit, extrabreit
- Schriftgröße bzw. Schriftgrad (Funktionsgrößen) als *Nah*- oder *Fern*größe:
  - Konsultationsgröße (bis 8 Punkt)
  - Lesegröße (9–12 Punkt)
  - Schaugröße (ab 14 Punkt)
- Laufweite: eng, normal, weit
- Wortabstand: normal, fest, variabel
- Zeilenabstand bzw. Durchschuss
  - negativ, ineinander verlaufend
  - eng, kompress
  - normal
  - groß, splendid

MIKROTYPOGRAFIE II

Bedeutungsakzentuierung, Hervorhebungen

- Versalien
- Kapitälchen
- Sperrung
- Größerer Schriftgrad
- Schriftschnittwechsel
- Schriftartwechsel
- Bunte Farbe
- Negativdarstellung, Hintergrundraster etc.

MAKROTYPOGRAFIE

Visualisierung der Textebene

- Leerraum zur Kennzeichnung von tektonischen Einheiten (Absatz und Abschnitt)
  - als Einzug (»optisches Geviert«)
  - Leerzeile
  - größerer Durchschuss (nicht registerhaltig!)
  - Leerraum am Zeilenende
  - »negativer« bzw. »hängender Einzug«
  - weitere Möglichkeiten: s. Willberg/Forssman 1997
- Initialbuchstaben
  - Textbeginn (Abschnitt, Kapitel, Artikel etc.)
  - »Optischer Anker«
- Satzart
  - Blocksatz (»Glatter Satz«)
  - linksbündiger Flattersatz und Rauhsatz
  - zentrierter Flattersatz (Mittelachsensatz)
  - rechtsbündiger Flattersatz
  - Formsatz (»Konturensatz«, »Silhouettensatz«)
  - freie, asymmetrische Zeilenanordnung
- Satzspiegel (Textanordnung)
  - Gestaltungsraster vs. freie Anordnung
  - Kolumnen (Spalten)
  - Platzierung von Textblöcken
  - Platzierung von Bildelementen
  - toter vs. lebender Kolumnentitel
  - Ränder (»Stege«)
- Papierformat
  - hoch vs. breit
  - quadratisch (mathematisch vs. optisch)
  - Sonderformate (»ikonische« Formate etc.)
- Papierqualität
  - handgeschöpftes P. vs. Maschinenpapier
  - Hadernpapier; holzhaltiges P., holzfreies P.
  - geleimtes vs. ungeleimtes Papier
  - matt, semimatt, glänzend, Hochglanz
  - Umweltpapier, gestrichenes Papier
  - Offset- vs. Tiefdruckpapier
  - weißes und farbiges (»getöntes«) Papier
  - Opazität (»Undurchsichtigkeit« des Papiers)
- Proportionen
  - Seitenverhältnis des Papierformats
  - Verhältnis von Satzspiegel u. Papierformat
  - oberer, unterer, rechter und linker Rand
  - bedruckte vs. unbedruckte Fläche
  - Bildfläche vs. Satzfläche
  - Schriftgrößen (Titelschrift vs. Brotschrift etc.)
  - Goldener Schnitt vs. DIN-Formate etc.
- Kontrast
  - Form
  - Stärke
  - Größe
  - Farbe
  - Oberfläche
- Farbe (bunte vs. unbunte)
  - schwarz, monochrom bzw. einfarbig
  - Duotone
  - Vierfarbdruck

Abb. 16: Das typografische Instrumentarium in den Bereichen Mikro- und Makrotypografie abgegrenzt werden. Als Kriterium für die Abgrenzung dient in erster Linie die Unterscheidung zwischen den sprachlichen Grundeinheiten Laut und Wort und den aus ihnen gebildeten Texten.

3.1 Mikrotypografie

Es ist sinnvoll, innerhalb der Mikrotypografie zwei Bereiche zu unterscheiden (in Abb. 16 mit I und II gekennzeichnet). Bereich I umfasst die typografischen Mittel, durch die sprachliche Zeichen überhaupt erst optisch erfassbar, d. h. als Wörter dargestellt und in ihrer linearen Abfolge als Text sichtbar werden. Dazu dienen *Figurensatz, Schriftart, Schriftgröße, Schriftschnitt, Laufweite, Zeilenbreite* bzw. *-länge* und *Zeilenabstand*. Die Abgrenzung zur Makrotypografie (s. Kap. 3.2) ist fließend. So zählt Hochuli (1987: 7) die gesetzte Seite, die *Kolumne* (lat. *columna*, „Säule"), mit zur Mikrotypografie, während ich sie hier als makrotypografische Größe ansehe und behandle.

Bereich II betrifft die typografischen Mittel, durch die ein sprachliches Zeichen oder Teile desselben unter seinen benachbarten Zeichenelementen hervorgehoben werden; mikrotypografische Zeichen dieser Art visualisieren also u. a. paraverbale und paralinguistische Textelemente. Fachsprachlich heißt das *Auszeichnen*. Der Einsatz einiger dieser Hervorhebungsmittel (z. B. Versalien und Unterstreichungen) unterliegt textsortenspezifischen Einschränkungen. Der Begriff *Farbe* bezieht sich in der grafischen Fachsprache sowohl auf die *unbunten Farben* Schwarz, Grau und Weiß wie auf die *bunten Farben* Rot, Blau, Gelb, Grün etc.

Einen wichtigen Bereich der Mikrotypografie bildet die Orthotypografie, die als Maßstab für Qualitätssatz gilt. Hierbei geht es um den korrekten und sinnvollen Gebrauch einzelner typografischer Zeichen. Außerdem gehören hierher alle Probleme, die beim Zusammentreffen bestimmter typografischer Zeichen im Satz entstehen, z. B. die Abstände von mehrteiligen Abkürzungen, die Aufeinanderfolge mehrerer Satzzeichen usw. Durch die Orthotypografie soll optimaler Lesekomfort gewährleistet und die Lesbarkeit des Textes gesichert werden: „Wenn jemand gegen ihre Gesetze verstößt, ist es das gleiche, wie wenn er seine Sprache nicht beherrschte" (Willberg & Forssman 1997: 219).

Abb. 16 soll kein wissenschaftlich reflektiertes System typografischer Mittel sein, sondern vor allem dazu dienen, die Komplexität professionellen typografischen Handelns bei der Formgebung eines Textes zu veranschaulichen. Mit den wichtigsten dieser Mittel werden wir uns im folgenden Kapitel beschäftigen.

3.1.1 Die Schrift: doppeltes Alphabet und andere Zeichen

Im allgemeinen wird die Schrift als „das wichtigste semiotische System für die Evolution der Kultur" angesehen (Nöth 1985: 256). Von allen ihren Präsentationsformen besitzt typografische Schrift das am breitesten gefächerte Ausdruckspotential und kann daher als höchste Stufe des grafischen Zeichensystemoids angesehen werden.

Grundlage und Ausgangspunkt unseres modernen Schriftsystems ist das lateinische Alphabet (Kap. 1.2). In der heutigen grafischen Kommunikation bedienen wir uns neben der alphabetischen Schrift aber noch weiterer Zeichensysteme. Zwar nimmt die Alphabetschrift – entgegen mancher Prognosen – auch weiterhin den ersten Platz ein, doch ist in bestimmten kommunikativen Situationen „bilderschriftliche Kommunikation allenthalben im Vormarsch" (Doblhofer 1993: 28) und schließt damit gewissermaßen den Kreis der Schriftentwicklung, die mit dem Bildzeichen begonnen hat (Kap. 1.1). Vor allem in sportlichen, verkehrstechnischen und touristischen Kontexten werden international bekannte Symbole und Piktogramme verwendet, da diese nicht sprachgebunden sind.

Bei genauerer Betrachtung lässt sich feststellen, dass das auf dem alphabetischen Prinzip beruhende heutige Kommunikationsmittel *typografische Schrift* aus unterschiedlichen Zeichenarten zusammengesetzt ist, die zusammen Zeichen höherer Ebenen (Texte als Superzeichen) bilden. Zum größten Teil handelt es sich dabei um alphabetische Subzeichen, aus denen „kleine Superzeichen" (Rösner & Kroh 1996: 154), Wörter, zusammengesetzt werden. Doch kommen auch Zeichen vor, die selbst bereits semantische Einheiten darstellen (Ziffern, Logographe, Ideographe), dazu noch Zeichen, die paraverbale und tektonische Inhalte visualisieren (Akzente, Interpunktionen). So gesehen vertritt typografische Schrift mehrere, nach unterschiedlichen Prinzipien strukturierte Zeichensysteme.

Schauen wir uns nun den Zeichensatz einer typografischen Schrift, ihre „Figuren", (in Form eines Computer-Fonts – vgl. Abb. 17), genauer an.

1. Alphabetische Zeichen: Versalien und Gemeine. Für die meisten von uns ist die Existenz von Groß- und Kleinbuchstaben (fachsprachlich *Versalien* und *Gemeine*) so selbstverständlich, dass wir kaum bemerken, welche Unterschiede zwischen beiden Alphabetvarianten bestehen. Wer genauer hinsieht, wird entdecken, dass es sich eigentlich um zwei stilistisch unterschiedliche Alphabete handelt, die das Resultat der komplexen Entwicklung der lateinischen Schrift sind, wie sie in Kap. 1.2 dargestellt wurde. Versalien sind optisch gleich hoch und repräsentieren ein Zweiliniensystem, da abgesehen von den Akzentbuchstaben und Umlauten alle Buchstaben die gleiche Höhe haben und sich zwischen zwei horizontalen optischen Linien einordnen; daher spricht man bei Versalien auch von einem *Zweiliniensystem.* Dagegen richten sich die Elemente von Kleinbuchstaben nach vier optischen Linien aus. Wir sagen: Kleinbuchstaben bilden ein *Vierliniensystem,* das für jedes Wort ein charakteristisches *Wortbild* hervorbringt – ein Umstand, der sich günstig auf den Leseprozess auswirkt. Bekanntlich ist das Deutsche eine der wenigen Sprachen, in denen Substantive mit einem Großbuchstaben beginnen. Für die Wortbilder ist das positiv, da sich so z. B. das Substantiv „Reich" und das Adjektiv „reich" auch optisch, als Wortbild unterscheiden. Die ausschließliche Verwendung von Versalien dagegen ergibt kein eindeutiges Wortbild, sondern ein schwer lesbares *Wortband.* Daher bevorzugen professionelle Typografen zur Hervorhebung im Text oder für Titelzeilen andere typografische Mittel als die in der Laientypografie beliebten Versalien.

VERSALIEN (GROSSBUCHSTABEN, MAJUSKELN) MIT »SONDERZEICHEN«	
ABCDEFGHIJKLMNOPQR STUVWXYZ ÄÖÜ	
GEMEINE (KLEINBUCHSTABEN, MINUSKELN) MIT »SONDERZEICHEN«	
abcdefghijklmnopqrstuvwxy äöüß	
LIGATUREN (BUCHSTABENVERBINDUNGEN)	
ff fi fl ffi ffl	
ZIFFERN	
Minuskel-/Mediäval-/Charakterziffern:	Versal-/Normal-/Tabellenziffern:
1234567890	1234567890
LOGOGRAPHE (WORTZEICHEN)	
§%&$£*©"	
AKZENTZEICHEN (BETONUNGS- UND AUSSPRACHEZEICHEN)	
èéêëçñš	
INTERPUNKTIONEN (GLIEDERUNGSZEICHEN, »SCHREIBZEICHEN«)	
,.;:-!?()[]»«„“	

Abb. 17: Die verschiedenen Zeichenarten im Bestand typografischer Schriften

Früher gab es nicht nur in den gebrochenen Schriften, sondern auch in Antiqua-Druckschriften zwei s-Zeichen, das sogenannte *runde „s“ („Schluß-s“)* und das *lange* „s“: ſ↔s. Letzteres wurde im 19. Jh. wegen seiner großen Verwechselbarkeit mit dem „f“ aufgegeben, zu Beginn des 20. Jhs. wiederentdeckt und wird von heutigen Schriftgestaltern dem Zeichenbestand von Antiquaschriften oft wieder hinzugefügt (Forssman & de Jong 2002: 195). Für die Frakturschriften gibt die Duden-Rechtschreibung (2006: 116f) eindeutige Regeln zum Einsatz der beiden s-Graphe, die ebenso für Antiquaschriften gelten. In anderen Sprachen gelten z.T. andere Regeln; so wird das lange s im Finnischen ohne Rücksicht auf die Morphemstruktur immer am Silbenanfang gesetzt, das runde s am Silbenende (Beispiel bei Schopp 2005: 357). Die beiden s-Graphe werden auch als literarisches Motiv genutzt: Die Verwechslung von „Greife“ und „Greise“ im 2. Akt von Goethes *Faust II,* wird nur sinnvoll, wenn man berücksichtigt, dass im Text das lange s der Frakturschrift steht (Forssman & de Jong 2002: 283).

Eine Besonderheit alphabetischer Zeichen sind die Kapitälchen. Als solche bezeichnet man Kleinbuchstaben, die wie Großbuchstaben aussehen (Bsp. 2 oben), aber nur die Höhe von Mittellängen haben. Den meisten Computerbenutzern stehen allerdings nur Pseudokapitälchen zur Verfügung (Bsp. 2 unten); das sind Großbuchstaben in einem kleineren Schriftgrad, deren Strichstärke daher schwächer ist als bei der verwendeten Grundschrift (Kap. 3.1.7).

Bsp. 2 Kapitälchen und Pseudokapitälchen

ECHTE KAPITÄLCHEN

PSEUDOKAPITÄLCHEN

2. Ligaturen – Sonderfall alphabetischer Zeichen: Eine weitere Besonderheit typografischer Schrift sind die Ligaturen (Abb. 17). Es handelt sich dabei um Gruppen von Buchstaben, die im Bleisatz aus technischen Gründen auf eine Letter gegossen waren: Es sollte z. B. verhindert werden, dass beim Zusammentreffen von „f“ mit „f“, „i“, „l“, „t“ der obere Haken des vorhergehenden „f“ abbrach. Aber auch „ch“ und „ck“ waren Ligaturen, da sie im deutschsprachigen Schriftsatz relativ häufig vorkamen. Das „ß“ kann aufgrund seiner heutigen Gestalt und Verwendung nicht mehr als Ligatur gelten, sondern wird als eigenständiger Buchstabe des deutschen Alphabets angesehen. Die ISO/IEC-Norm 10646 sieht im Unicode-Zeichensatz sogar einen eigenen Platz für ein Versal-ß vor, obwohl es derzeit als Großbuchstabe noch nicht existiert. Die immer häufiger zu beobachtende Verwendung des kleinen „ß“ zwischen Versalien ist nicht korrekt und aus typografischen Gründen nach wie vor abzulehnen, da Kleinbuchstaben stilistisch anders gebaut sind als Großbuchstaben (Forssman & de Jong 2002: 238, 240).

Neben der ästhetischen Funktion dienen Ligaturen der Lesbarkeit, denn sie kennzeichnen z. B. bei Zusammensetzungen (Komposita) die Fuge und erleichtern durch diese Verdeutlichung des Wortbildes den Lesevorgang (Rehe 1981: 44 sowie

Luidl 1989: 43). Man vergleiche hierzu in Beispiel 3 links die beiden f-Buchstaben sowie rechts die Buchstabenreihe „ffl". In der oberen Reihe werden keine Ligaturen verwendet, die untere Reihe zeigt die Verwendung der Ligaturen:

Bsp. 3 Die Ligaturen für „ff" und „fl"

Schaffner Schaffleisch
Schaffner Schaffleisch

Die Schreibung dreier gleicher Graphe (*Tripelgraph*) hintereinander, die zwar für das Erlernen der Rechtschreibung leichter ist, für die Lesbarkeit der Texte aber eine Erschwerung darstellt, kann beim Tripelgraph „fff" durch Ligaturen abgemildert werden, da dadurch die Wortfuge optisch deutlicher hervortritt. In der linken Spalte sind keine Ligaturen verwendet worden; die rechte Spalte zeigt die Verwendung von Ligaturen:

Bsp. 4 Ligaturen in rechtschreibreformbedingten Tripelgraphen

Schifffahrt Schifffahrt
Kunststoffflasche Kunststoffflasche

Allerdings besteht für die Verdreifachung von „e" (Kaffeeersatz), „l" (Stalllaterne), „m" (Schwimmmeister), „n" (Brennnessel), „r" (Geschirrreiniger), „s" (Kongressstadt) und „t" (Betttuch) nicht die Möglichkeit der Ligaturbildung.

3. Ziffern (numerische Zeichen):

Die aus Indien stammenden, heute verwendeten „arabischen Ziffern" wurden erst während der Renaissance stilistisch an die Antiqua angepasst. Die Zweiteilung der alphabetischen Zeichen in Groß- und Kleinbuchstaben findet sich auch bei den Ziffern, die im professionellen Schriftsatz zumindest bei den klassischen Werk- bzw. Buchschriften (vor allem aus der Klasse der Renaissance-Antiqua) als *Charakterziffern* (auch *Minuskel-* und *Mediävalziffern* genannt) mit Ober- und Unterlängen sowie als die das Zweiliniensystem repräsentierenden *Normal-* oder *Tabellenziffern* (auch *Versalziffern*) auftreten (Abb. 17).

Die Termini *Normalziffer* und *Charakterziffer* werden mit wechselnder Bedeutung gebraucht. Während Davidshofer & Zerbe (1961: 86f) drei Arten von Ziffern unterscheiden (Mediävalziffern, Charakterziffern und Normalziffern), behandeln Forssman & de Jong (2002) in ihrer *Detailtypografie* neben *Versal-*, *Mediäval-* und *Tabellenziffern* auch *Kapitälchenziffern;* das sind Versalziffern in der Höhe von Kapitälchen.

4. Logographe/Logogramme, Ideographe/Ideogramme: Zwar basiert die lateinische Schrift auf dem alphabetischen System und dem phonographischen Abbildungsprinzip, aber typografische Schriften enthalten darüber hinaus auch Zeichen nach dem ideographischen Schriftprinzip, bei dem ein Zeichen einem Begriff entspricht, dem in den verschiedenen Sprachen unterschiedlich lautende Wörter zugeordnet sind. Es lassen sich unterscheiden: Logographe im engeren Sinn (man könnte sie „autonome Logographe" nennen), die nur in der einen konventionalisierten Bedeutung vorkommen. Die häufigsten Logographe nicht-mathematischer Art sind neben den Ziffern: §, %, &, £, $, €, *. Andererseits werden in bestimmten Kontexten Interpunktionszeichen sprachspezifisch in der Funktion von Logographen gebraucht, z. B. der Gedankenstrich „–" als Zeichen für „bis" und „gegen" (Duden 2006: 118).

Einen Grenzfall bilden Abkürzungen, da deren grafische Gestalt logographisch gelesen wird. Daher verbieten typografische Lehrwerke und die Duden-Rechtschreibung (2006: 101) die Verwendung von Abkürzungen wie „z. B." und „m. a. W." am Satzanfang, da „Z. B." und „M. a. W." ungewohnte Wortbilder sind, die den Lesefluss zum Stocken bringen.

Logographe sind stets Teil des Zeichensatzes einer typografischen Schrift und besitzen die gleichen schriftspezifischen peripheren grafischen Merkmale wie die anderen Zeichen (Bsp. 5; oben links *Garamond*, oben rechts *Baskerville*, unten links *Helvetica*, unten rechts *Fette Fraktur*):

Bsp. 5 Logographe mit schriftspezifischen peripheren grafischen Merkmalen

§ % & † £ $	§ % & † £ $
§ % & † £ $	§ % & † £ $

5. Akzentzeichen und Umlaute (diakritische Zeichen): Da das lateinische Grundalphabet mit seinen 26 Buchstaben nicht ausreicht, die unterschiedlichen Nationalsprachen, die sich dieses Alphabets als Kommunikationsmittel bedienen, auch nur annähernd zu erfassen, werden die alphabetischen Grundzeichen durch diakritische Zeichen ergänzt (daher in der Wüsterschen Taxonomie „Ergänzungszeichen" genannt). Deren Gestalt und Häufigkeit im Text ergeben ein sprachtypisches Schriftbild (Gerstner 1972: 148). Ein englischer Text hat eine andere typografische Gestalt als ein deutscher, französischer oder tschechischer Text, was sich unter Umständen auf das Gesamtlayout auswirken kann (s. u.).

6. Interpunktionen („Schreibzeichen"): Die letzte Gruppe typografischer Schriftzeichen bildet die jüngste Schicht (Hochuli 1991: 32). Sie ist sowohl in Bezug auf ihr visuelles Gewicht als auch auf die von ihr repräsentierten Bedeutungskomplexe bzw. -einheiten die heterogenste. Dies spiegelt sich in der Vielzahl der Benennungen und ihrem inkonsequenten Gebrauch wider: Allgemeinsprachlich als *Satzzeichen* benannt, hieß diese Zeichenklasse in der älteren grafischen Fachsprache ebenfalls noch *Satzzeichen* (Davidshofer & Zerbe 1961: 74ff) oder *Punkturen* (Kapr & Schiller 1977: 104), in der heutigen *Interpunktionen* (Luidl 1989; Willberg & Forssman 1997; Sommer 1998); Forssman & de Jong sprechen von *Satzzeichen* und sehen *Interpunktionszeichen* als Untergruppe an (2002: 50).

Interpunktionen sind eine Sammelklasse von Zeichen für paraverbale Phänomene wie Sprechpausen (z. B. Komma, Punkt, Gedankenstrich), Zeichen für Äußerungsfunktionen (Fragezeichen, Ausrufezeichen) sowie Zeichen zur Kennzeichnung tektonischer, funktional-kommunikativer Textfunktionen wie Aufzählungen, Zitate usw. (z. B. Gedankenstrich als Replikenstrich, Anführungszeichen). Außerdem dienen einige der Zeichen in begrenztem Umfang als kotextbedingte Logographe (s. o.). Alle diese Zeichen tragen als Elemente des Zeichensatzes einer typografischen Schrift auch deren periphere grafische Merkmale (Bsp. 6, oben links *Garamond,* oben rechts *Baskerville, unten links Helvetica* und rechts *Fette Fraktur):*

Bsp. 6 Interpunktionen mit schriftspezifischen Merkmalen

,.;:?!-–/()„“»«…’ ,.;:?!-–/()„“»«…’
,.;:?!-–/()„“»«…’ ,.;:?!-–/()„“»«…’

Typografische Schrift unterscheidet drei verschieden lange Striche, die in mehreren Bedeutungen Verwendung finden. Zur Verbindung von lexikalischen Einheiten dient der Bindestrich (fachspr. *Divis*), ein kurzer Strich, der am Zeilenende als Trennstrich fungiert und damit die zusammengehörenden Wortteile wieder verbindet. Der Gedankenstrich existiert in zwei Varianten, einmal als *Geviertstrich* (en *em-dash,* weil er die Breite eines „m“ hat), dessen Länge ein volles Geviert, d. h. den Schriftkegel im Quadrat, beträgt und einmal als *Halbgeviertstrich* (en *en-dash,* weil er so breit wie ein „n“ ist), dessen Länge die Hälfte eines typografischen Gevierts beträgt. Für den deutschen Schriftsatz wird der Halbgeviertstrich als Gedankenstrich empfohlen, durch Zwischenräume vom vorausgehenden und folgenden Text abgegrenzt. Im englischen Satz wird als Gedankenstrich dagegen der Geviertstrich ohne Wortzwischenräume verwendet. Der Halbgeviertstrich wird auch kotextuell als Wortzeichen verwendet und zwar ohne Zwischenraum in der Bedeutung „bis“ (10–12 Euro), ebenfalls ohne Zwischenraum in der Bedeutung „von/nach“ als Streckenangabe (Hamburg–Berlin), mit Zwischenraum in der Bedeutung „gegen“ (Schalke 04 – Eintracht Frankfurt 1 : 3) (Duden 2006: 118).

Eine, im deutschen Text zugelassene, aber selten genutzte Verwendung des Gedankenstrichs ist der *Replikenstrich* zur Markierung des Sprecherwechsels in Dialogen (vgl. Engel 1991: 129).

Als tektonische Markierung verschiedener Textebenen oder Textfunktionen, dienen die *Anführungszeichen,* von denen der deutsche Schriftsatz zwei Varianten kennt, die sogenannten Gänsefüßchen (Bsp. 7, links) und die französischen Guillemets (Bsp. 7, rechts):

Bsp. 7.1 Einfache und doppelte Anführungszeichen im deutschen Schriftsatz

‚m' „m" ›m‹ »m«

Im französischen Text werden die Guillemets allerdings andersherum – mit den Spitzen nach außen – und mit einem kleinen Abstand („Thin Space") gesetzt:

Bsp. 7.2 Guillemets im Französischen

« Guillemets »

Deutsche Anführungszeichen haben den Vorteil, dass sie ein deutlicheres Signal für Anfang und Ende der Anführung geben, da abgesehen von den grafischen Merkmalen die unterschiedliche Platzierung (unten vs. oben) dem Auge einen zusätzlichen Hinweis gibt. Aus orthotypografischen Gründen ist es unangebracht, die für die Ausgangskultur spezifische Markierungsweise (z. B. engl. " ") in den Zieltext zu übernehmen. Dies gilt noch mehr für die von der Schreibmaschine her vertrauten Zollzeichen, die zuweilen in Texten aus dem Bereich der akademischen Kommunikation als „internationale Anführungszeichen" verwendet werden. Beim Zollzeichen handelt es sich um ein Logograph, das nur in ganz speziellen Textsorten zusammen mit Ziffern Verwendung findet. Es passt in der Regel aufgrund seiner, im Vergleich zum Anführungszeichen relativ gering ausgeprägten peripheren grafischen Merkmale nicht zum Schriftcharakter und kann daher nicht für Qualitätssatz in Frage kommen.

*7. **Sonderfall „Ikonograph":*** Einen Sonderfall alphabetischer Zeichen stellen die meist als Einzelfälle auftretenden *Ikonographe* dar. Darunter sind Schriftzeichen zu verstehen, bei denen der Buchstabe (oder auch eine Ziffer sowie Interpunktionszeichen) ikonische Merkmale bzw. Elemente der Botschaft tragen, z. B. ein „O", das als Sonne geformt ist. Zeichen dieser Art tragen nicht unbedingt die peripheren grafischen Merkmale der im Kotext verwendeten typografischen Schrift, doch kann es Fälle geben, bei denen typografische Grundformen eines Buchstabens mit ikonischen Formen „erweitert" werden (Bsp. 8).

Bsp. 8 „Tierversalien" des Fonts *Crazy creatures*

> Eine typografische Schrift (Font) besteht aus Zeichen unterschiedlicher Herkunft und mit unterschiedlichen Funktionen und unterschiedlichem Bedeutungsumfang, denen – mit Ausnahme der Ikonographen – eines gemeinsam ist: alle Zeichen tragen gewisse periphere grafische Merkmale, die charakteristisch für die betreffende Schrift sind.

Visuelle Translationsprobleme: Die korrekte Anwendung der in den vorigen Abschnitten aufgeführten und behandelten typografischen Zeichen wird in Fachkreisen als Orthotypografie bezeichnet. Da einerseits in den einzelnen Sprachen eine Vielzahl von sprachspezifischen Zeichen vorkommen und sich andererseits für bestimmte Zeichen ein sprachspezifischer Gebrauch gebildet hat, sollten Translatorinnen und Translatoren in der Lage sein, bei Fremdsprachensatz die zielkulturellen typografischen Konventionen in diesem Bereich zu beachten bzw. deren Beachtung zu überwachen. Falls dies unterbleibt, kann es zu mehr oder weniger schwerwiegenden Fehlern kommen wie z. B. die Verwechslung von spanisch *Ano* („After") und *Año* („Jahr") – die Tilde „~" über dem „n" kann nicht einfach weggelassen werden.

Die in vielen Sprachen notwendigen diakritischen Zusätze bei alphabetischen Zeichen können sich außerdem auf das Layout auswirken. Da in englischsprachigen Texten in der Regel nur Buchstaben nach dem Vierliniensystem vorkommen, lässt sich z. B. ein Layout für Titelzeilen, das auf der gestalterischen Idee beruht, dass Unter- und Oberlängen sich berühren, in Sprachen wie Deutsch, Französisch, Finnisch etc. unter Umständen nicht realisieren (Bsp. 9):

Bsp. 9 Sprachspezifische Vesalhöhen als visuelles Translationsproblem

Für deutsche Texte ist die Verwendung des Kleinbuchstabens „ß" als Großbuchstabe nicht nur ein Verstoß gegen *Die amtliche Regelung der deutschen Rechtschreibung* (Duden 2006: 1161 u. 1170), sondern auch gegen orthotypografische Regeln, da das Buchstabenbild auf schmaleren geometrischen Formen beruht als bei den Großbuchstaben. Außerdem besteht die Gefahr, dass das Zeichen als „B" missverstanden wird, wie in dem Beispiel „Strabenkarte" im Titel eines finnischen Straßenatlas, dem offensichtlich die Version „STRAßENKARTE" zugrundelag. Ähnlich verfälschend ist es, das schwedische „Å" als „Ä" wiederzugeben und z. B. aus der Landschaft „Småland" ein „Smäland" zu machen.

3.1.2 Typografische Schrift – eine Definition

Eine Definition von Schrift im typografischen Sinne muss so formuliert sein, dass alle genannten Zeichenarten enthalten sind und ein gemeinsames Merkmal genannt wird:

> Unter typografischer Schrift ist ein (relativ) autonomes Zeichensystem als Realisationen eines Schriftsystems in Form eines Letternsatzes bzw. Fonts zu verstehen, bestehend aus einem Repertoire alphanumerischer Zeichen, ergänzt mit Interpunktionen, Logographen und Sonderzeichen, die alle über gemeinsame, charakteristische periphere grafische Merkmale verfügen, wodurch sie sich von anderen (ähnlichen) Schriften unterscheiden und systemhaft Schriftfamilien bilden (können). Im Verbund mit anderen typografischen Zeichen (Absatzmarkierung, Hierarchisierung von Textteilen durch Wechsel der Schriftgröße und/oder der Schriftart etc.) dienen sie der Visualisierung von Texten und können über das Visuelle zur Bedeutung des Textes beitragen.

3.1.2 Nicht-schriftliche und sonstige typografische Zeichen

Zusätzlich zu den typografischen Schriften kommen bei der Gestaltung einer Drucksache oder einer elektronisch-digitalen Publikation je nach Bedarf weitere Zeichenarten und typografische Materialien zum Einsatz, in älterer Fachliteratur z. T. als „Typomaterial" bezeichnet (Davidshofer & Zerbe 1961: 429), heute meist in sogenannten *Symbolfonts* zusammengestellt.

8. Zeichen und Symbole: Für einige Textsorten sind nicht-schriftliche Zeichen und Symbole notwendig, die meist in gesonderten Fonts zur Verfügung stehen. Luidl (1989: 49), der nur allgemein von „Zeichen" spricht, zählt auf: Astronomische Zeichen, Botanische Zeichen, Chemische Zeichen, Elektrotechnische Zeichen, Fahrplanzeichen, Genealogische Zeichen, Hotel- und Fremdenverkehrszeichen, Mathematische Zeichen, Meteorologische Zeichen, Postalische Zeichen, Profilzeichen, Technische Zeichen, Tierkreiszeichen.

Bsp. 10 Zeichen des Fonts *Zapf Dingbats BT* (oben) und Tierkreissymbole des Fonts *Wingdings* (unten)

Diese Art von Zeichen sind in Bezug auf ihre graphischen Merkmale her meist „autonom", entweder piktogrammartig gestaltet (Bsp. 10 oben) oder als abstraktes Symbol (Bsp. 10 unten). Erst in neuester Zeit haben sich Schriftdesigner an den Entwurf von neuen Satzschriften gemacht, die unterschiedlichste Zeichenarten mit einheitlichen peripheren grafischen Merkmalen vereinen.

9. Typosignale, Schmuck und Vignetten: Eine Reihe von weiteren Zeichen, von denen einige mit Hinblick auf die Form deutlich Symbolcharakter tragen, andere als Piktogramme auftreten, werden als *Typosignale* (Luidl 1989: 51) oder *Typo-*

schmuck (Forssman & de Jong 2002: 266) bezeichnet. Letztere verstehen darunter 1. geometrische Formen (Kreis, Viertel- und Halbkreis, Quadrat, Raute; Bsp. 11, 1. Zeile), 2. Pfeile (2. Zeile), 3. Hände als Hinweiszeichen (3. Zeile, Beispiele aus *Wingdings* und *Woodtype Ornaments*), 4. das Alineazeichen (in den Schriftfonts enthaltenes „Abschnittzeichen“ zur Kennzeichnung neuer inhaltlicher Abschnitte; Bsp. 12) und 5. das Aldusblatt (Bsp. 11, 7. Zeile). Sofern diese Zeichen in mehreren grafischen Varianten existieren, müssen sie „auf die Schrift abgestimmt werden“ (Forssman & de Jong 2002: 267). Diese Zeichenarten sind für das DTP z. T. in eigenen Fonts vorhanden oder in Mischfonts wie *Zapf-Dingbats* bzw. *Wingdings*, in denen sich meist eine ansehnliche Zahl weiterer, im Bleisatz ursprünglich nicht existierender, oft piktogrammartiger ikonischer Zeichen hinzugesellt (Bsp. 11, Zeilen 4–6).

Bsp. 11 Auswahl unterschiedlicher Zeichenarten des Mischfonts *Wingdings*

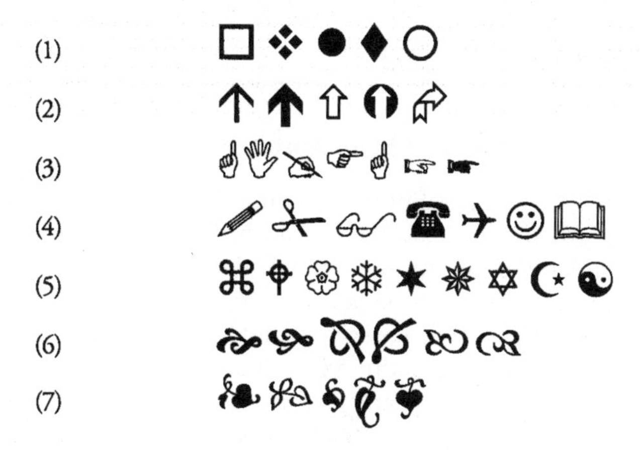

Bsp. 12 Alineazeichen einiger Schriftfonts

¶ ¶ ¶ ¶ ¶ ¶ ¶

Das Einsatzgebiet dieser Zeichen ist vor allem der Inseratsatz und Werbetexte, wo sie als Blickfang zusammen mit Schriftzeichen benutzt werden.

Vignetten (franz. „Rebranken“; Bsp. 13 links) sind dagegen bildhafte oder abstrakte Zierstücke, die in Schaugrößen als Einzelstück verwendet werden, z. B. im Werksatz, um das Kapitelende zu markieren.

Bsp. 13 Vignetten und Zierate des Fonts *Woodtype Ornaments*

Auch Vignetten sind in eigenen Fonts zusammengestellt, die allerdings auch *Zierate* (Bsp. 13 rechts) enthalten. Zierate sind Schmuckelemente, aus denen Rahmen zusammengesetzt werden können.

10. Linien und Rahmen: Weiteres typografisches Ergänzungsmaterial bilden die *Linien*, ursprünglich im Bleisatz in begrenzter Stärke angefertigt: Man unterschied nach Bild und Stärke *punktierte Linien, feine Linien* (1/5 p), *stumpffeine Linien* (2/5 p), *halbfette Linien* (1 p), 2 Punkt *fette Linien* etc. (Davidshofer & Zerbe 1961: 51), dazu als Schmuckelemente *englische Linien* und sonstige Zierlinien (Sommer 1998: 40). Im DTP stehen wesentlich mehr Linienformen zur Auswahl.

In der professionellen Typografie wird darauf geachtet, dass die Linienstärke entweder an die Stärke des Grundstrichs der Brotschrift angepasst ist (dies gilt vor allem bei Spaltentrennlinien) oder einen deutlichen Kontrast zu ihr bildet.

Aus Linien oder Zierat werden *Rahmen* gebildet, für die ebenfalls die Forderung besteht, dass sie stilistisch zum Charakter der Schrift zu passen haben, d. h. aus der gleichen Zeit stammen oder im Duktus (d. h. im typischen Wechsel von feinen, halfetten und fetten Strichen, dem Strichcharakter) übereinstimmen sollten (Luidl 1989: 50).

3.1.4 Laufweite, Alphabetbreite und Schriftbreite

Wer hat nicht schon im Laufe seines Studiums einmal versucht, eine vom Textumfang knappe Seminararbeit durch die Wahl einer breiter laufenden Schrift auf den vorgeschriebenen Seitenumfang zu bringen. Ob der Versuch erfolgreich war oder nicht – Tatsache ist, dass die verschiedenen typografischen Schriften unterschiedlich Platz beanspruchen. In Fachkreisen nennt man das den *horizontalen Raumbedarf* einer Schrift. Dahinter stehen drei verschiedene Ursachen: (1) der Charakter der Schrift insgesamt, (2) der Abstand zwischen den einzelnen Buchstaben und (3) die unterschiedliche generelle Breite des Buchstabenbildes innerhalb einer Schriftfamilie. Laientypografen sprechen in allen drei Fällen von „Laufweite", während es sich für Fachleute um drei unterschiedliche Begriffe handelt, zu denen drei Benennungen existieren: *Alphabetbreite, Laufweite* und *Schriftbreite*.

Die *Alphabetbreite* ist für Fachleute der feste, horizontale Raumbedarf einer Schrift im Verhältnis zu anderen Schriften (Davidshofer & Zerbe 1961: 406), auf Englisch spricht man von „alphabeth length". Diese ergibt sich, indem man die 26 Kleinbuchstaben des lateinischen Grundalphabets bei konstanter Laufweite und gleichem Schriftgrad aneinander reiht und für die in Frage kommenden Schriften miteinander vergleicht (Abb. 18, Bsp. ①), wobei das Schriftbild einzelner Schriften durch die unterschiedlichen Proportionen von Ober-/Unter- zur Mittellänge verschieden groß wirken kann.

Vielleicht haben Sie schon einmal beim Scannen von Texten die Erfahrung gemacht, dass der Scanner Buchstabenkombinationen wie „c + l" oder „r + n" als „d" bzw. „m" liest? Dies ist ein sicheres Indiz, dass die *Laufweite* des Textes, also der Abstand der einzelnen Buchstaben zueinander in der Ursprungsdatei zu eng bestimmt war.

① *Alphabetbreite einiger Schriften (alle 12 Punkt)*

abcdefghijklmnopqrstuvwxyz	*Garamond*
abcdefghijklmnopqrstuvwxyz	*Times New Roman*
abcdefghijklmnopqrstuvwxyz	*Palatino Linotype*
abcdefghijklmnopqrstuvwxyz	*Arial*
abcdefghijklmnopqrstuvwxyz	*Futura Medium BT*
abcdefghijklmnopqrstuvwxyz	*Lucida Sans*

② Die Lesbarkeit eines Textes ergibt sich aus dem Zusammenspiel vieler Faktoren, die voneinander abhängig sind. Das verdeutlichen diese Beispiele hier. Von Wichtigkeit ist vor allem die Laufweite der Schrift und der davon abhängige Wortabstand.

③ Die Lesbarkeit eines Textes ergibt sich aus dem Zusammenspiel vieler Faktoren, die voneinander abhängig sind. Das verdeutlichen diese Beispiele hier. Von Wichtigkeit ist vor allem die Laufweite der Schrift und der davon abhängige Wortabstand.

④ Die Lesbarkeit eines Textes ergibt sich aus dem Zusammenspiel vieler Faktoren, die voneinander abhängig sind. Das verdeutlichen diese Beispiele hier. Von Wichtigkeit ist vor allem die Laufweite der Schrift und der davon abhängige Wortabstand.

⑤ Die LESBARKEIT eines Textes ergibt sich aus dem Zusammenspiel vieler Faktoren, die voneinander abhängig sind. Das verdeutlichen diese Beispiele hier. Von Wichtigkeit ist vor allem die LAUFWEITE der Schrift und der davon abhängige Wortabstand.

⑥ Die LESBARKEIT eines Textes ergibt sich aus dem Zusammenspiel vieler Faktoren, die voneinander abhängig sind. Das verdeutlichen diese Beispiele hier. Von Wichtigkeit ist vor allem die LAUFWEITE der Schrift und der davon abhängige Wortabstand.

⑦ Die Lesbarkeit eines Textes ergibt sich aus dem Zusammenspiel vieler Faktoren, die voneinander abhängig sind. Das verdeutlichen diese Beispiele hier. Von Wichtigkeit ist vor allem die Laufweite der Schrift und der davon abhängige Wortabstand.

Abb. 18: Beispiele zu Alphabetbreite und Laufweite

Mit *Laufweite* bezeichnet man fachsprachlich den im gesamten Schriftsatz konstant gehaltenen Buchstabenabstand. Bei den Bleilettern achteten die Schriftgießer darauf, dass jedem Buchstabenbild links und rechts etwas „Fleisch“ hinzugefügt wurde – und zwar abhängig von den Buchstabeninnenräumen. Waren diese groß, dann mehr, waren sie klein, dann weniger. Im Fotosatz (der vorbildlich für die Laufweite im DTP war) wurden dann die Buchstabenabstände durch die „Zurichtung“ bestimmt, und zwar in der Regel enger als im Bleisatz, da meistens vom Englischen mit seinen relativ überschaubaren Wörtern ausgegangen wurde.

Die Laufweite der Schrift entscheidet mit über die Lesbarkeit des Textes. Sie hängt von vielem ab, vor allem aber vom Charakter der Schrift und vom Buchstabenbild (ob es normal, schmal oder breit, fett oder mager ist). Weiter spielen Schriftgröße, Textmenge, Zeilenlänge und Zeilenabstand eine Rolle. Ist die Laufweite zu gering, gehen die Buchstaben ineinander über und können vom Auge nicht mehr eindeutig identifiziert werden (Abb. 18, Bsp. ②). Eine zu große Laufweite andererseits erschwert das Erkennen von Wortbildern, besonders dann, wenn der Wortabstand im Verhältnis zur Laufweite zu gering ist: die Wörter gehen ineinander über (Abb. 18, Bsp. ③). Die im DTP von der Software vorgegebene „Standard-Laufweite“ (Abb. 18, Bsp. ④) wirkt im Gegensatz zur früher im Bleisatz üblichen relativ eng, da sie für englischsprachige Fließtexte festgelegt wurde. Textteile in Großbuchstaben (Versalien und Pseudokapitälchen) sollten nicht mit normaler Laufweite gesetzt sein (Abb. 18, Bsp. ⑤), sondern mit etwas größerer Laufweite (Abb. 18, Bsp. ⑥). Negativ wirkt sich auf den Leseprozess der aus dem amerikanischen Zeitungs- und Zeitschriftensatz stammende „Erzwungene Blocksatz“ (auch: „Amerikanischer Blocksatz“) aus, denn dadurch entsteht für jede Zeile eine andere Laufweite. Das führt zu einem unruhigen, uneinheitlichen Textbild und vor allem bei schmaler Zeilenbreite zu Pseudosperrungen (Abb. 18, Bsp. ⑦).

Der Begriff *Schriftbreite* (auch: *Schriftweite* und *Breitenlauf* genannt) bezieht sich auf die unterschiedlichen Buchstabenbreiten der Schriftschnitte einer Schrift, die zusammen eine Schriftfamilie bilden (Kap. 3.1.10), wie z. B. *eng/condensed, normal/regular, breit/extended, extrabreit:*

Bsp. 14 Schriftbreite einiger Schnitte der *Swiss* bei gleicher Laufweite

abcdefghijklmnopqrstuvwxyz — Swiss 721 BT condensed
abcdefghijklmnopqrstuvwxyz — Swiss 721 BT [Standard]
abcdefghijklmnopqrstuvwxyz — Swiss 721 BT extended

Vor allem in neuerer Fachliteratur werden die unterschiedlichen Bezeichnungen nicht immer konsequent auseinandergehalten – ein weiteres Zeichen für den starken Laieneinfluss auf die Typografie (Kap. 2.6).

Mit *Alphabetbreite* bezeichnet man den horizontalen Raumbedarf einer Schrift im Verhältnis zu einer anderen Schrift gleichen Grades. Die *Laufweite* ist dagegen die Bezeichnung für den Abstand der Buchstaben zueinander. Sie ist eine flexible Größe, die je nach Bedarf und abhängig von mehreren anderen Faktoren wie Schriftgröße, Zeilenabstand etc. aber auch sprachspezifisch bestimmt werden muss. *Schriftbreite* oder *Schriftweite* bezieht sich dagegen auf die Proportionen unterschiedlich breiter Schriftschnitte der gleichen Schrift. Die in translatologischer Literatur zuweilen anzutreffende Verwendung von *Laufweite* in der Bedeutung *spezifische* bzw. *charakteristische Schriftweite* beruht auf einem laientypografischen Blickwinkel.

Die Laufweite ist keine feste Größe, sondern muss sprach-, schriftgrad- und schriftschnittspezifisch eingerichtet werden.

Visuelle Translationsprobleme: Prinzipiell müsste die Laufweite sprachspezifisch eingestellt werden: bei Schriften für Texte in Sprachen, die durchschnittlich kürzere Wörter haben, genügen in der Regel die vorgegebenen Laufweitenwerte der Software, für Sprachen mit durchschnittlich längeren Wörtern müsste die Laufweite erhöht werden. Zuweilen wird vorgeschlagen, eine beim Übersetzen entstehende größere Textmenge durch Verringerung der Laufweite unterzubringen – dies ist auf keinen Fall zulässig, da dadurch die Lesbarkeit der Texte eingeschränkt wird.

3.1.5 Schriftcharakter und Schriftklassen

Die Zahl der in digitaliserter Form zur Verfügung stehenden Schriften lässt sich nicht mehr exakt feststellen – sie dürfte inzwischen in die Zigtausende gehen, und ständig kommen neue Schriften hinzu. Jede dieser Schriften unterscheidet sich von den anderen durch bestimmte periphere grafische Merkmale (Kap. 1.6). Da liegt es nahe zu versuchen, die *typografischen Schriften* (Druckschriften wie Computerfonts) in „Schubladen" zu ordnen, sie in Klassen einzuteilen, d. h. zu klassifizieren. Dies lässt sich nach verschiedenen Aspekten durchführen.

Nach dem *Schriftcharakter* unterscheidet man grundsätzlich *runde* (Antiqua) und *gebrochene* Schriften (Fraktur) für das lateinische Alphabet sowie generell *fremde* Schriften für alle nichtlateinischen Alphabete. Zwischenformen von runden und gebrochenen Schriften bezeichnet man als *Bastardschriften*. Allerdings existieren für eine ganze Reihe von Schriften Pendants in den anderen Alphabetsystemen des griechischen Schriftkulturkreises, ja sogar in völlig anderen Schriftkulturen wie z. B. der chinesischen (s. u.).

Die meisten Klassifizierungen versuchen, die existierenden Druckschriften nach *Schriftgattungen* zu gruppieren, indem formale und kulturgeschichtliche Gesichtspunkte berücksichtigt werden. Es handelt sich dabei also um keine wissenschaftliche, systematisch nach einheitlichen Kriterien vorgehende Einteilung – eine solche wird bei der Komplexität der Materie auch kaum möglich sein –, sondern um eine aus den Bedürfnissen des grafischen Gewerbes entstandene, heute z. T. nur noch schwer nachvollziehbare Klassifizierung des Schriftbestandes, wie er auf den Gießzetteln der Schriftgießereien sowie in den Schriftkästen der Druckereien der westlichen Hemisphäre vorhanden war. Entsprechend den Umständen ihrer Entstehungszeit berücksichtigen solche Klassifikationen entweder gar nicht die nichtlateinischen Schriften oder sie fassen die verwandten Schriften des griechischen Schriftkulturkreises mit solchen aus völlig fremden und andersartigen Schriftsystemen zu einer Klasse zusammen, wie die DIN-Norm 16518 aus dem Jahr 1964, die versucht, alle Druckschriften zu erfassen und sie in elf Klassen einteilt (Sauthoff et. al. 199: 14f):

I Venezianische Renaissance-Antiqua
II Französische Renaissance-Antiqua
III Barock-Antiqua (auch: Antiqua des Übergangsstils)
IV Klassizistische Antiqua
V Serifenbetonte Linear-Antiqua
VI Serifenlose Linear-Antiqua
VII Antiqua-Varianten
VIII Schreibschriften
IX Handschriftliche Antiqua
X Gebrochene Schriften
  X.I Gotisch
  X.II Rundgotisch
  X.III Schwabacher
  X.IV Fraktur
  X.V Fraktur-Varianten
XI Fremdländische Schriften (Griechisch, Kyrillisch, Hebräisch, Arabisch etc.)

Gegen alle bestehenden Klassifikationen lassen sich Bedenken vorbringen, da sie unter den heutigen Gegebenheiten nur von wenigen Experten durchschaut und angewandt werden können und den Gegensatz zwischen organisch gewachsenen Schriften, die sich gut für große Textmengen eignen, und geometrisch konstruierten Schriften, die in der Regel nur für Titel- bzw. Display-Texte oder kurze, isoliert auftretende Textelemente geeignet sind, unberücksichtigt lassen.

Ein zweiter Einwand leitet sich aus der Digitalisierung und den mit dieser Technologie verbundenen neuen Möglichkeiten her. So weist Beinert (2007) nicht ganz zu Unrecht darauf hin, dass DIN 16518 nur für Bleisatz-Druckschriften bis in die 1970er Jahre anwendbar und als Klassifikationsmodell für die digitale Typografie nicht mehr geeignet sei, da die Digitalisierung der Schrift zu vielen Hybridformen geführt hat. Es gibt z. B. bereits Font-Software, mit deren Hilfe aus einer serifenlosen Schrift stufenlos Varianten generiert werden können, die von Serifenansätzen bis zu Vollserifen reichen. Nicht unerwähnt soll bleiben, dass bekannte Schriftdesigner *Schriftclans* (Kap. 3.1.10) auf den Markt gebracht haben, die über bestimmte periphere grafische Merkmale verfügen und dennoch Schriften mehrerer Klassen umfassen.

Da für DTP-Anwender (einschließlich Translatorinnen und Translatoren) weniger schrifthistorische als formale und einsatztechnische Aspekte wichtig sind, schlage ich für die *typografischen Schriften des griechischen Schriftenkreises* (also auch für griechische und kyrillische Schriften) eine pragmatische Einteilung vor, bei der die Zahl der Klassen auf ein halbes Dutzend reduziert ist (Abb. 19) und zum Ausgleich Untergruppen eingerichtet sind, um den Schriftbenutzern dennoch grundsätzliche Anwendungshinweise geben zu können (Kap. 3.1.11). So fasse ich die DIN-Klassen I–III als *Serifennormale Antiquaschriften* in einer dreiteiligen ersten Klasse zusammen, bei der die *Garamond* für die (Französische) Renaissance-Antiqua steht und das humanistische Formprinzip vertritt, die *Times* für die Barock-Antiqua und die *Bodoni* für die Klassizistische Antiqua. Begründen lässt sich eine solche Einteilung auch dadurch, dass Schriften der gleichen Klasse bzw. nah verwandter Klassen nicht gemischt werden sollten. Die zweite Klasse umfasst die *Serifenbetonten Schriften.* Auch hier gilt der prinzipielle Unterschied zwischen humanistischen und klassizistischen Stilzügen: (2.1) als Leseschriften im 20. Jh. nach der Renaissance-Antiqua geschaffene serifenbetonte Schriften; (2.2) von der Klassizistischen Antiqua abgeleitete, (2.3) geometrisch konstruierte und (2.4) als Sonderfall die traditionellen Schreibmaschinenschriften. Auch die dritte Klasse (*Serifenlose Antiquaschriften bzw. Groteskschriften*) erfordert eine Unterteilung: (3.1) umfasst wieder die nach der Renaissance-Antiqua geschaffenen humanistischen Serifenlosen (*Neuere Grotesk*); (3.2) die von der Klassizistischen Antiqua abgeleiteten Schriften (*Ältere Grotesk*); (3.3) geometrisch konstruierte Serifenlose. Die vierte Klasse enthält Vorgänger der Antiqua, u. a. (4.1) historische Schriften wie die Unziale und (4.2) in Kunstrichtungen wie z. B. dem Jugendstil geschaffene Schriften. In Unterklasse 4.3 sind Schriften gesammelt, die sich anderswo nicht sinnvoll einordnen lassen und in der Regel nur für Titel- oder Displaysatz in Frage kommen. In der 5. Gruppe (*Schreibschriften*) läßt sich wieder eine grundsätzliche Unterscheidung treffen: in (5.1) finden sich Schreibschriften nach der humanistischen Tradition (Kap. 1.2); in (5.2) gehören solche Schriften, deren Buchstabenformen streng genormt sind, da diese Schriften ursprünglich als Verkehrs-, Kanzlei- und Amtsschriften dienten; im Gegensatz dazu weisen die Schriften in (5.3) einen deutlich individuellen handschriftlichen Charakter auf. Die sechste Klasse umfaßt die *gebrochenen Schriften* und gliedert sich in die von DIN 16518 bekannten Unterklassen. Wir erhalten somit folgendes Klassifikationsschema:

1. Serifennormale Antiquaschriften
   - 1.1 Renaissance-Antiqua (gute Mengentextschriften nach dem humanistischen Formprinzip)
   - 1.2 Barock-Antiqua (gute Mengentextschriften als Übergangsformen von humanistischem und klassizistischem Formprinzip)
   - 1.3 Klassizistische Antiqua (eingeschänkt gut lesbare Mengentextschriften nach dem klassizistischen Formprinzip)
2. Serifenbetonte Antiquaschriften
   - 2.1 nach humanistischem Formprinzip
   - 2.2 nach klassizistischem Formprinzip
   - 2.3 geometrisch konstruiert
   - 2.4 Schreibmaschinenschriften
3. Serifenlose Antiquaschriften (Groteskschriften)
   - 3.1 nach humanistischem Formprinzip
   - 3.2 nach klassizistischem Formprinzip
   - 3.3 geometrisch konstruiert

Nr.	Schriftprobe	Klassifikation / Schrift
1. SERIFENNORMALE ANTIQUASCHRIFTEN		
1.1	Abcdefg Hijklmnop	humanistisch *Adobe Garamond*
1.2	Abcdefg Hijklmnop	Übergangsstil *Times New Roman*
1.3	Abcdefg Hijklmnop	klassizistisch *Bauer Bodoni BT*
2. SERIFENBETONTE ANTIQUASCHRIFTEN		
2.1	Abcdefg Hijklmnop	humanistisch *Joanna MT*
2.2	Abcdefg Hijklmnop	klassizistisch *Clarendon BT*
2.3	Abcdefg Hijklmnop	geometrisch *Geo Slab 703 Md BT*
2.4	Abcdefg Hijklmnop	Schreibmaschine *Courier*
3. SERIFENLOSE ANTIQUASCHRIFTEN		
3.1	Abcdefg Hijklmnop	humanistisch *Humanist 521 BT*
3.2	Abcdefg Hijklmnop	klassizistisch *Helvetica*
3.3	Abcdefg Hijklmnop	geometrisch *Avant Garde Bk BT*
4. ANTIQUA-VARIANTEN		
4.1	abcdefg hijklmnop	Historische Entwicklungsstufen *American Uncial*
4.2	Abcdefg Hijklmnop	Kunststil-Schriften *Eckmann*
4.3	ABCDEFG HIJKLMNOP	Sonstige (Display) *Galliard*
5. SCHREIBSCHRIFTEN		
5.1	Abcdefg Hijklmnop	humanistisch *Monotype Corsiva*
5.2	Abcdefg Hijklmnop	genormt (klassizistisch?) *English 157 BT*
5.3	Abcdefg Hijklmnop	individuell-handschriftl. *Brody*
6. GEBROCHENE SCHRIFTEN (Beispiele)		
6.1	Abcdefg Hijklmnop	Textura *Cloister Black BT*
6.4	Abcdefg Hijklmnop	Fraktur *Fette Fraktur*

Abb. 19: Vorschlag zu einer gebraucherorientierten, pragmatischen Schriftklassifikation

4. Antiqua-Varianten
   - 4.1 Historische Vorgänger der Antiqua (Unziale, Halbunziale etc.)
   - 4.2 „Kunststilschriften“ (z. B. Jugendstilschriften)
   - 4.3 Phantasie- und sonstige Schriften
5. Schreibschriften und handschriftliche Antiquaschriften
   - 5.1 Humanistische Schreibschriften
   - 5.2 „Genormte“ Kanzlei- und Verkehrsschriften (oft mit klassizist. Merkmalen)
   - 5.3 Individuell ausgeprägte Handschriften (meist „Künstlerschriften“)
6. Gebrochene Schriften
   - 6.1 Gotisch
   - 6.2 Rundgotisch (nicht abgebildet)
   - 6.3 Schwabacher (nicht abgebildet)
   - 6.4 Fraktur
   - 6.5 Frakturvarianten (nicht abgebildet)

Damit lassen sich die meisten Schriften auch für den interessierten Laien und den mit DTP arbeitenden Semiprofessionellen sinnvoll einordnen. Des Weiteren gibt diese Klassifikation die Möglichkeit, mit jeder Klasse Gebrauchshinweise zu verbinden (dies geschieht in Kap. 3.1.12).

Es sei noch daran erinnert, dass es für viele Klassen entsprechende Versionen für das kyrillische und das griechische Alphabet gibt. Auch in den internationalen Verkehrsschriften, die nicht zum griechischen Schriftkulturkreis gehören – vor allem die in Ostasien als „Kanji“ weitverbreiteten chinesischen Schriftzeichen –, finden sich Parallelen zu lateinischen Schriftstilen, genauer gesagt zu einzelnen Schriftklassen (Abb. 20).

Eine unter dem Aspekt der Lesbarkeit wichtige Unterscheidung ist die zwischen Schriften mit waagrechter und senkrechter Führung (Frick 1997: 20), da diese sich besonders stark auf die anderen typografischen Parameter und die optische Lesbarkeit des Textes auswirkt (Kap. 3.4). Ein weiterer Aspekt ist die sprachspezifische Wirkung bestimmter Schriften im Text, bedingt durch die graphematische Struktur der betreffenden Sprachen. So ergibt das Englische, das bekanntlich keine Akzentzeichen besitzt, ein anderes Schriftbild als das Deutsche, Tschechische oder Finnische (s. o.).

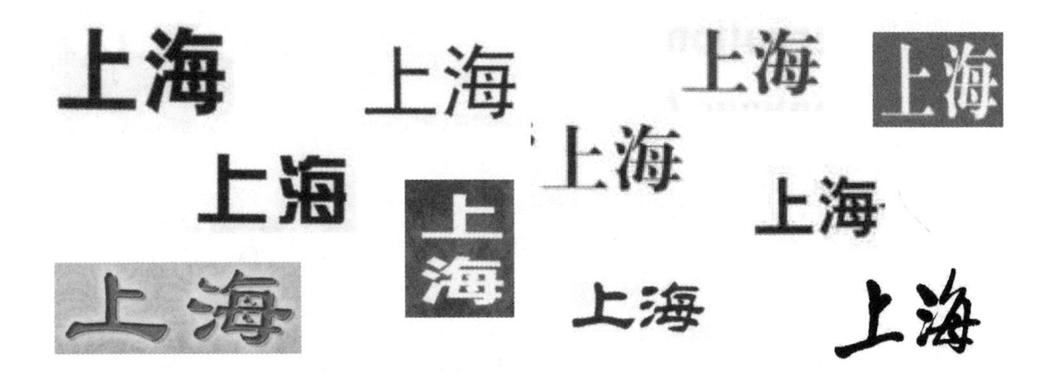

Abb. 20: Globale Schriftklassen und -schnitte in der chinesischen Schrift: elfmal „Shanghai“

3.1.6 Assoziative Wirkung des Schriftcharakters

In einem gestaltpsychologischen Test legte Wolfgang Köhler den Versuchspersonen zwei abstrakte grafische Figuren vor (siehe unten, Abb. 21) mit der Aufgabe, diesen zwei ebenso abstrakte, fiktive Wörter – „Maluma" und „Takete" – zuzuordnen (zit. in Gerstner 1990: 140). Dabei zeigte sich, dass zumindest die erwachsenen Versuchspersonen mehrheitlich dazu neigten, die runde Figur dem Wort „Maluma" zuzuordnen, die eckige dem Wort „Takete". Dies zeigt, dass grafischen Formen eine „phonetische Ikonizität" (ibid.) zugesprochen werden kann. Auf typografische Schrift übertragen heißt das, dass das optische Erscheinungsbild des Textes über die Schriftform bei der Rezeption mehr oder weniger stark emotional auf den Leser wirkt und die Botschaftsaufnahme mit beeinflusst. Schrift dient also nicht nur der Mitteilung verbaler Inhalte, sondern wirkt über ihre peripheren grafischen Merkmale auch bildhaft.

Fachsprachlich heißt das Phänomen der Schrift-Wirkung *Anmutung* (z. B. Luidl 1988: 76f) bzw. *Anmutungswert* oder *Kongenialität* (z. B. Rehe 1981: 60); Tschichold spricht von „Ausdruckswert" (1928/1987: 79); Verweise darauf finden sich auch in Formulierungen wie „Ausdruck und Eindruck der Schrift" (Davidshofer & Zerbe 1961: 220) oder „stilistische Information der Schrift" (Luidl 1989: 94). Ich spreche hier allgemein von der *assoziativen Wirkung* einer Schrift, da bei einer Reihe von Schriften (z. B. *Fraktur* und *Unziale*) zur emotionalen Wirkung historisch und kulturell bedingte Assoziationen hinzutreten.

Abb. 22 zeigt in ① mehrere Beispiele, in denen die vom Schriftbild vermittelte Assoziation offensichtlich nicht mit der verbalen Aussage der Texte übereinstimmt, ja sogar im Gegensatz dazu steht. Anders ist es in den Beispielen in ②, wo der Text jeweils durch eine zum Inhalt passende Schrift wiedergegeben ist. Das zeigt, dass die Schriftwahl für einen Text nicht beliebig vorgenommen werden kann. Dies ist im grafischen Gewerbe eine bekannte Tatsache (z. B. Davidshofer & Zerbe 1961: 220ff; Willberg & Forssman 1997: 72f).

Bei typografischen Schriften lassen sich Assoziationen mit unterschiedlichem Abstraktionsgrad in zwei Hauptgruppen feststellen, die ich als *motiviert* und *arbiträr* kennzeichnen möchte. Die *motivierte* Gruppe unterteile ich in eine *ikonische* und eine *analoge*.

Ikonisch bedeutet hier, dass sprachlicher Inhalt und Schriftform bzw. verbale und optische Aussage über wenigstens ein gemeinsames, hervortretendes Merkmale verfügen. Oder anders gesagt: bestimmte periphere grafische Merkmale der

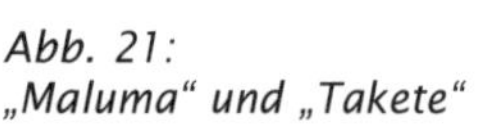

Abb. 21: „Maluma" und „Takete"

Schrift bilden auffällige Merkmale des betreffenden Begriffs ab. Bei einer Schrift wie für „Kohlen & Briketts" in ② vermittelt die kräftig-schwarze *Rockwell Extra Bold* bildhaft die Assoziation von Kohlenschwärze und Briketts (in diesem Fall ließe sich auch von bedeutungsabbildenden oder bedeutungsparallelen Assoziationen sprechen).

Mit *analog* bezeichne ich jene Fälle, bei denen Wissenselemente über die Schrift sich mit der verbalen Aussage in Beziehung setzen lassen. So ermöglicht z. B. in ② die Analogie zwischen der chinesischen Schrift und dem Pinselstrichcharakter der Schrift *Mandarin* für „China-Restaurant" die Assoziation „chinesische Küche". Der historische Charakter der *Unziale* lässt sie für ein Burgrestaurant geeignet erscheinen; die gleiche Funktion könnte auch (und sogar passender) eine gotische

①

Modernes Industriedesign
Antiquitäten-Truhe
China-Restaurant
Kohlen & Briketts
PAPIER- & SCHREIBWAREN
Orientteppiche
BURGSCHÄNKE

②

Modernes Industriedesign
Antiquitäten-Truhe
CHINA-RESTAURANT
Kohlen & Briketts
Papier- & Schreibwaren
ORIENTTEPPICHE
Burgschänke

Abb. 22: Textaussage und Schriftausdruck – assoziative Wirkung typografischer Schriften

Schrift wahrnehmen, die für uns „Tradition", „Mittelalter", „Kirche" u. ä. repräsentiert und daher auch gut als Schrift für „Antiquitäten-Eck" passt. Das Beispiel „Papier und Schreibwaren" setzt das kulturelle Wissen voraus, dass die *Englische Schreibschrift* ursprünglich von Hand mit der Stahlfeder geschrieben wurde, somit einen historischen Standard des Schreibens und damit pars pro toto den gesamten Bereich Schreiben symbolisiert.

Arbiträr (d. h. durch Konventionen festgelegt) ist eine Assoziation dann, wenn sich zwischen Schriftform und Textinhalt keinerlei direkter Bezug herstellen lässt, sondern z. B. historische Entwicklungen zur Verknüpfung bestimmter Schriftformen mit spezifischen Inhalten geführt haben. In diesem Fall ist grundsätzlich damit zu rechnen, dass die assoziative Wirkung einer Schrift kulturspezifisch geprägt sein kann.

Besonders wichtig sind jene Fälle, in denen eine Schrift „nationale" Assoziationen weckt, entweder in dem Sinn, dass man anhand der Schrift eine Nation (als relativ einheitliche Sprach- und Kulturgemeinschaft) stereotypisch identifiziert oder dass eine Nation eine bestimmte Schriftart als Zeichen nationaler Identität verwendet. So haben sich z. B. für die gebrochenen Schriften (*Gotisch, Schwabacher, Fraktur*) und die *Unziale* kulturspezifische, insbesondere „nationale" Assoziationen herausgebildet, die im bestimmten Kontext zur Bedeutungsbildung beitragen bzw. bei unreflektiertem Einsatz der Schrift in zielkulturellen Drucksachen für Botschaftsverfälschungen sorgen.

Ein Beispiel dafür zeigt Abb. 23. Der in Ägypten herausgegebene und vertriebene Stadtführer für Kairo zeigt für die englische und deutschsprachige Ausgabe unterschiedliche Schriften. Während in der englischsprachigen Ausgabe der Stadtname in einer modischen Schrift gesetzt ist, die vielleicht an orientalische Kuppelbauten erinnern soll, wird in der deutschen Fassung eine gotische Schrift verwendet. Dies ist kein Einzelfall. Die Überschrift „saksaksi" („Auf deutsch") einer finnischen Zeitschrift in Abb. 24 signalisiert dem finnischen Leser, dass der folgende Artikel davon handelt, wie man sich bei Geschäftsverhandlungen gegenüber deutschen Partnern verhalten sollte.

Abb. 23:
Kairo – zielkulturspezifisch?

Abb. 24:
„Auf deutsch" – gebrochene Schrift in einem finnischen Zeitschriftentitel als Hinweis auf deutsche Thematik

Die Verwendung der gebrochenen Schrift ist in beiden Beispielen nicht politisch motiviert wie wir es in Abb. 6 (Kap. 2.2.2) kennengelernt haben, sondern entspricht den gängigen Stereotypen außerhalb des deutschsprachigen Kulturraumes – man empfindet diese Art von Schrift eben als „typisch deutsch". Damit steht hier die assoziative Wirkung von gebrochenen Schriften im Gegensatz zum innerdeutschen Gebrauch, bei dem eine Bedeutungsaufspaltung und -verengung zu beobachten ist: Im Anschluss an die Tradition dienen – trotz oder in Unkenntnis des Frakturverbots der nationalsozialistischen Behörden (s. u.) – im deutschsprachigen Mitteleuropa gebrochene Schriften zur Selbstidentifizierung und -darstellung rechtsextremer und neonazistischer Gruppierungen. In einem dritten Bedeutungskomplex verwendet – ebenfalls meist intrakulturell – die Mehrheit der Kulturgemeinschaft bzw. Nation gebrochene Schriften zum Verweis auf die NS-Vergangenheit Deutschlands oder zur Ab- und Ausgrenzung rechtsextremer Gruppen in der Bedeutung *Nazi, Neonazi, Naziherrschaft, Nazideutschland* etc. Was in der Öffentlichkeit meist nicht bekannt zu sein scheint, ist die Tatsache, dass die Nazibehörden in einer „ideologisch-pragmatischen" Wende im Jahr 1941 die Verwendung gebrochener Schriften verboten und die Antiqua unter der Bezeichnung „Normalschrift" als Schul- und Leseschrift, vor allem aber als Zeitungsschrift eingeführt hatten, um so die Verbreitung deutscher Zeitungen (einschließlich der Nazi-Ideologie) im Ausland zu fördern. Was die Assoziation der gebrochenen Schriften betrifft, wurde dies aber weder im Ausland noch von rechtsextremen Gruppierungen im Inland nachvollzogen. So blieb es im Ausland beim Stereotyp „gebrochene Schrift = typisch deutsch" und dem Bedeutungskomplex *die Deutschen, Deutschland, deutsches Wesen, deutsche Eigenart.*

Von der *assoziativen Wirkung* der Schrift, ihrem *Anmutungswert* oder ihrer *Kongenialität* sprechen wir, wenn wir die auf peripheren grafischen Merkmalen beruhende optische Aussage einer typografischen Schrift (des Schriftbildes) zu dem Inhalt des damit visualisierten Textes in Beziehung setzen. Manche dieser Schriften wecken in einigen Kulturen bei bestimmter Thematik unterschiedliche Assoziationen (z. B. gebrochene Schriften) – ein Umstand, der bei der Translation zu berücksichtigen ist.

Veränderungen in der assoziativen Bewertung von Schriften erleben wir heute durch die Schreib- bzw. Satztechnologie DTP. Ursprünglich wurden typografische Satzschriften wie die *Times* für Drucksachen mit hohen Auflagen verwendet und signalisierten somit Massenkommunikation. Heute werden sie von Laien und Semiprofessionellen in allen Kommunikationsbereichen und -feldern für jede Art von Text eingesetzt, auch dort, wo ursprünglich die Handschrift unmittelbare, persönliche Mitteilung erkennen ließ. Auf der anderen Seite verwendet man in Werbedrucksachen handschriftliche Elemente, um den Eindruck von individueller Kommunikation entstehen zu lassen – eine Funktion, für die bis in neueste Zeit in einigen Kommunikationsfeldern typografische Schreibmaschinenschriften eingesetzt wurden. Damit schließt sich der Kreis, denn schon Gutenberg wollte mit seinem „typografischen Prinzip" den Eindruck des – allerdings professionell – Handgeschriebenen erwecken.

Ein ***visuelles Translationsproblem*** liegt vor, wenn eine bestimmte Schrift in zwei Kulturen unterschiedliche assoziative Wirkung hervorruft und dieser Umstand bei unreflektiertem Einsatz der betreffenden Schrift zur Fehlinterpretation führen kann.

3.1.7 Schriftvarianten: Schriftschnitte

Von einer Schrift existieren in der Regel eine Reihe von Varianten, die man in Fachkreisen *Schriftschnitte* nennt, da zu Bleisatzzeiten für jede Variante in jedem Schriftgrad (gewöhnlich in 6, 8, 9, 10, 12, 14, 16, 20, 24, 28, 36 und 48 Punkt) eigene Matritzen geschnitten werden mussten, von denen dann die Lettern gegossen wurden.

Schriftschnitte sind also Varianten einer Schrift, denen zwar die spezifischen, für die betreffende Schrift charakteristischen peripheren grafischen Merkmale gemeinsam sind, die sich aber durch Variation der Strichstärke (normal, halbfett, fett), in der Schriftlage (normal oder kursiv) und in den Figuren (Kapitälchen) unterscheiden (Abb. 25) – ursprünglich war der Zusatz *normal* nicht üblich;

Garamond	normal
Garamond	kursiv
GARAMOND	Kapitälchen
GARAMOND	Pseudokapitälchen
Garamond	halbfett
Garamond	fett

Abb. 25: Standardschnitte einer Renaissanceantiqua

Ballgraf Ballgraf
Ballgraf *Ballgraf*
Ballgraf *Ballgraf*

Abb. 26: Echte und falsche Kursive („Pseudokursive")

gekennzeichnet wurden nur die Varianten. Weitere Varianten leiten sich bei Groteskschriften aus der Variation der Proportionen bzw. der Schriftbreite oder -weite her (schmal, normal, breit, extra breit) oder entstehen heute digital durch grafische Veränderungen (licht, schattiert) oder andere Manipulationen.

Ursprünglich war die Kursive ein eigener Schriftstil mit stark handschriftlichem Charakter und eigenem Formenkanon und wurde erst nach und nach dem Schriftbild der geradestehenden Antiqua angepasst (Willberg & Forssman 1997: 123). Daher werden kursive Schnitte in der Regel gesondert gezeichnet, so dass man von kursivem Schriftschnitt streng genommen nur bei serifennormalen Antiquaschriften sprechen kann; Groteskschriften sind „schräg gezeichnet" (Luidl 1989: 67) und daher als „oblique" zu bezeichnen (Willberg 2001: 42; Forssman & de Jong 2002: 60). Die Verwendung elektronisch kursivierter Varianten („Pseudo-" oder „falsche Kursive") wie in der mittleren Zeile von Abb. 26 wird von Fachtypografen abgelehnt, da diese Schriften zu statisch und verzerrt wirken.

Groteskschriften verfügen in der Regel über wesentlich mehr Schriftschnitte als die klassischen Antiquaschriften. Der Schweizer Schriftdesigner Adrian Frutiger hat zur eindeutigen Erfassung der verschiedenen Schriftschnitte eine Matrix geschaffen (Abb. 27), in der jeder Schnitt durch eine zweistellige Zahl eindeutig beschreibbar ist. Die linke Ziffer (2–9) bezieht sich auf die Strichstärke; möglich sind heute neben *normal* und *halbfett* (en *bold*): *extraleicht* (en *ultralight*),

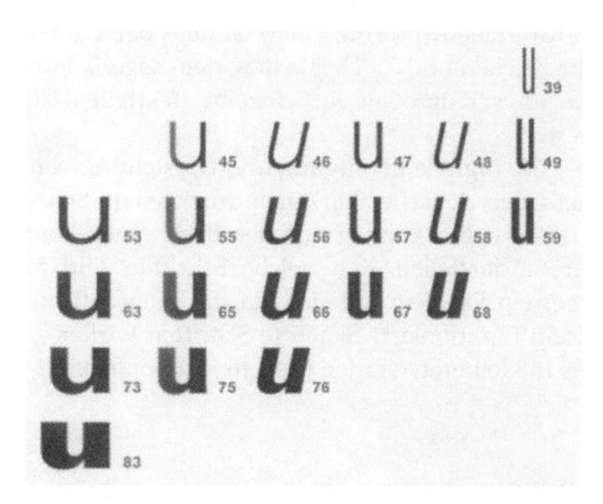

Abb. 27: Das System der Grotesk-Schriftschnitte von Adrian Frutiger

leicht (en *thin*), *mager* (en *light*), *extrafett* (en *heavy*), *ultrafett* (en *black*). Die rechte Ziffer bezieht sich auf Schriftbreite (1–9) und Schriftlage (ungerade Ziffer: geradestehende Schrift; gerade Ziffer: kursive bzw. oblique Schrift). Die Namen sind: *extraschmal* oder *eng* (en *ultra condensed*), *schmal* (en *condensed*), *breit* (en *extended*), *extrabreit* (en *extra-extended*) (Frick 1997: 28); dazu kommen noch jeweils die kursiven Varianten. Frutiger entwarf diese Matrix für seine aus 21 Mitgliedern bestehende Schriftfamilie der *Univers* aus dem Jahr 1957.

Desktop-Publishing-Software bietet normalerweise als Schriftfamilie den Normalfont (bei Luidl 1989: „Standard"), dazu *normal kursiv* (en *italic*), *fett* (en *bold*) und *fett kursiv* (en *bold italic*). Die Variante *fett/bold* entspricht in der Strichstärke freilich eher dem halbfetten Schnitt der Bleisatzschrift.

Bei Antiquaschriften gibt es einen weiteren Schriftschnitt: die *Kapitälchen*, das sind Kleinbuchstaben in Mittellänge mit der Gestalt von Großbuchstaben. Kapitälchen können im Desktop-Publishing oft nur als Pseudokapitälchen durch Versalien kleinerer Schriftgrade dargestellt werden und passen aufgrund ihrer geringeren Strichstärke und der engen Laufweite der Buchstaben eigentlich nicht ins Schriftbild (Bsp. 15), da sie eine andere Grauwirkung erzielen. Außerdem sind sie z.T. sichtbar höher als echte Kapitälchen, die bisher nur in gesonderten Fonts, sogenannten Expert-Fonts, enthalten waren. Abhilfe werden hier die Open-Type-2-Fonts (Kap. 4) schaffen, die neben einer Vielzahl von Sonderzeichen auch echte Kapitälchen umfassen.

Bsp. 15 Echte Kapitälchen und Pseudokapitälchen (vgl. Bsp. 2)

HIER HABEN WIR ECHTE KAPITÄLCHEN

DIES HIER SIND PSEUDOKAPITÄLCHEN

Schriftschnitte kommen hauptsächlich in zwei Bereichen zum Einsatz: in Lese- und Konsultationsgrößen (Kap. 3.1.9) innerhalb von Mengentext – parallel zu paraverbalen (prosodischen) Mitteln der Lautsprache – als Hervorhebungsmittel für Zeichen und Zeichenketten, dem sogenannten *Auszeichnen*); außerdem werden sie in Schaugrößen für einzelne Textteile (Titelzeilen, Überschriften u. ä.) eingesetzt.

Die digitale Erzeugung und Darstellung von typografischer Schrift führt dazu, dass der optische Stärkeneindruck einer Schrift mit der Schriftgröße wechselt. DTP-Systeme können auf der Basis einer Fontdatei Schriften in fast beliebiger Größe darstellen, d. h. solche Schriften sind *frei skalierbar*. Diese Technik bringt aber ein Problem mit sich, da das menschliche Auge nicht rechnerisch (arithmetisch) funktioniert: Skalierte Schriften wirken in größeren Graden stärker (fetter) als in kleineren Graden (Bsp. 16: *Futura light BT* in 14, 28 und 56 Punkt):

Bsp. 16: Ungleiche optische Stärkenwirkung eines Fonts durch Skalieren

Skalierbarkeit

Skalierbarkeit

Skalierbarkeit

Bei den Bleilettern wurde dieses Phänomen vom Schriftgießer berücksichtigt, indem man das Verhältnis der Strichstärke zur Schriftgröße nicht konstant hielt, sondern bei den unterschiedlichen Schriftgrößen optisch aufeinander abstimmte.

3.1.8 Schriftgrad, Schriftgröße und Schrifthöhe

Die eindeutige Bestimmung der Schriftgröße ist ein Problem für sich. Bei der Bleiletter – dem Druckbuchstaben aus einer Legierung von 67 % Blei, 28 % Antimon und 5 % Zinn, der spiegelverkehrt das Buchstabenbild trug –, war der *Schriftgrad* mit dem Schriftkegel bzw. der Kegelstärke identisch (Abb. 28). Das Schriftbild war in der Regel kleiner, da die Buchstabenteile meist nicht bis an den Kegelrand reichten, wie in der Abbildung zu erkennen ist. So berührten sich selbst bei kompress gesetztem Satz (= Satz ohne Durchschuss; siehe Kap. 3.2.1) die Ober- und Unterlängen zweier aufeinander folgender Zeilen nicht.

Der Terminus *Schriftgrad* stammt daher, dass die Schriften in einer festgelegten Anzahl gradweise aufeinander abgestimmter Größen gegossen wurden, die jeweils einen eigenen Namen trugen, z. B. Nonpareille (6 p), Petit (8 p), Garmond

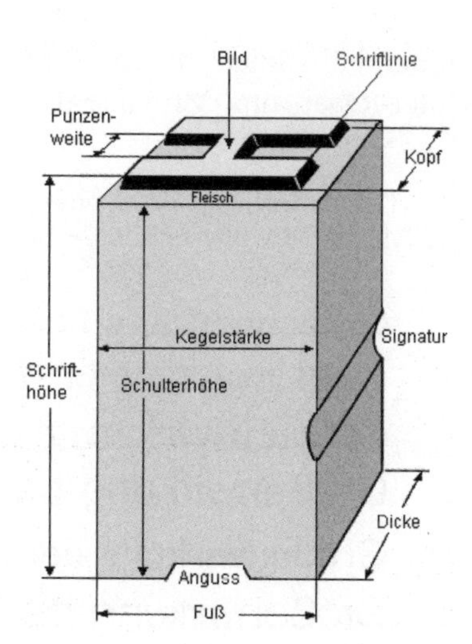

Abb. 28:
Terminologie der Druckletter des Bleisatzes (gestaltet von Roland Freihoff, Tampere)

(oder Korpus, 10 p), Cicero (12 p), Mittel (14 p). Weitere Grade wurden als Plakatschriften in Abständen von 2 oder 4 Cicero, meist in Messing oder Holz, hergestellt. Einige von diesen Schriftgraden können in der Praxis noch manchmal genannt werden, sind aber heute, wo die Fonts im Computer stufenlos skaliert werden können, nicht mehr aktuell.

Im Computersatz ist die angegebene *Schriftgröße* eine rein rechnerische Größe, die mit der messbaren „größten vertikalen Ausdehnung" nicht unbedingt übereinstimmt. Außerdem kann bei DTP-Schriften, denen der Pica-Punkt als Recheneinheit zugrundeliegt, das Schriftbild fast 10 % kleiner sein als bei der entsprechenden europäischen Schrift, die in Didot-Punkt gemessen wurde. Insofern können die im nächsten Kapitel angegebenen Grenzen zwischen den einzelnen Funktionsgrößen je nach Schrift beim DTP um einen Schriftgrad variiert werden.

Da das Verhältnis von Ober-, Mittel- und Unterlänge von Schrift zu Schrift wechselt, können die einzelnen Schriften trotz gleichem (rechnerischem) Schriftgrad ein unterschiedlich großes Schriftbild aufweisen (Bsp. 17–19):

Bsp. 17: Proportionen von Ober- und Mittellängen bei serifennormalen Antiqua- und Groteskschriften (28 p; oben, von links: *Centaur*, *Garamond*, *Bodoni*, *Times New Roman*; unten: *Gill Sans*, *Futura*, Arial, *Avant Garde*

Hdng Hdng Hdng Hdng

Hdng Hdng Hdng Hdng

Schriften mit großen Oberlängen, aber kleinen Mittellängen wirken optisch kleiner als Schriften, bei denen die Oberlänge z. B. nur die Hälfte der Mittellänge beträgt. Die grauen Hilfslinien in Bsp. 17 zeigen deutlich die unterschiedlichen Relationen von Unter-/Ober- und Mittellänge.

Bsp. 18: Größenwirkung verschiedener Schriften bei konstantem Schriftgrad (14 p) und gleicher, im Default voreingestellter Laufweite

Größenwirkung bei Lesegrößen	Times New Roman
Größenwirkung bei Lesegrößen	Garamond
Größenwirkung bei Lesegrößen	Bookman Old Style
Größenwirkung bei Lesegrößen	Arial
Größenwirkung bei Lesegrößen	Gill Sans MT
Größenwirkung bei Lesegrößen	AvantGarde Book BT

Aus den unterschiedlichen Proportionen ergeben sich bei konstanten rechnerischen Werten für die einzelnen Schriften unterschiedliche „optische Zeilenabstände", definiert als „Raum zwischen der Schriftlinie und der Mittellänge der nächsten Zeile" (Frick 1997: 19). Dieser Umstand muss unbedingt berücksichtigt werden, wenn bei einem Wechsel der Schrift ein entsprechender Grauwert des Satzspiegels erhalten bleiben soll.

Bsp. 19: Proportionen der Buchstabenteilhöhen und optischer Zeilenabstand; links *Garamond*, rechts *Times New Roman*, beide 12 p, Zeilenabstand jeweils 12 p.

An diesem kurzen Textstück lässt sich demonstrieren, wie die verschiedenen Buchstabenteilhöhen sich optisch auf den Zeilenabstand auswirken. Während bei der Garamond das Verhältnis von Ober- und Unterlänge zur Mittellänge auch

An diesem kurzen Textstück lässt sich demonstrieren, wie die verschiedenen Buchstabenteilhöhen sich optisch auf den Zeilenabstand auswirken. Während bei der Garamond das Verhältnis von Ober- und Unterlänge zur Mittellänge

Ein Fachterminus, der im digitalen Schriftsatz als Oberbegriff für die verschiedenen Buchstabenhöhen dienen könnte, ist *Schrifthöhe.* Darunter verstand man im Bleisatz die Höhe der Letter vom Fuß bis zum Bild (Abb. 28). Diese Höhe war lange Zeit von Land zu Land und Schriftgießerei zu Schriftgießerei unterschiedlich. Im Jahr 1898 wurde die Pariser Schrifthöhe, die 62²/₃ Didot-Punkte betrug, als *Normalhöhe* festgelegt, dennoch bestanden bis zuletzt noch 80 bis 100 verschiedene Schrifthöhen. Im digitalen Computersatz existiert diese Dimension natürlich nicht mehr. Damit könnte der Terminus nun als Oberbegriff für die in

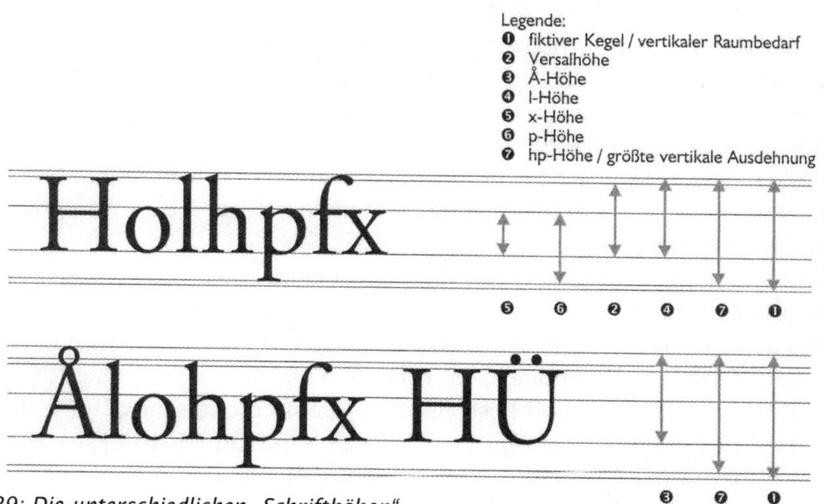

Abb. 29: Die unterschiedlichen „Schrifthöhen"

Abb. 29 zusammengestellten unterschiedlichen Buchstabenhöhen und -längen dienen.

Der Begriff *Versalhöhe* ist etwas problematisch, da er in der Regel auf den lateinischen Grundbuchstaben ohne diakritische Zusätze bezogen wird. So kommt es, dass z. B. in der deutschen Typografie hauptsächlich unterschieden wird zwischen *x-Höhe* und *Versalhöhe,* während die skandinavische Typografie eine weitere Versalhöhe, die *Å-Höhe* kennt. Streng genommen müsste diese Unterscheidung überall gelten, wo lateinische Versalien mit diakritischen Zusätzen existieren, also auch bei deutschem Ä, Ö Ü und den Akzentbuchstaben, dem spanischen Ñ u. a. Diese unterschiedlichen Versalhöhen können ein visuelles Übersetzungsproblem darstellen (Kap. 3.1.1, Bsp. 9).

3.1.9 Schrift und Leseanlass: Funktionsgrößen

Immer wieder lässt sich heute beobachten, dass große Textmengen in viel zu kleiner Schriftgröße dargeboten werden. Was dabei unbeachtet bleibt, ist die Tatsache, dass die Schriftgröße neben dem zur Verfügung stehenden Format dem Leseanlass und der Lesedauer entsprechen muss. Deshalb gliedern Typografen die Schriftgrade in drei Gruppen (Luidl 1988: 72f):

1. *Konsultationsgrößen* sind die Schriftgrade von 6–8 Punkt, die man für Textelemente benutzt, die nur kurz konsultiert werden und mit denen sich das Auge nicht lange beschäftigen muss – Texte also wie Fußnoten, Anmerkungen, Randbemerkungen, Bildunterschriften, Lexikoneinträge u. ä.

2. Als *Lesegrößen* werden Schriftgrade zwischen 9 und 12 (bzw. 14) Punkt bezeichnet. Sie sind gedacht für größere Textmengen wie Zeitungs- und Zeitschriftenartikel, Bücher, Prospekte etc. – Texte also, für die viel Zeit zum Lesen notwendig ist und mit denen sich das Auge lange beschäftigt und daher mehr beansprucht wird. Für Texte dieser Art haben sich aus typografischer Perspektive mehrere Bezeichnungen herausgebildet. So spricht man heute sowohl vom „Mengensatz" (z. B. Willberg 2001: 102) als auch von „Mengentext" oder „Fließtext" im Gegensatz zum „Akzidenzsatz"; zuweilen auch von „Grundtext" (Gulbins & Kahrmann 1993: 326; vgl. en *body text*). Prinzipiell ist zu unterscheiden zwischen „Text", dem Gewebe sprachlicher Zeichen, und „Satz", der Visualisierung des Textes mittels typografischer Schrift.

3. Durch eine *Schaugröße* (ab 14 p) soll das Auge auf den betreffenden Textteil gelenkt werden, er soll auffallen, Aufmerksamkeit erregen etc. – das ist z. B. der Fall bei Überschriften, Slogans und Buchtiteln.

Diese Einteilung geht davon aus, dass ein Text aus mehreren Teilen aufgebaut ist, die unterschiedliche Funktion haben. Konstanter Leseabstand wird vorausgesetzt. Gelesen werden aber Texte aus den unterschiedlichsten Abständen und unter verschiedenen Bedingungen: am ruhenden Objekt oder aus einer Bewegung heraus. Zumindest Plakate und Poster weisen zudem oft verschiedene Textebenen auf, so dass auch hier die Notwendigkeit zur Unterscheidung von Konsultations-, Lese- und Schaugrößen besteht. Es ist also sinnvoll, eine Matrix aufzustellen, die einerseits die Textfunktion mit den dafür geeigneten Schriftgraden, andererseits den Leseabstand erfasst. Zusätzlich muss zwischen Nah- und Ferngrößen noch eine dritte Kategorie eingefügt werden, die berücksichtigt, dass der eine Text aus größerer Entfernung oder im Gehen gelesen wird (Schaufenstertexte, Plakate), während ein anderer beim Fahren wahrgenommen werden muss (Wegweiser, Ortsschilder, Autobahntexte). Eine solche Funktionsgröße nenne ich „Weit-" oder „Abstandsgröße". „Weitgrößen" finden sich in Texten, die aus relativer Ruhe oder langsamer Bewegung und aus einem größeren Abstand (z. B. 1–15 m) gelesen werden wie z. B. Präsentationen mit Tageslicht- oder Datenprojektoren, Texte auf Kinoleinwänden, Plakatsäulen etc. „Ferngrößen" sind in Texten zu finden, die bei höherer Geschwindigkeit schon aus der Ferne lesbar sein müssen.

Funktionsgröße → ↓	Nahgröße in p	Weit- oder Abstandsgröße in p	Ferngröße in cm
Konsultationsgröße	6-8 p	14-18 p	mind. 10 cm
Lesegröße	9-12 (14) p	18-24 p	mind. 20 cm
Schaugröße	ab 14 p	ab 24 p	mind. 100 cm

Einige Schriften sind nicht in allen Graden anwendbar. So kann die Lesegrößenskala nicht für Schriften der Klassen 4, 5 und 6 aus Abb. 19 (DIN-Klassen VIII–IX) gelten, da handschriftlicher Charakter und bestimmte andere periphere grafische Merkmale der Schrift (in DIN-Klasse VII) eine „glaubwürdige" Mindestgröße voraussetzen (Bsp. 20–21).

Bsp. 20 Handschriftliche Antiqua (Lucida Handwriting) in 8, 10, 12, 16 und 20 Punkt

Handschriftliche Antiqua sollte groß genug sein.
Handschriftliche Antiqua sollte groß genug sein.
Handschriftliche Antiqua sollte groß genug sei
Handschriftliche Antiqua sollte gro
Handschriftliche Antiqua so

Bsp. 21 *Commercial Script BT* in 10, 12, 16, 20 und 24 Punkt

Auch kalligrafische Schreibschrift darf nicht zu klein gewählt werden.
Auch kalligrafische Schreibschrift darf nicht zu klein gewählt werden.
Auch kalligrafische Schreibschrift darf nicht zu klein
Auch kalligrafische Schreibschrift darf nich
Auch kalligrafische Schreibschrift d

Dieser Umstand wird in typografischer Literatur in der Regel wohl aus dem Grund vernachlässigt, weil solche Schriften für den Bleisatz erst ab den sinnvollen Graden gegossen wurden. Im Computersatz ist es heute allerdings anders: Der Rechner macht es möglich, Handschriftliche Antiqua und Schreibschriften in Konsultationsgrößen zu setzen. So lässt sich heute nicht selten beobachten, dass bei Akzidenzdrucksachen (z. B. Briefbogen und Visitenkarten) für sämtliche Textelemente bei unterschiedlichem Schriftgrad die gleiche Schreibschrift gewählt wurde. Im professionellen Akzidenzsatz hätte man hier den Namen in Schreibschrift (je nach Schriftbildgröße 14–20 Punkt), die übrigen Angaben wie Anschrift, Telefon etc. in einer serifennormalen Antiqua oder Grotesk gehalten. Auch bei Comics ist zu beobachten, dass heute eine Neigung zum Einsatz unnatürlich kleiner pseudohandschriftlicher Fonts besteht.

Visuelle Translationsprobleme: Die Schriftgröße kann dann zum Translationsproblem werden, wenn der Ausgangstext bereits in einer kleinen Lesegröße gesetzt ist und die beim Übersetzen entstehende größere Textmenge im Zieltext als Konsultationsgröße gesetzt wird. Dadurch sinkt beim Adressaten die Bereitschaft, den Text zu lesen.

3.1.10 Schriftfamilien, Schriftsippen und Schriftclans

Im Bleisatz verstand man unter *Schriftfamilie* die Gesamtheit aller Schriftgarnituren einer bestimmten Schrift in allen existierenden Schriftgraden (Abb. 30, S. 87). Heute muss das letzte Merkmal heißen: „in allen möglichen Schriftgrößen". Eine *Schriftfamilie* besteht also stets aus mehreren Schriftschnitten: Zum (ursprünglich nicht gesondert benannten) Normalschnitt (auch: *Standard*) treten in der Regel *kursiv* (bei Groteskschriften eigentlich *oblique*, d. h. schräggestellt), *halbfett*, *fett* und *Kapitälchen* (vor allem bei serifennormalen Antiquaschriften); bei Groteskschriften kommen weitere Varianten wie *mager, breit, breitfett, schmal, breit extrabreit etc.* (dazu Kap. 3.1.7).

In wissenschaftlicher Literatur wird *Schriftfamilie* zuweilen als Terminus für die unter gleichem Namen angebotenen Schriften unterschiedlicher Fonthäuser verwendet. Dies lässt sich damit begründen, dass trotz der – meist geringfügigen – Unterschiede die auf den schrifttypischen peripheren grafischen Merkmalen beruhende Gesamtwirkung die gleiche ist (alle Beispiele in 20 p):

Bsp. 22 Verschiedene Ausgaben der Garamond

Schriftbeispiel Garamond — Adobe Garamond
Schriftbeispiel Garamond — [Standard-Garamond]
Schriftbeispiel Garamond — Original Garamond BT

SCHRIFTFAMILIE			→ SCHRIFTSIPPE
Schriftgarnitur	**Schriftgarnitur**	**Schriftgarnitur**	**Schriftgarnitur**
Garamond-Antiqua	*Garamond-Kursiv*	**Garamond-Fett**	GARAMOND-KAPITÄLCHEN
Garamond-Antiqua	*Garamond-Kursiv*	**Garamond-Fett**	GARAMOND-KAPITÄLCHEN
Garamond-Antiqua	*Garamond-Kursiv*	**Garamond-Fett**	GARAMOND-KAPITÄLCHEN
Garamond-Antiqua	*Garamond-Kursiv*	**Garamond-Fett**	GARAMOND-KAPITÄLCHE
Garamond-Antiqua	*Garamond-Kursiv*	**Garamond-Fett**	GARAMOND-KAPITÄL
Garamond-Anti	*Garamond-Kurs*	**Garamond-Fett**	GARAMOND-KAPIT
Garamond-A	*Garamond-K*	**Garamond-F**	GARAMOND-K
Garamond	*Garamond*	**Garamond**	GARAMOND
Гарамонд-Антиква	*Гарамонд-Антиква*	**Гарамонд-Антиква**	
Гарамонд-Антиква	*Гарамонд-Антиква*	**Гарамонд-Антиква**	
Гарамонд-Антиква	*Гарамонд-Антиква*	**Гарамонд-Антиква**	
Гарамонд-Антиква	*Гарамонд-Антиква*	**Гарамонд-Антикв**	
Гарамонд-Антик	*Гарамонд-Антикв*	**Гарамонд-Анти**	
Гарамонд-Ант	*Гарамонд-Анти*	**Гарамонд-Ант**	
Гарамонд-А	*Гарамонд-Ан*	**Гарамонд-А**	
Гарамонд	*Гарамонд-А*	**Гарамонд**	
GROSSFAMILIE			

Abb. 30: Schriftfamilie Garamond *bei Schriften des griechischen Schriftkreises*

Führende Schriftdesigner unserer Zeit haben „Schriftfamilien" entworfen, die aus Schriften mit serifennormalen, serifenbetonten und serifenlosen Varianten, evt. auch aus einer Mischung von Buchstaben mit und ohne Serifen bestehen wie z. B. die Schrift *rotis* von Otl Aicher aus dem Jahr 1988 mit den Schriftfamilien *sans serif, semi sans, semi serif, serif* oder die Schrift *FF Thesis* aus dem Jahr 1995 von Lucas de Groot mit den Familien *TheSans, TheMix, TheSerif* (Sauthoff & Wendt & Willberg 1997: 69). Es handelt sich um Schriftvarianten mit partiell gleichen peripheren grafischen Merkmalen (Buchstabenaufbau, Relationen von geraden Strichen und Rundungen, Buchstabenbreite), deren einzelne Glieder verschiedenen Schriftklassen zuzuordnen sind. Hinter dieser Entwicklung stehen die Bedürfnisse der Wirtschaftsunternehmen, die im Rahmen der Corporate Identity Schriften für unterschiedliche Zwecke benötigen, die sich dennoch durch gemeinsame Merkmale ins optische Erscheinungsbild (Corporate Design) des Konzerns einfügen. Auf diese Schriften läßt sich der Begriff *Schriftfamilie* nicht mehr anwenden. Daher wurde vorgeschlagen, eine solche Gruppe von Schriften *Schriftsippe* zu nennen. Desweiteren finden sich dafür die Bezeichnungen *erweiterte Schriftfamilie* oder *Großfamilie* (Frick 1997: 31) und *Schriftclan* (Schuler 2003: 434ff).

Hier tritt ein zweiter, auch translatorisch wichtiger Aspekt hinzu: Für multilinguale Druckwerke sollten (ebenfalls unter dem Aspekt eines einheitlichen Erscheinungsbildes bzw. des Corporate Designs) Schriften mit gleichen peripheren grafischen Merkmalen zur Verfügung stehen. Dies gilt zumindest für die Schriften des griechischen Schriftkulturkreises. So existieren für viele der gängigsten lateinischen Schriften kyrillische und griechische Versionen (z. B. *Garamond* in Abb. 30, *Times, Helvetica, Arial*). Ein geeigneter Oberbegriff für eine solche Schriftengruppe hat sich noch nicht etabliert, doch würde hier die von Sautthoff et. al. (1997: 28f) verwendete Bezeichnung *Großfamilie,* die sich dort allerdings in erster Linie auf die Erweiterung des Zeichensatzes durch Sonderzeichen bezieht, am besten passen.

3.1.11 Schriftmischen

Der Einsatz verschiedener Schriften einer Schriftfamilie oder Schriftsippe zur Hervorhebung von Zeichen oder Zeichengruppen heißt in Fachkreisen *Auszeichnen* (Kap. 3.1.13). Vom *Schriftmischen* spricht man, wenn verschiedene *Schriftarten* (genauer: Schriften unterschiedlicher Schriftklassen) im gleichen Text verwendet werden. Eine in typografischer Hinsicht einwandfreie Mischung besteht aus Schriften mit *gleichem Duktus,* die einen *Kontrast in der Anmutung,* der assoziativen Wirkung aufweisen (vgl. Luidl 1988: 77). Dies zeigt Abb. 31.

Mit *Duktus* wurde ursprünglich die Art bezeichnet, wie ein Schreiber die Feder führte. Je nach Haltung und Druck sowie Beschaffenheit der Feder entstand ein bestimmter Wechsel in der Strichstärke. Daher bezeichnen wir heute als *Duktus* die charakteristische Strichführung eines Buchstaben, d. h. den Wechsel von fetten, halbfetten und feinen Strichen bzw. die gleichmäßig feine, halbfette oder fette Strichführung.

Unter *Anmutung* versteht man den Eindruck, den das Schriftbild aufgrund seiner peripheren grafischen Merkmale auf den Leser bzw. Betrachter macht (Kap. 3.1.6), d. h. ob man sie als steif oder als schwungvoll, als technisch oder als romantisch etc. empfindet. Man kann auch von der assoziativen Wirkung oder konnotativen Bedeutung einer Schrift sprechen.

Die Forderung nach gleichem Duktus der miteinander auftretenden Schriften wird von heutigen Typografen allerdings nicht mehr streng gehandhabt, so dass ohne weiteres z. B. Mischungen aus serifennormalen Antiquaschriften (für Mengensatz) und Groteskschriften (für Überschriften etc.) akzeptabel erscheinen (vgl.

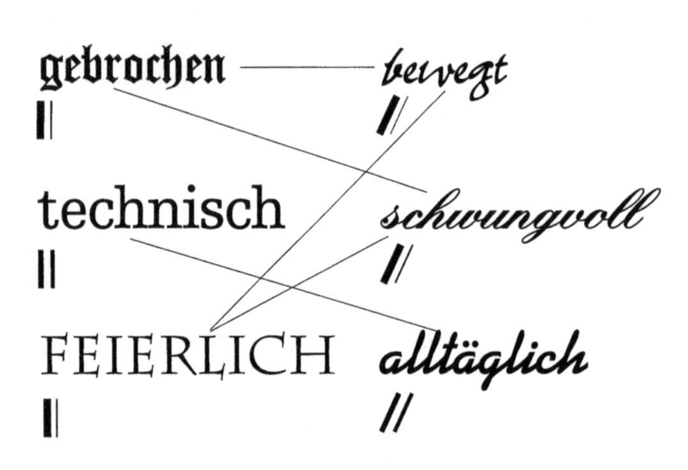

Abb. 31: Prinzipien beim Schriftmischen (Luidl 1988: 76 nachgebildet)

Frick 1997: 54f sowie Willberg 2001: 95). Als Orientierungshilfe dient die Schriftgröße der betreffenden Texte: „Je größer der Unterschied der Schriftgrade ist, desto unwichtiger werden die Stilfragen; bei ähnlichen Schriftgraden sind sie besonders heikel" (Willberg & Forssman 1997: 128).

Die Mischung von Schriften aus der gleichen Klasse setzt klare Unterschiede voraus. Der Hauptgrund, warum Schriften der gleichen oder ähnlicher Klassen (wie z. B. *Times* und *Garamond*) nicht gemischt werden sollten, ist der zu geringe Formenkontrast: „Meist ist es so, daß geringfügige Unterschiede zweier Schriften peinlich wirken, das Auge will entweder eine völlige Übereinstimmung oder klar erkennbare Gegensätze" (Kapr & Schiller 1977: 114). Unproblematisch ist das Mischen verschiedener Mitglieder von Schriftsippen, da hier bei gleichem Duktus ein ausreichender Kontrast besteht.

> Die gleichzeitige Verwendung von Schriften aus unterscheidlichen Schriftklassen nennt man *Schriftmischen*. Dabei sollte darauf geachtet werden, dass sie bei gleicher Schriftgröße möglichst die gleiche Strichführung (Duktus) aufweisen, aber einen klaren Kontrast in der assoziativen Wirkung haben. Besteht ein klarer Größenkontrast, spielt der Duktus eine untergeordnete Rolle.

3.1.12 Anwendungsbereiche von typografischen Schriften

In den Zeiten vor DTP waren typografische Schriften in erster Linie nur den Fachleuten des grafischen Gewerbes zugänglich, die den Schriftenbestand nach ihrem Einsatz im Textganzen grob in *Brotschriften* (heute: Schriften in Lesegrößen für den Mengensatz), *Auszeichnungsschriften* (kursive, fette u. a. Schriftschnitte für Hervorhebungen) und *Titelschriften* (heute: Displayschriften in Schaugrößen) einteilten (Davidshofer & Zerbe 1961: 50). Eine textsortenbezogene Einteilung spiegelt sich in den Begriffen *Werkschriften*, die für den Satz von Büchern verwendet wurden (überschneidet sich z. T. mit *Brotschriften*), *Zeitungsschriften*, die den technischen Anforderungen des Zeitungsdrucks standhalten mussten, und *Akzidenzschriften* wider. Daneben gab es noch die *Plakatschriften* (heute: Poster- oder Displayschriften), bei denen die Lettern wegen ihrer Größe aus Holz oder Messing angefertigt werden mussten.

Professioneller Einsatz von Schriften geschieht unter Berücksichtigung mehrerer Faktoren: 1. der technischen Verarbeitung, 2. dem Inhalt bzw. der Thematik, 3. der Zielgruppe und 4. der Art der Drucksache.

Technische Verarbeitung heißt Druckverfahren (Hoch-, Tief-, Offsetdruck u. a.) und Druckstoff (Papier, Plastik, Metall etc. – zu ergänzen ist hier noch der Computerbildschirm), denn nicht alle Schriften eignen sich für jeden Druckstoff: Schriften mit feinen Serifen sind z. B. für rauhes Papier und eine mittelmäßige Bildschirmauflösung völlig ungeeignet.

Bei *Inhalt* handelt es sich um die ikonische Information der Schrift, die dem Textinhalt und evt. erwünschten historischen Bezügen (vgl. Kapr & Schiller

1977: 128ff) entsprechen sollte. Hier finden sich die bereits erwähnten Tendenzen: Pseudo-Handschriften nehmen zunehmend die Rolle ein, die früher die typografischen Schreibmaschinenschriften innehatten, d. h. es soll trotz hoher Auflage der Eindruck eines individuellen Kommunikationsaktes erweckt werden. Typisch für laientypografische Anwendung ist, dass die Schriftwahl meist aufgrund persönlicher Vorlieben vorgenommen wird. In vielen Fällen hat das Schriftbild seine Signalfunktion (Hinweis auf Textklasse, kommunikative Funktion etc.) verloren und verstößt nicht selten gegen die ursprünglich mit der Schrift verbundene assoziative Wirkung (z. B. wenn man die *Times New Roman* für persönliche Mitteilungen, wissenschaftliche Publikationen und als Zeitungsschrift einsetzt).

Die *Zielgruppe* läßt sich kaum von der *Art der Drucksache* trennen, die sich in etwa mit *Textsorte* gleichsetzen lässt: Kinder, junge Leute, Erwachsene und ältere Leser haben jeweils andere Vorlieben; ein historischer Roman für Jugendliche erfordert eine andere Textschrift als der Geschäftsbericht eines multinationalen Unternehmens, in einer Zeitschrift für Heranwachsende kommen andere Schriften zum Einsatz als in einem Wochenblatt mit konservativer Ausrichtung. Mit zu berücksichtigen ist noch das *Kommunikationsfeld* (z. B. Akademische Kommunikation, Bürokommunikation als Teil von Wirtschaftskommunikation, Medienkommunikation, Technische Kommunikation, Bildschirmtexte) und die *Textteilfunktion,* die in etwa durch die Funktionsgrößen (Kap. 3.1.9) repräsentiert wird.

Die Tabelle in Abb. 32, die die Eignung von Schriften nach Klassen und Funktionsgröße darstellt, soll eine Orientierung ermöglichen. Die Bewertung erfolgt in drei Kategorien: + gut geeignet, (+) bedingt geeignet, – ungeeignet. Die Funktionsgrößen sind hier als Nahgrößen auf normalen Leseabstand bezogen. Darauf folgen allgemeine Gebrauchshinweise für die verschiedenen typografischen Satzbereiche, die sich teilweise auf bestimmte Textsorten beziehen, teilweise auf unterschiedliche Textfunktionen innerhalb eines Textes (diese überschneiden sich mit den Funktionsgrößen). Ich unterscheide hier nach Satzbereichen: 1. *Mengensatz;* 2. *Titelsatz;* 3. *Akzidenzsatz*$_1$; 4. *Akzidenzsatz*$_2$; 5. *Displaysatz.*

Mengensatz findet sich in Büchern (sog. Werksatz) sowie im Zeitungs- und Zeitschriftensatz, aber auch in umfangreicheren Broschüren und Flyer. Er besteht immer aus einer größeren Menge von Text in Lesegröße, die kontinuierlich gelesen wird, in Ausnahmefällen (z. B. in Lexika und Wörterbüchern sowie beim sog. Kleingedruckten) auch in einer größeren Konsultationsgröße. Dabei spielen die Erwartungen der Leser und ihre Gewohnheiten eine entscheidende Rolle, denn deren Verhalten gegenüber einer Mengensatzschrift ist eher konservativ: Den Leser interessieren nicht die Buchstabenformen an sich, sondern der Sinn der durch sie dargestellten Wörter, die er möglichst mühelos erkennen (d. h. lesen) möchte. Druckschriften, die gewisse handschriftliche Merkmale bewahrt haben, sind die am besten geeigneten Mengensatzschriften. Das sind Schriften nach dem humanistischen Formprinzip, allen voran die Renaissanceantiqua, dann die Barockantiqua und an dritter Stelle schließlich die humanistischen Groteskschriften.

Titelsatz umfaßt einerseits Textelemente, die in Verbindung mit dem Fließtext als Überschriften verschiedenen Grades dienen. Andererseits versteht man darunter die Gestaltung von Textelementen, die eigene Flächen füllen wie Schmutztitel, Haupttitel und Impressum, dazu Widmung, Umschlagtitel, Rückentitel etc. Für Titelsatz können im Prinzip alle Schriften in Frage kommen, Begrenzungen gibt es lediglich durch kulturspezifische Anmutungswerte und texsortenspezifische Verwendungskonventionen.

Akzidenzsatz$_1$ sind (meist private) Drucksachen mit wenig Text wie Visitenkarten, Briefköpfe, Einladungen, Programme u. Ä. Hier muss die für den Grundtext verwendete Schrift zu den meist in kleineren Schaugrößen stehenden Textelementen wie Namen etc. passen (ein Fall für das Schriftmischen, vgl. Kap. 3.1.11). *Akzidenzsatz*$_2$ sind umfangreichere Drucksachen mit viel Text (Kataloge, Prospekte, Geschäftsberichte etc.), für die ähnliche Gestaltungsregeln gelten wie für Werksatz.

Abb. 32: Anwendungshinweise für die einzelnen Schriftklassen

SCHRIFT-KLASSE	1.1 Serifennormal, humanistisch	1.2 Serifennormal, Übergangsstil	1.3 Serifennormal, klassizistisch	2.1 Serifenbetont, humanistisch	2.2 Serifenbetont, klassizistisch	2.3 Serifenbetont, geometrisch	2.4 Serifenbetont, Schreibmaschine	3.1 Serifenlos, humanistisch	3.2 Serifenlos, klassizistisch	3.3 Serifenlos, geometrisch	4. Antiqua-Varianten	5.1 Humanistische Schreibschriften	5.2 Genormte Schreibschriften	5.3 Handschr.-individ. Schreibschr.	6. Gebrochene Schriften
1. Als Funktionsgrößen															
Konsultationsgröß.	+	+	(+)	+	–	–	(+)[1]	+	(+)	–	–	–	–	–	–[4]
Lesegrößen	+	+	(+)	+	–	–	+[1]	+	(+)	–[2]	–	(+)	(+)[3]	(+)	–[4]
Schaugrößen	+	+	+	+	+	+	+	+	+	+	+	+	+	+	+
2. Für Satzbereiche															
Mengensatz	+	+	(+)	+	–	–	+[1]	+	(+)	–[2]	–	(+)[3]	(+)[3]	(+)[3]	–[4]
Titelsatz	+	+	+	+	+	+	+	+	+	+	+	+	+	+	+
Akzidenzsatz$_1$	+	+	+	+	+	+	+	+	+	+	+[5]	(+)	+[5]	+[5]	+[5]
Akzidenzsatz$_2$	+	+	+	+	–	–	+[1]	+	+	–[2]	–	(+)	–	–	–
Displaysatz	+	+	+	+	+	+	+	+	+	+	+	+	+	+	+

Legende und Anmerkungen:

+ gut geeignet
(+) bedingt bzw. nur in spezifischen Fällen geeignet
– ungeeignet

1 Nur für bestimmte Kommunikationsbereiche (z. B. Bürokommunikation) und -aufgaben geeignet.
2 Eine Ausnahme macht z. B. die *Futura* von Paul Renner, die mit ihren heutigen Buchstabenformen einen Kompromiss zwischen humanistischem Form- und geometrischem Gestaltungsprinzip darstellt. Bei passender Thematik kann sie auch für Werk- oder Zeitschriftensatz verwendet werden.
3 Bestimmte Schulschriften werden in entsprechender Größe auch für Kinderliteratur verwendet.
4 Prinzipiell können *Fraktur*schriften auch als Konsultations- und Lesegrößen verwendet werden, doch ist dies – von Ausnahmen abgesehen – nicht mehr gebräuchlich.
5 Schriften dieser Klassen sollten nur für Textelemente in Schaugrößen verwendet werden.

Unter *Displaysatz* ist die Gestaltung von Textelementen zu verstehen, die auf weite Entfernungen wahrgenommen und gelesen werden sollen, wie Firmennamen, Ladenschilder, Verkehrs- und Informationstafeln etc. Diese bestehen in der Regel aus einem bis wenigen Wörtern. Auch hier sind prinzipiell je nach Zweck Schriften aller Klassen einsetzbar.

Im Gegensatz zur angloamerikanischen Druckkultur (die in einigen Kommunikationsfeldern stark durch die spezifischen Bedingungen der Arbeitstechnik DTP mit ihrer dominanten Schrift *Times* geprägt ist), gibt man bei bestimmten Textsorten in Mitteleuropa – besonders in der Schweiz – der Grotesk den Vorzug (Schmitt 1999: 179f). Dies ist ohne Zweifel auf Tschicholds *Elementare Typographie* und dem darauf folgenden Einfluss der Schweizer Typografie zurückzuführen.

Viele Empfehlungen im deutschsprachigen Raum weisen der Grotesk vor allem eine Funktion als Brotschrift für den Mengensatz von technischer Literatur zu (z. B. Rösner & Kroh 1996: 74) und befinden sich damit im Gegensatz zu den Konventionen des angloamerikanischen Kulturraums, wo die Meinung, Schriften mit Serifen seien besser lesbar als solche ohne Serifen, schon fast dogmatischen Charakter angenommen hat. Der Grund hierfür kann in amerikanischen Lesbarkeitsuntersuchungen liegen, die nicht berücksichtigen, dass für das amerikanische Lesepublikum die Antiqua bekannter ist.

> Von den Serifenschriften eignen sich klassizistische Antiquaschriften aufgrund des extremen Kontrastes in der Strichstärke nicht so gut für Mengensatz wie Renaissance- und Barockantiqua, denn die Schriften aus der Klasse der Renaissanceantiqua und die davon abgeleiteten Serifenlosen (*Jüngere Grotesk*) führen das Auge in die Horizontale, während klassizistische Schriften und deren Nachfahren (besonders die *Ältere Grotesk*) das Auge in die Senkrechte führen (vgl. Willberg & Forssman 1997: 74).

3.1.13 Hervorheben durch „Auszeichnen“

Schriften und Schriftschnitte, die vor allem dem Auszeichnen dienen, werden *Auszeichnungsschriften* genannt. *Auszeichnen* nennt der Typograf das Hervorheben von einzelnen Zeichen, Silben, Wörtern oder Satzteilen aus dem normal gesetzten Text. Man unterscheidet vor allem:

1. *optisches* oder *aktives Auszeichnen,* durch das die hervorgehobenen Elemente durch den stärkeren Grauwert sofort aus dem Text hervortreten und rasch erfasst werden (z. B. durch fetteren Schriftschnitt); besonders in Katalogen, Preislisten, Wörterbüchern, Lexika und wissenschaftlichen Werken eingesetzt und bei starkem Unterschied in der Strichstärke („Fettenunterschied") als *kontrastreiches Auszeichnen* bezeichnet (Davidshofer & Zerbe 1961: 146; Willberg & Forssman 1997: 122ff).

2. *harmonisches* oder *integriertes Auszeichnen,* durch das die Grauwirkung (der Grauwert) des Satzspiegels beibehalten (z. B. durch Kursiv und Kapitälchen) und die Hervorhebung beim Lesen erst an der betreffenden Stelle im Text bemerkt wird; besonders in belletristischen Werken genutzt.

Daneben nennen Davidshofer & Zerbe noch eine dritte Art des Auszeichnens, das *originelle Auszeichnen,* das die Grauwirkung ebenfalls beibehält, aber mit größerem Schriftgrad oder interessanter Schriftmischung arbeitet.

Unterstreichung und Sperrung sind Mittel, die sich von den begrenzten Darstellungsmöglichkeiten der Handschrift und der Schreibmaschine herleiten (Abb. 33, ①) – und deshalb beim DTP offensichtlich nicht auszurotten sind. Unterstreichungen wirken aufdringlich, „laut" (Boulevard-Presse!) und sollten nur in diesem Sinne eingesetzt werden. Sperren ist eigentlich nur bei gebrochenen Schriften die einzige typografisch sinnvolle Möglichkeit, da dort meist kein fetterer Schriftschnitt existiert(e). Zu den in Abb. 16 (S. 54) unter Mikrotypografie II aufgeführten Auszeichnungsmitteln ist zu ergänzen, dass die Unterstreichung zu Zeiten des Bleisatzes noch als unprofessionell und unästhetisch galt (Davidshofer & Zerbe 1961: 147). Ein wichtigerer Aspekt als der ästhetische ist allerdings, dass durch eine Unterstreichungen das Wortbild bzw. die Wortsilhouette zerstört und damit die Lesbarkeit des Textes erschwert wird.

Als ideales Hervorhebungsmittel für den Mengensatz gelten im Bereich des harmonischen Auszeichnens kursiver Schriftschnitt (Abb. 33, ②) und Kapitälchen,

① Auf der Schreibmaschine und in den diese nachahmenden Textverarbeitungsprogrammen gab es im Prinzip nur drei Möglichkeiten, wichtige Elemente im fortlaufenden Text hervorzuheben: die (typografisch verpönte) Unterstreichung, die S p e r r u n g mit Wortzwischenräumen und die Hervorhebung durch VERSALIEN. Alle drei gelten als nicht "professionelle" Lösungen und sollten in einer qualitativ anspruchsvollen Drucksache vermieden werden, da sie sich ungünstig auf den Leserhythmus auswirken.

② Als die ideale Auszeichnungsmöglichkeit gilt bei Typografen *die kursive Variante der Grundschrift.* Zwar werden längere Texte in Kursiv nicht gerne gelesen (vgl. Rehe 1981: 34), doch stört ein Wort (oder auch mehrere) in diesem Schriftschnitt weniger das Satzbild als es z. B. VERSALIEN oder **ein fetterer Schriftschnitt** tun.

③ Von gleichem Wert wie die Kursiv sind die sogenannten KAPITÄLCHEN, die aussehen wie Versalien, aber die Größe von Kleinbuchstaben ohne Ober- bzw. Unterlänge haben. Ein Nachteil der meisten DTP-Programme ist freilich, dass sie anstatt echter Kapitälchen Versalien in einem kleineren Schriftgrad verwenden; diese sind dann „im Gewicht zu leicht".

Abb. 33: Hervorheben durch „Auszeichnen"

da sie den gleichen Grauwert wie die Grundschrift aufweisen. Allerdings stehen in den meisten DTP-Programmen nur Pseudokapitälchen zur Verfügung (Abb. 33, ③), die aus Versalien kleinerer Schriftgrade bestehen (s. o.). Sie sind etwas größer als echte Kapitälchen und in der Strichstärke („im Gewicht") schwächer. Echte Kapitälchen bieten nur OpenType-Fonts (Kap. 4) oder die sog. Expert-Fonts.

Bei bestimmten Textsorten wie z. B. wissenschaftlichen Publikationen, deren Verfasser sich oft sehr komplexer Darstellungssysteme bedienen, bei Lehrbüchern, Nachschlagewerken, Katalogen etc. tritt die optische Auszeichnung (fetterer Schriftschnitt) sowie die originelle Auszeichnung (größerer Schriftgrad und anderer Schriftcharakter) hinzu. Erstere ermöglicht das schnelle Auffinden der Kernbegriffe im Text; letztere schafft weitere Alternativen für komplexe Darstellungssysteme oder kontrastreiche Aussagen.

> Die Wahl des Hervorhebungsmittels richtet sich nach der Lesetypografie. Soll das hervorzuhebende Textelement erst dann bemerkt werden, wenn das Auge beim Lesen an der betreffenden Stelle angelangt ist, wird *harmonisch* (integriert) ausgezeichnet; soll der Leser sich anhand der Hervorhebung im Text orientieren können, wird *optisch* (aktiv) ausgezeichnet.

3.1.14 Wortabstand

Die Wörter eines schriftlichen Textes – sie werden endgültig erst seit dem frühen Mittelalter durch Zwischenräume voneinander abgegrenzt – fügen sich zu Zeilen. Selbstverständlich hat der Wortzwischenraum als Zeichen zu gelten, denn seine Funktion ist es, lexikalische Einheiten zu kennzeichnen und voneinander abzugrenzen. Die Satzart (Kap. 3.2.3) bestimmt, ob der Wortabstand wie beim Blocksatz variiert werden muss oder wie im Flattersatz konstant gehalten werden kann.

Seit den beiden Typografen Renner und Tschichold galt im Bleisatz als normaler Wortabstand das *Drittelgeviert*, also der Abstand in der Breite eines Drittels des Schriftkegels. Im DTP sollte der Abstand genauer der verwendeten Schrift angepasst werden, denn schmallaufende Schriften benötigen weniger, breitlaufende dagegen mehr Abstand. Außerdem benötigen Lesegrößen andere Werte als Konsultations- und Schaugrößen. Prinzipiell gilt: Je kleiner die Schriftgröße, desto mehr Wortabstand (proportional zur Laufweite) ist notwendig. Bei größeren Schriftgraden kann der Wortabstand dagegen etwas verringert werden Abb. 34).

Blocksatz setzt voraus, dass die Werte für den Wortabstand in gewissen Grenzen wechseln. Luidl (1989) fordert, dass sie „... um nicht mehr als die Hälfte unterschritten und um nicht mehr als das Doppelte überschritten werden." Deshalb müssen beim DTP für den Wortabstand bei Blocksatz drei Werte eingegeben werden: neben dem Normalabstand der zugelassene minimale und maximale Wortabstand.

Bei Blocksatz den Wortabstand (relativ) konstant zu halten, indem man die Laufweite automatisch von Zeile zu Zeile verändert und so den überschüssigen Leerraum verteilt bzw. Platz für einige Buchstaben gewinnt (*erzwungener* oder *amerikanischer Blocksatz*) wird von europäischen Typografen – zumindest für Qualitätssatz – abgelehnt oder gar ausdrücklich verboten. Durch diese vor allem in amerikanischen Drucksachen genutzte Technik entsteht ein unregelmäßiger Grauwert des Satzspiegels und ein fleckiges, unruhiges und unästhetisches Satzbild. Ein Grund für den Einsatz ist wohl, bei schmaler Satzbreite im Spaltensatz die „Gassenbildung" (engl. *"rivers of white"*) zu verhindern – was letzten Endes beweist, wie wichtig es ist, die optimale Satzbreite bzw. Zeilenlänge (Kap. 3.3.2) sprachspezifisch festzulegen.

① Bei diesem Text in der Konsultationsgröße 6 Punkt wurde der Wortabstand fast auf ein Halbgeviert (40 %) erhöht.

② Bei diesem Text in der Lesegröße 12 Punkt beträgt der Wortabstand knapp ein Drittelgeviert (30 %).

③ Bei diesem Text in der Schaugröße 18 Punkt wurde der Wortabstand auf ein Viertelgeviert (25 %) reduziert.

④ **Bei diesem Schriftbeispiel, Gill Sans MT condensed, 12 Punkt, beträgt der Wortabstand 20 Geviertprozent.**

⑤ Bei diesem Schriftbeispiel, Avantgarde Bk BT, 12 Punkt, beträgt der Wortabstand 40 Geviertprozent.

⑥ Bei diesem Beispiel ist der Wortabstand im Verhältnis zum Zeilenabstand viel zu groß, der horizontale Textfluss kommt ins Stocken und der Leseprozess wird erschwert. Der Text zerfällt in einzelne Wörter und es kommt zur „Gassenbildung" (en "rivers of white") oder „Löchern".

Abb. 34: Beispiele zum Wortabstand

Wie bei der Laufweite sollte bei Konsultationsgrößen der Wortabstand im Gegensatz zu den Lesegrößen etwas vergrößert werden (Abb. 34, ①②), während er bei Schaugrößen ③ enger gehalten werden kann. Auch der Schriftcharakter ist zu berücksichtigen: Schmallaufende Schriften benötigen weniger Wortabstand ④, breitlaufende mehr ⑤. Und schließlich ist daran zu denken, dass der Wortabstand nicht größer als der Zeilenabstand sein darf ⑥.

> Der *Wortabstand* sollte je nach Schriftart (schmal, breit etc.) ein Viertelgeviert bis Halbgeviert der optischen Schriftgröße betragen. Bei Versalsatz ist – parallel zur größeren Laufweite – ein größerer Wortabstand nötig. Nach Abkürzungspunkten ist der Wortabstand etwas zu verringern.

3.2 Makrotypografie

Die *Makrotypografie* umfasst alle Mittel, die nötig sind, den Text und seine Struktur zu visualisieren und die aufeinander bezogene Anordnung mehrerer Teiltexte (Grundtext, Zwischenüberschriften, Überschriften, Anmerkungen, Bildlegenden nebst Bildern etc.) in einer oder mehreren Kolumnen auf einer begrenzten Fläche zu realisieren (Seite bzw. Doppelseite, Reklamefläche, Bildschirm etc.). Vom *Layout* in seiner laientypografischen Bedeutung lässt sich Makrotypografie abgrenzen, wenn man Letztere auf rein sprachliche Textelemente begrenzt.

3.2.1 Durchschuss und Zeilenabstand

Die meisten Texte sind so umfangreich, dass sie aufgeteilt werden müssen, um auf der vorgesehenen Fläche Platz zu finden. Die erste makrotypografische Unterteilungseinheit ist die *Zeile*. Zeilen müssen so voneinander abgegrenzt sein, dass die Zeilenabstände größer wirken als die Wortabstände (Luidl 1989: 79).

In deutschsprachigen Versionen von DTP-Software und in entsprechenden Büchern findet man laientypografische Bezeichnungen wie „Zeilendurchschuss", „Zeilenzwischenraum" oder gar „Zeilenhöhe". Professionelle Typografen unterscheiden zwischen dem *optischen Zeilenabstand*, dem *rechnerischen Zeilenabstand* und dem *Durchschuss* (Abb. 35a).

Der *optische Zeilenabstand* (Frick 1997: 19) wird von der Schriftlinie der vorhergehenden Zeile zur Oberkante der Mittellängen in der folgenden Zeile gemessen (Abb. 35a, ①). Die *Schriftlinie* ist die Grundlinie des lateinischen Schriftsystems, auf ihr „steht" der größte Teil unserer Buchstaben (alle Großbuchstaben sowie alle Kleinbuchstaben ohne Unterlänge). Der *rechnerische Zeilenabstand* (Abb. 35a, ②) wird von der Schriftlinie der einen Zeile zur Schriftlinie der folgenden Zeile gerechnet und ergibt sich als Summe aus der in Punkt angegebenen Schriftgröße und dem zusätzlich hinzugefügten Leerraum zwischen den Zeilen. Letzterer heißt bei Typografen *Durchschuss* (Abb. 35a, ③). Er wurde im Bleisatz in Form von dünnen Bleistücken („Regletten"), die ebenso lang waren wie die Zeile, hinzugefügt. Bei einer Schriftgröße von z. B. 10 Punkt werden 2 oder 3 Punkt als Durchschuss hinzugegeben, andernfalls ist der Text *kompress* (Abb. 35a ④; *Times*

① Im Bleisatz hieß es
② Durchschuss und nicht
Zeilenabstand. Beim
③ Desktop-Publishing
wird beides verwendet.

④ Was alles zur Lesbarkeit eines Textes beiträgt, sollen Ihnen diese Beispiele hier verdeutlichen. Von Wichtigkeit ist die Zeilenlänge – und damit die Anzahl der Schriftzeichen pro Zeile – wie auch der Zeilenabstand. Weitere Faktoren sind Schriftgröße und Wortabstand. Außerdem spielen dabei die Schriftart, der Schriftschnitt und die Laufweite der Schrift eine wesentliche Rolle.

⑤ Was alles zur Lesbarkeit eines Textes beiträgt, sollen Ihnen diese Beispiele hier verdeutlichen. Von Wichtigkeit ist die Zeilenlänge – und damit die Anzahl der Schriftzeichen pro Zeile – wie auch der Zeilenabstand. Weitere Faktoren sind Schriftgröße und Wortabstand. Außerdem spielen dabei die Schriftart, der Schriftschnitt und die Laufweite der Schrift eine wesentliche Rolle.

⑥ Was alles zur Lesbarkeit eines Textes beiträgt, sollen Ihnen diese Beispiele hier verdeutlichen. Von Wichtigkeit ist die Zeilenlänge – und damit die Anzahl der Schriftzeichen pro Zeile – wie auch der Zeilenabstand. Weitere Faktoren sind Schriftgröße und Wortabstand. Außerdem spielen dabei die Schriftart, der Schriftschnitt und die Laufweite der Schrift eine wesentliche Rolle.

Abb. 35a: Optischer Zeilenabstand, rechnerischer Zeilenabstand und Durchschuss (1)

⑦ Was alles zur Lesbarkeit eines Textes beiträgt, sollen Ihnen diese Beispiele hier verdeutlichen. Von Wichtigkeit ist die Zeilenlänge – und damit die Anzahl der Schriftzeichen pro Zeile – wie auch der Zeilenabstand. Weitere Faktoren sind Schriftgröße und Wortabstand. Außerdem spielen dabei die Schriftart, der Schriftschnitt und die Laufweite der Schrift eine wesentliche Rolle.

⑧ **Was alles zur Lesbarkeit eines Textes beiträgt, sollen Ihnen diese Beispiele hier verdeutlichen. Von Wichtigkeit ist die Zeilenlänge – und damit die Anzahl der Schriftzeichen pro Zeile – wie auch der Zeilenabstand. Weitere Faktoren sind Schriftgröße und Wortabstand. Außerdem spielen dabei die Schriftart, der Schriftschnitt und die Laufweite der Schrift eine wesentliche Rolle.**

⑨ Was alles zur Lesbarkeit eines Textes beiträgt, sollen Ihnen diese Beispiele hier verdeutlichen. Von Wichtigkeit ist die Zeilenlänge – und damit die Anzahl der Schriftzeichen pro Zeile – wie auch der Zeilenabstand. Weitere Faktoren sind Schriftgröße und Wortabstand. Außerdem spielen dabei die Schriftart, der Schriftschnitt und die Laufweite der Schrift eine wesentliche Rolle.

⑩ **Computer und**
Desktop-Publishing
verändern
das Textbild

Computer und
Desktop-Publishing
verändern
das Textbild

Abb. 35b: Optischer Zeilenabstand, rechnerischer Zeilenabstand und Durchschuss (2)

New Roman 11/11 p) gesetzt, was bei großen Textmengen die Lesbarkeit beeinträchtigt.

Der Durchschuss richtet sich nach der Funktion des Textes: bei rein informativen Texten steht die Lesbarkeit im Vordergrund und sollte daher bei Zeilen in Lesegrößen 1–4 Punkt betragen (Rehe 1981), also etwa ein Viertel der Schriftgröße (Abb. 35a, ⑤, *Times New Roman* 11/13p). Das ist selbstverständlich nur ein Mittelwert, da die Größe des Schriftbildes – man vergleiche die Beispiele ⑤ und ⑥ (Garamond 11/12 p) – und die Schriftstärke mit berücksichtigt werden müssen. Zudem benötigen Schriften mit „senkrechter Führung", d. h. Schriften mit betont vertikalen Strichen (z. B. in ⑦ die *Bodoni MT* 11/13 p), mehr Raum als Schriften mit waagrechter Führung (z. B. die *Garamond* in Bsp. ⑥).

Beispiel ⑧ in Abb. 35b zeigt den gleichen Text wie Beispiel ⑦ in fetterem Schriftschnitt und etwas kleinerem Zeilenabstand (*Bodoni MT bold,* 11/12 p). Beispiel ⑨ zeigt ein unter dem Aspekt der Lesbarkeit unnötig weit gehaltenen Zeilenabstand (*Garamond* 11/16 p), der aber bei mehr expressiven Texten (z. B. bei Büchern mit bewusst expressiver typografischer Gestaltung, bei denen großer Wert auf die äußere Form gelegt wird oder auch bei Werbeanzeigen) zur Anwendung kommt.

Bei Zeilen in Schaugrößen (z. B. mehrzeiligen Überschriften oder Buchtiteln) gelten wieder andere Regeln. Hier muss zuweilen von der Regel abgewichen werden, dass sich Ober- und Unterlängen zweier Zeilen nie berühren dürfen. Wenn man wie in Beispiel ⑩ links die *Bodoni Poster Compressed* nach der Faustregel durchschießt (22/26 p), wird der inhaltliche Zusammenhang des Textes zerstört und die Überschrift zerfällt in einzelne Bestandteile. Hier bedeutet DTP eine wesentliche Verbesserung der Gestaltungsmöglichkeiten gegenüber dem Bleisatz, da problemlos auch ein negativer Wert als Durchschuss gewählt werden kann, indem der Zeilenabstand kleiner ist als der Schriftgrad (Beispiel ⑩ rechts: 22/20 p).

Ein anderer Punkt, auf den bei Zeilen in Schaugrößen geachtet werden sollte, ist der *optische Zeilenabstand:* Folgen mehrere Zeilen in Groß- und Kleinbuchstaben, in denen keine oder kaum Ober- bzw. Unterlängen vorkommen, so entsteht zwischen diesen Zeilen optisch ein größerer Zwischenraum als bei Zeilen, bei denen die Unterlängen der vorhergehenden mit den Oberlängen der folgenden zusammentreffen (Bsp. 23 links). Auch hier kann man sich nicht auf den automatischen Wert des Rechners verlassen und muss „von Hand" nacharbeiten, indem die betreffende Zeile je nach Bedarf höher oder tiefer gestellt wird (Bsp. 23 rechts).

Bsp. 23 Zeilenabstand (links: arithmetisch gleich; rechts: optisch ausgeglichen)

Der arme Mann **vom** **Haldenhof**	**Der arme Mann** **vom** **Haldenhof**

Im Hinblick auf die Funktionsweise von DTP ist festzuhalten: Durchschuss ist stets der Wert, der zur Schriftgröße hinzugefügt werden muss und mit dieser zusammen den Zeilenabstand ergibt.

> Der Zeilenabstand muss mindestens so groß sein, dass der Leser beim Zeilenwechsel bequem den Anfang der nächsten Zeile findet und nicht versehentlich in die eben gelesene Zeile gerät. Bei optimaler Zeilenlänge und Schriftgröße empfiehlt sich ein Viertel der Schriftgröße als Durchschuss (z. B. 12 p Schriftgröße + 3 p Durchschuss = 15 p Zeilenabstand). Breitere Zeilen erfordern mehr, kürzere Zeilen weniger Abstand. Allerdings hängt der Zeilenabstand auch von den Schriftproportionen ab: Schriften mit kleinen Mittellängen (*Garamond, Gill Sans*) benötigen weniger Zeilenabstand als Schriften mit großen Mittellängen (*Times, Helvetica*).

3.2.2 Zeilenlänge, Satzbreite

Die Zeilenlänge ergibt die *Spalten-* oder *Kolumnenbreite* und folgt einerseits Textsortenkonventionen, andererseits hängt sie von dem zur Verfügung stehenden Raum ab. Stellen Sie sich einmal vor, der Text in Ihrer Tageszeitung oder in der Wochenzeitung *Die Zeit* wäre einspaltig über die ganze Seitenbreite gesetzt. Durch Übernahme des Schreibmaschinenlayouts in Proportionalschrift wird aber – besonders bei Verwendung kleinerer Schriftgrade – dieser Effekt schon fast erzielt (Abb. 36, Bsp. ① und ②). Das ist ein weiteres Beispiel dafür, wie durch laienhaften Umgang mit DTP die Lesbarkeit unserer Texte leidet, denn „[z]u lange Zeilen mit zu vielen Fixationen ermüden ebenso wie zu kurze mit zu wenig Fixationen" das Auge (Hochuli 1987: 30)

Als optimal gilt z. B. für belletristischen Werksatz eine Zeichenmenge von 50 bis 60 Anschlägen pro Zeile – Buchstaben und Wortzwischenräume zusammengerechnet. Für wissenschaftliche Literatur kann die Zeichenmenge bei ausreichendem Zeilenabstand auf 80 heraufgesetzt werden, da es sich bei den Adressaten um Berufsleser handelt (Kap. 2.3.3).

Da die Wortabstände mitverantwortlich für die Lesbarkeit sind, sollte bei Blocksatz darauf geachtet werden, dass die Zeile im Durchschnitt mindestens acht Wörter umfasst (Luidl 1988). Daraus folgt, dass die Zeilenlängen prinzipiell sprachspezifisch einzurichten sind, da es nun einmal Sprachen mit durchschnittlich unterschiedlich langen Wörtern gibt – eine Tatsache, auf die in der Realität allerdings selten eingegangen wird.

Zu berücksichtigen ist außerdem der Zeilenabstand: Je länger die Zeile, desto größer muss der Zeilenabstand sein, damit der Leser leicht den Anfang der nächsten Zeile findet.

Während die *Courier* (8 p/9,5 p) in Beispiel ① von Abb. 36 eine Zeichenmenge von durchschnittlich 65 Anschlägen ergibt, beträgt die Zeichenmenge bei gleicher Zeilenlänge in der *Times New Roman* (8 p/9,5 p) über ein Drittel mehr (Bsp. ②). Die

Beispiele ③ und ④ zeigen bei gleicher Schriftgröße und Zeilenabstand die Zeile mit 65 bzw. 50 Zeichen. Man beachte, dass der Zeilenabstand bei Beispiel ④ optisch etwas größer erscheint als bei Beispiel ③. Dagegen zeigt Beispiel ⑤, dass die Blocksatzform für kurze Zeilenlängen ungeeignet ist, da zu viele den Lese-

①

Was alles zur Lesbarkeit eines Textes beiträgt, sollen Ihnen
diese Beispiele hier verdeutlichen. Von Wichtigkeit ist die
Zeilenlänge - und damit die Anzahl der Schriftzeichen pro
Zeile - wie auch der Zeilenabstand. Weitere Faktoren sind
Schriftgröße und Wortabstand. Außerdem spielen dabei die
Schriftart, der Schriftschnitt und die Laufweite der Schrift
eine wesentliche Rolle.

②

Was alles zur Lesbarkeit eines Textes beiträgt, sollen Ihnen diese Beispiele hier verdeutlichen. Von Wichtigkeit ist die Zeilenlänge – und damit die Anzahl der Schriftzeichen pro Zeile – wie auch der Zeilenabstand. Weitere Faktoren sind Schriftgröße und Wortabstand. Außerdem spielen dabei die Schriftart, der Schriftschnitt und die Laufweite der Schrift eine wesentliche Rolle.

③

Was alles zur Lesbarkeit eines Textes beiträgt, sollen Ihnen diese Beispiele hier verdeutlichen. Von Wichtigkeit ist die Zeilenlänge – und damit die Anzahl der Schriftzeichen pro Zeile – wie auch der Zeilenabstand. Weitere Faktoren sind Schriftgröße und Wortabstand. Außerdem spielen dabei die Schriftart, der Schriftschnitt und die Laufweite der Schrift eine wesentliche Rolle.

④

Was alles zur Lesbarkeit eines Textes beiträgt, sollen Ihnen diese Beispiele hier verdeutlichen. Von Wichtigkeit ist die Zeilenlänge – und damit die Anzahl der Schriftzeichen pro Zeile – wie auch der Zeilenabstand. Weitere Faktoren sind Schriftgröße und Wortabstand. Außerdem spielen dabei die Schriftart, der Schriftschnitt und die Laufweite der Schrift eine wesentliche Rolle.

⑤

Was alles zur Lesbarkeit eines Textes beiträgt, sollen Ihnen diese Beispiele hier verdeutlichen. Von Wichtigkeit ist die Zeilenlänge – und damit die Anzahl der Schriftzeichen pro Zeile – wie auch der Zeilenabstand. Weitere Faktoren sind Schriftgröße und Wortabstand. Außerdem spielen dabei die Schriftart, der Schriftschnitt und die Laufweite der Schrift eine wesentliche Rolle.

Abb. 36: Beispiele zur Zeilenlänge bzw. Satzbreite

rhythmus störende Trennungen und zu große Wortabstände entstehen. Im Extremfall kommt es zur „Gassenbildung“ (s. u.). Für schmale Spaltenbreiten ist Flattersatz besser geeignet.

> Eine Zeile sollte im Werksatz einschließlich der Wortzwischenräume maximal 50 bis 70 Zeichen umfassen. Als ideal gelten Zeilenlängen, die 10 bis 12 Wörter enthalten. Für wissenschaftliche Literatur gelten höhere Werte: Bei ausreichendem Zeilenabstand kann die Zeile bis zu 80 Zeichen umfassen.

3.2.3 Die Satzarten

Eine Vielzahl von Zeilen ergibt eine *Spalte* oder *Kolumne* (lat. *columna,* Säule, Pfeiler). Sind alle Zeilen von gleicher Länge und schließen sie exakt untereinander ab, so spricht man von *Blocksatz.* Um die Wende zum 20. Jh. verstand man darunter noch eine Gestaltungsmöglichkeit für sog. Akzidenzdrucksachen wie Briefpapier, Visitenkarten, Rechnungsformulare etc. Dabei wurden die Zeilen ohne Rücksicht auf die Textmenge auf Blockform gebracht, was zu einer von Zeile zu Zeile wechselnden Grauwirkung führte.

Heute wird beim *Blocksatz* durch Variation des Wortabstandes (im Bleisatz hieß das *Ausschließen*) und Trennungen am Zeilenende die Zeilenlänge konstant gehalten (Abb. 37 ①), so dass beim Zeilenwechsel gleich lange Augensprünge („Sakkaden“) möglich sind. Der Nachteil liegt in der u. U. sprachspezifisch anfallenden häufigen Zahl von Trennungen, die den Leserhythmus behindern (Willberg & Forssman 1997: 90; Frick 1997: 44). Dies gilt besonders für Kinderbücher; hier sollten Trennungen unbedingt vermieden werden, um die Lesbarkeit des Textes für die noch ungeübte Adressatengruppe nicht unnötig zu erschweren. Manche mitteleuropäische Typografen sind der Meinung, für Mengensatz sei unbedingt Blocksatz zu wählen (z. B. Frick 1997: 40).

Für Spaltensatz ist Blocksatz wegen der kurzen Zeilenbreite ungeeignet, da die Wortabstände proportional zu groß werden können und den horizontalen Textverlauf durch „vertikale Lichtschneisen“ oder „Gassen“ (Forssman & de Jong 2002: 140) zerreißen, indem in mehreren aufeinanderfolgenden Zeilen Wortzwischenräume ganz oder teilweise übereinanderstehen (vgl. Abb. 36 ⑤). Deshalb sollte die Zeile durchschnittlich mindestens acht Wörter enthalten. Offensichtlich wurde zur Vermeidung solcher „Gassen“ bei DTP-Software die Möglichkeit programmiert, die Wortabstände (relativ) konstant zu halten, indem der Buchstabenabstand über die gesamte Zeile hin erweitert oder verringert wird. Dies scheint bei einigen amerikanischen Textsorten schon zur Norm zu gehören. Im Deutschen nennt man diese Technik „erzwungener Blocksatz“ (Frick 1997: 41). Erzwungener Blocksatz wirkt sich wegen seines „Pseudosperreffekts“ ungünstig auf die Lesbarkeit aus. Er genügt daher nicht europäischen Qualitätsansprüchen und wird von Typografen sogar ausdrücklich „verboten“ (Willberg & Forssman 1997: 82) oder gilt als typografisch „nicht verantwortbar“ (Frick 1997: 41).

① Dieser Absatz zeigt die verschiedenen Satzarten. Sind alle Zeilen von gleicher Länge, sprechen wir von *Blocksatz.* Diese Satzart ist besonders für lange Texte geeignet. Blocksatz erreichen wir durch variablen Wortabstand (Ausschließen) und Trennungen am Zeilenende. Für kurze Zeilenbreiten ist er ungeeignet, da die Wortabstände proportional zu groß werden und den horizontalen Textverlauf zerreißen können. Deshalb sollte beim Blocksatz die Zeile durchschnittlich acht Wörter enthalten. Das heißt letzten Endes, dass die optimale Zeilenlänge sprachspezifisch festzulegen ist.

② Dieser Absatz zeigt die verschiedenen Satzarten. Sind alle Zeilen von gleicher Länge, sprechen wir von *Blocksatz.* Diese Satzart ist besonders für lange Texte geeignet. Blocksatz erreichen wir durch variablen Wortabstand (Ausschließen) und Trennungen am Zeilenende. Für kurze Zeilenbreiten ist er ungeeignet, da die Wortabstände proportional zu groß werden und den horizontalen Textverlauf zerreißen können. Deshalb sollte beim Blocksatz die Zeile durchschnittlich acht Wörter enthalten. Das heißt letzten Endes, dass die optimale Zeilenlänge sprachspezifisch festzulegen ist.

③ Dieser Absatz zeigt die verschiedenen Satzarten. Sind alle Zeilen von gleicher Länge, sprechen wir von *Blocksatz.* Diese Satzart ist besonders für lange Texte geeignet. Blocksatz erreichen wir durch variablen Wortabstand (Ausschließen) und Trennungen am Zeilenende. Für kurze Zeilenbreiten ist er ungeeignet, da die Wortabstände proportional zu groß werden und den horizontalen Textverlauf zerreißen können. Deshalb sollte beim Blocksatz die Zeile durchschnittlich acht Wörter enthalten. Das heißt letzten Endes, dass die optimale Zeilenlänge sprachspezifisch festzulegen ist.

④ Dieser Absatz zeigt die verschiedenen Satzarten. Sind alle Zeilen von gleicher Länge, sprechen wir von *Blocksatz.* Diese Satzart ist besonders für lange Texte geeignet. Blocksatz erreichen wir durch variablen Wortabstand (Ausschließen) und Trennungen am Zeilenende. Für kurze Zeilenbreiten ist er ungeeignet, da die Wortabstände proportional zu groß werden und den horizontalen Textverlauf zerreißen können. Deshalb sollte beim Blocksatz die Zeile durchschnittlich acht Wörter enthalten. Das heißt letzten Endes, dass die optimale Zeilenlänge sprachspezifisch festzulegen ist.

⑤ Dieser Absatz zeigt die verschiedenen Satzarten. Sind alle Zeilen von gleicher Länge, sprechen wir von *Blocksatz.* Diese Satzart ist besonders für lange Texte geeignet. Blocksatz erreichen wir durch variablen Wortabstand (Ausschließen) und Trennungen am Zeilenende. Für kurze Zeilenbreiten ist er ungeeignet, da die Wortabstände proportional zu groß werden und den horizontalen Textverlauf zerreißen können. Deshalb sollte beim Blocksatz die Zeile durchschnittlich acht Wörter enthalten. Das heißt letzten Endes, dass die optimale Zeilenlänge sprachspezifisch festzulegen ist.

Abb. 37: Die Satzarten

Neben Blocksatz finden sich alternativ zu diesem bei bestimmten Textsorten Satzarten mit variabler Zeilenlänge. Es lassen sich unterscheiden:

1. *Linksbündiger Flattersatz*: Satzform, bei der sich kürzere und längere Zeilen innerhalb einer bestimmten Toleranzgrenze abwechseln und ein harmonisches Ganzes ergeben. Dies macht ihn zur einzig sinnvollen Satzart bei kurzer Satzbreite. Linksbündiger Flattersatz findet sich in drei Ausführungs- bzw. Qualitätsstufen (vgl. Hochuli 1987: 31):

a) *Rauhsatz*, mit Trennungen auch kürzester Silben und ungefähr gleicher Textmenge wie beim Blocksatz (Abb. 37, Bsp. ②). Bei dieser Art von Flattersatz finden sich zehn häufige Gestaltungsmängel: 1. „Treppen" (regelmäßig zunehmende oder abnehmende Länge mehrerer aufeinander folgender Zeilen), 2. „Bäuche" (mehrere aufeinander folgende Zeilen, die eine runde Form bilden), 3. ungünstige Trennungen, 4. alleinstehende Wörter am Zeilenende, 5. optisch ungünstiger Rhythmus der Zeilenlänge mit „Pseudoblocksatzeffekt", 6. Löcher am Flatterrand durch extrem kurze Zeilen, 7. zu kleiner optischer Flattersatzbereich, der Trennungen erzwingt, 8. zu großer Flattersatzbereich, der einen unruhigen Zeilenrhythmus ergibt, 9. einen zu regelmäßigen Rhythmus in der Länge aufeinander folgender Zeilen, 10. sprachlich unlogische Zeilenbildungen (Frick 1997: 44–46). Ästhetisch ist der Rauhsatz daher unbefriedigend. Seinen Zweck erfüllt er aber bei Flugblättern und ähnlichen „Wegwerf-Drucksachen" mit hohem Aktualitätsgrad und geringen Anforderungen an das typografische Gestaltungsniveau, da er billiger herzustellen ist als die anderen Satzarten. Qualitätssatz kann mit der Satzform *Flattersatz* durch automatischen Zeilenumbruch allerdings nicht erreicht werden.

b) *Korrigierter Rauhsatz*, mit möglichst wenigen, dann aber sinnvollen Trennungen (Abb. 37, Bsp. ③). Um einen *dynamischen Zeilenfall* zu erhalten, ist auch beim DTP ein gut Teil Handarbeit vonnöten; man spricht dann vom „überarbeiteten Flattersatz" (Willberg & Forssman 1997: 90f). Unter „dynamischem Zeilenfall" verstehen Typografen bei aufeinanderfolgenden Zeilen den rhythmischen Wechsel von deutlich längeren und kürzeren Zeilen.

c) *Flattersatz ohne Worttrennungen* bei genügend großer Zeilenlänge und geeigneter Sprachstruktur. Nach Willberg & Forssman (1997: 90) ist diese Art des Flattersatzes wegen der vielen langen, zusammengesetzten Wörter und der dadurch entstehenden großen Unterschiede in den Zeilenlängen im Deutschen nicht einsetzbar.

2. *Rechtsbündiger Flattersatz* (Abb. 37, Bsp. ④) findet vor allem für Überschriften und Bildtexte Verwendung, deren Umfang sich in Regel ja auf wenige Zeilen beschränkt; er bringt die Zuordnung zum rechts davon stehenden Element (Abbildung oder Text) zum Ausdruck.

3. *Zentrierter Flattersatz* (Mittelachsensatz, Abb. 37, Bsp. ⑤): Diese Satzart ist vor allem für repräsentativ-dekorative Texte wie Buchtitel und Urkunden, aber auch für Überschriften in Verbindung mit Blocksatz beim Grundtext geeignet. Bezugsgröße ist in der Regel die vertikale Papiermitte (auf Beschnitt achten!). Die nicht selten beim DTP zu beobachtende Verwendung von zentrierten Textelementen (z. B. Überschrift, Slogan) und Bildern mit linksbündigem Flattersatz

wirkt störend und unprofessionell, da meist nicht beachtet wurde, dass beim Flattersatz die rechte optische Abschlusslinie etwas links von der rechnerischen Satzbreite liegt (Kap. 3.3.1, Abb. 47). Konventionalisiert ist die Kombination von Mittelachsensatz und linksbündigem Flattersatz beim Gedicht- und Dramensatz (Davidshofer & Zerbe 1961: 163–165).

Bei links- und rechtsbündigem Flattersatz sollte der Flatterbereich im Normalfall etwa 1/5 bis 1/7 der Satzbreite betragen (Frick 1997: 43), ist aber abhängig von der Schriftgröße. Bei gleichbleibender Satzbreite erfordern größere Schriften eine größere Flatterzone, kleinere dagegen eine kleinere.

Auf die visuelle Lesbarkeit wirkt sich die Wahl von Blocksatz und linksbündigem Flattersatz kaum aus (Rehe 1981: 39). Im Gegensatz zum ruhigen und statisch wirkenden Blocksatz erweckt Flattersatz (vom Typ *korrigierter Rauhsatz*) bei nicht allzu großer Zeilenbreite den Eindruck von Modernität und Progressivität. Dies gilt allerdings weniger für den aus der Textverarbeitung übernommenen Flattersatz, bei dem die Zeilenbreite als Relikt aus der Schreibmaschinenära die ganze Seite umfasst.

4. *Formsatz,* der sich in DTP-Programmen automatisch erzeugen lässt, kann als Sonderfall des Blocksatzes angesehen werden, da die Zeilenlänge durch den zur Verfügung stehenden freien Raum vorgeschrieben ist. Diese Satzart nennt man auch *Konturensatz,* da sie oft Bildkonturen folgt.

Eng verbunden mit zentriertem Satz und Flattersatz ist die Gestaltung des *Zeilenfalls* (s. o.) – besonders bei Titelsatz. Man strebt danach, den verbalen Inhalt in gut aussehenden, verschieden langen Zeilen unterzubringen. Dabei kommt es nicht selten zum Konflikt zwischen sprachlich-inhaltlichem und ästhetisch-fomalem Aspekt. Angestrebt wird, inhaltlich Zusammengehörendes auch in der Zeile zusammen zu lassen. Dabei gilt die Regel, dass Artikel, Präpositionen und Konjunktionen auf der folgenden Zeile stehen. Zu Gunsten von formalen Kriterien wird bei bestimmten Textsorten zuweilen von dieser Regel abgewichen und man lässt je nach Textsorte und Typografieart entweder den sprachlich-inhaltlichen oder den ästhetisch-formalen Aspekt mehr in den Vordergrund treten. Absolute Regeln wie etwa: „Vorrang hat immer die semantisch sinnvolle Gliederung, die visuelle ist stets zweitrangig" lassen sich nicht mit typografischen Prinzipien vereinbaren. Bei einer „Typografie nach Sinnschritten" (Kap. 2.3.3) – in Fibeln, Bilderbüchern, Fremdsprachenlehrbüchern, aber auch in Bildlegenden etc. – folgt der Zeilenfall der Struktur des Satzaufbaues, z. B. bleiben dann Nominalphrasen mit allen Attributketten, Infinitivkonstruktionen, ja evt. ganze Nebensätze nach Möglichkeit zusammen. Eine solche Zeilengliederung kann nicht automatisch erzeugt werden, sondern muss vom Typografen manuell vorgenommen werden. Beim Übersetzen gibt es hier mehr Spielraum, da gegebenenfalls unter mehreren möglichen Übersetzungen die gewählt werden kann, die sowohl eine inhaltlich sinnvolle als auch ästhetisch befriedigende Lösung darstellt.

Blocksatz wirkt neutral und ruhig; die Zeilenlänge sollte aber mindestens acht Wörter pro Zeile ermöglichen, um die Wortzwischenräume erträglich zu halten. Linksbündiger Flattersatz ist von gleich guter Lesbarkeit, wirkt aber moderner und hilft außerdem, unnötige Trennungen zu vermeiden, doch wird man bei Sprachen mit einer durchschnittlich größeren Wortlänge auch beim Flattersatz nicht ohne Worttrennungen auskommen. Größere Textmengen, zentriert auf Mittelachse sind schwer lesbar, da die Sakkaden zum nächsten Zeilenanfang jedesmal variieren.

3.2.4 Absatz- und Abschnittmarkierung

Die Lesbarkeit eines Textes hängt u. a. davon ab, wie weit und wie eindeutig dessen Tektonik durch typografische Mittel visualisiert ist. Dies ist bei den einzelnen, klar zu identifizierenden Bauelementen eines Textes (Titelzeile, Zwischentitel, Vorspann, Zitat) in der Regel kein Problem. Etwas schwieriger wird es, wenn es sich um die gedankliche Strukturierung des Haupttextes handelt: Wann wird ein *Absatz* gemacht, wo beginnt ein neuer *Abschnitt*? Worin besteht der Unterschied zwischen beiden? Handelt es sich um technisch-typografische und/oder tektonische Phänomene?

Unter *Absatz* verstehe ich hier eine in der Regel mehrere Sätze umfassende, gedanklich eng zusammengehörende tektonische Einheit eines Textes, die typografisch als solche markiert ist, indem sie sich innerhalb des Satzspiegels deutlich durch Unterbrechung des linearen Zeilenverlaufs zu erkennen gibt. In wissenschaftlichen Abhandlungen können neben Absätzen und größeren Abschnitten, die in der Regel mit einer Zwischenüberschrift niedrigeren Grades versehen sind, im Haupttext weitere gedankliche Abschnitte vorkommen, die als solche typografisch anders zu markieren sind als der einfache Absatz. Diese Art von Abschnitten könnte man als „unbetitelte Abschnitte“ bezeichnen. Weiter wird *Abschnitt* als Oberbegriff für verschiedene tektonische Einheiten unterschiedlichen Komplexitätsgrades verwendet, angefangen vom übertitelten Teilkapitel bis zum Kapitel eines Werkes. So waren z. B. die Texte in den handgeschriebenen mittelalterlichen Büchern, den Kodizes (von lat. *codex*, Pl. „Kodexe“ oder „Kodizes“), die ja noch keine Kapiteleinteilung kannten, durch Initialen in Abschnitte gegliedert.

Zur eigentlichen Absatzmarkierung stehen mehrere typografische Mittel zur Verfügung. Am häufigsten genutzt wird der *Einzug* der ersten Zeile der neuen tektonischen Einheit. Dieser sollte deutlich ins Auge fallen, doch nicht unnötig Platz verschwenden – es sei denn, er ist Gestaltungselement expressiver Typografie; dann steht er nach bestimmten Proportionen (z. B. Goldener Schnitt) bewusst im Kontrast zur Zeilenlänge. Ein häufig anzutreffender Fehler beim DTP ist der zu geringe Einzug, vielleicht noch verbunden mit einer Leerzeile oder größerem Zeilenzwischenraum (Abb. 38, Bsp. ①).

Als idealer Einzug gilt das *optische Geviert,* bei dem der Freiraum zwischen der Schriftlinie der vorhergehenden und der oberen Begrenzung der Mittelhöhe der folgenden Zeile optisch ein Quadrat ergibt (Abb. 38, Bsp. ②). Am Anfang eines

Kapitels bzw. nach Zwischenüberschriften – und in all den Fällen, wo es klar ist, dass der folgende Textabsatz auf einer anderen Textebene steht – ist der Einzug funktional gesehen sinnlos und ästhetisch störend.

Eine weitere Störung des visuellen Textzusammenhangs liegt vor, wenn einem breiten Einzug ein kurzer Zeilenausgang vorausgeht. Daher gilt die typografische Regel, der Zeilenausgang habe in jedem Fall den Einzug zu decken, d. h. mindestens ebenso breit zu sein wie der Einzug in der nächsten Zeile (Davidshofer & Zerbe 1961: 108).

① Die visuelle Lesbarkeit eines Textes hängt unter anderem auch davon ab, wie weit Textur und Tektonik durch typografische Mittel visualisiert sind. Dabei sollte, wie stets beim typografischen Gestalten, sparsam verfahren werden. Prinzipiell reicht für eine Funktion ein typografisches Gestaltungsmittel aus.

Zur optischen Markierung größerer gedanklicher Einheiten im Text bietet die Typografie mehrere Möglichkeiten. Als erste sei der Einzug der Anfangszeile des neuen Absatzes genannt. Dieser Einzug sollte deutlich ins Auge fallen, doch nicht unnötig Platz verschwenden. Als idealer Wert für den Einzug gilt das optische Geviert.

② Die visuelle Lesbarkeit eines Textes hängt unter anderem auch davon ab, wie weit Textur und Tektonik durch typografische Mittel visualisiert sind. Dabei sollte, wie stets beim typografischen Gestalten, sparsam verfahren werden. Prinzipiell reicht für eine Funktion ein typografisches Gestaltungsmittel aus.
Zur optischen Markierung größerer gedanklicher Einheiten im Text bietet die Typografie mehrere Möglichkeiten. Als erste sei der Einzug der Anfangszeile des neuen Absatzes genannt. Dieser Einzug sollte deutlich ins Auge fallen, doch nicht unnötig Platz verschwenden. Als idealer Wert für den Einzug gilt das optische Geviert.

③ Die visuelle Lesbarkeit eines Textes hängt unter anderem auch davon ab, wie weit Textur und Tektonik durch typografische Mittel visualisiert sind. Dabei sollte, wie stets beim typografischen Gestalten, sparsam verfahren werden. Prinzipiell reicht für eine Funktion ein typografisches Gestaltungsmittel aus.

Zur optischen Markierung größerer gedanklicher Einheiten im Text bietet die Typografie mehrere Möglichkeiten. Als erste sei der Einzug der Anfangszeile des neuen Absatzes genannt. Dieser Einzug sollte deutlich ins Auge fallen, doch nicht unnötig Platz verschwenden. Als idealer Wert für den Einzug gilt das optische Geviert.

Abb. 38: Beispiele zur Absatzmarkierung

Eine zweite Möglichkeit der Markierung neuer Textabschnitte ist die Leerzeile, ohne Einzug des folgenden Abschnitts (Abb. 38, Bsp. ③). Diese Markierungsweise ist unter Typografen allerdings nicht unumstritten. Willberg & Forssman unterscheiden Absatz und Abschnitt dadurch, dass ersterer durch Einzug, letzterer durch eine Leerzeile kenntlich gemacht wird (1997: 114f). Prinzipiell eignet sich die Leerzeile nur für Texte mit relativ großen gedanklichen Einheiten, da sonst die Textkohärenz visuell zerstört wird.

Eine dritte, ästhetisch befriedigende Lösung ist vor allem bei Blocksatz die Markierung durch deutliche Ausgangszeilen. Diese ergibt sich jedoch nicht automatisch, sondern setzt einen großen Aufwand an Nachbereitung des Textes, u. U. sogar an mehrfacher sprachlicher Umformulierung voraus.

Idealer Einzug der ersten Zeile eines Absatzes ist das *optische Geviert*, d. h. ein Freiraum in der Größe eines optischen Quadrates. Beim ersten Textabschnitt, also am Beginn eines Textes, sollte der Einzug entfallen, da er keine Funktion hat und sich störend auf die Geschlossenheit des Satzspiegels auswirkt. Leerzeilen sollten nur eingesetzt werden, wenn dadurch größere gedankliche Einheiten markiert werden (Ausnahme: didaktische Werke).

3.2.5 Initialen

Das Wort *Initiale* (auch: *das Initial*) stammt von lat. *initium* (Anfang, Beginn). Die Verwendung von Initialen geht bis ins 4. Jahrhundert n. Chr. zurück, als man im Zusammenhang mit veränderten Rezeptionsbedingungen begann, Buchstaben am Anfang eines Buches, Kapitels oder einer Seite besonders hervorzuheben und auszuschmücken. Solange die Texte in der Antike von Sklaven geschrieben und vorgelesen wurden, galt Literatur als etwas Gesprochenes oder Gehörtes. Erst als der Besitzer des Buches selbst der Leser war, wurde der Text zu einem optischen Phänomen, das ästhetisch besonders ausgestaltet wurde. Einen ersten Höhepunkt erlebten die Initialen im keltisch-germanischen Raum, wo sie als Illustration, Schmuck- und Auflockerungselement verwendet wurden (Abb. 39). Die Tendenz

Abb. 39:
Initiale aus dem Book of Kells

zur bildhaften Ausgestaltung der Initialbuchstaben führte zu einer immer stärkeren illustratorischen Funktion, bis schließlich ein Initialbuchstabe eine ganze Bilderzählung umfassen konnte wie z. B. in der Wenzelsbibel, einer von 1389 bis 1400 für den böhmischen König und römischen Kaiser Wenzel IV. hergestellten Bibelhandschrift in mittelhochdeutscher Sprache (Österreichische Nationalbibliothek Wien, Codices 2759–2764). Auch Johannes Gutenberg hielt sich an die Konventionen und ließ, da er noch kein Vierfarben-Druckverfahren kannte, die Initialen für seine Bibeldrucke nachträglich von Hand einfügen.

Heute markieren Initialen vor allem in Büchern den Kapitelbeginn, wenn die einzelnen Kapitel keine Überschrift haben. Auch zur Makierung des Beginns eines Artikels in Broschüren und Zeitschriften werden sie eingesetzt. Und schließlich kann man Initialen (meist im gleichen Schriftgrad, aber mit entsprechendem Stärkenkontrast) für die Markierung von Abschnittsanfängen einsetzen, wenn das Layout für den gesamten Text einen geschlossenen Block vorsieht; außerdem lockern sie als „optischer Anker" einen einförmigen Satzspiegel auf.

Typografen unterscheiden grundsätzlich vier Typen von Initialen (z. B. Davidshofer & Zerbe 1961): 1. die einfache Initiale; 2. die verzierte Initiale; 3. die illustrierte Initiale und 4. die Kassetten-Initiale. Desktop-Publishing ermöglicht weitere Initialtypen. So führt Sommer (1988: 43) auf:

1. *Überragende Initiale* (bei Sommer heißt es allerdings „der Initial") – eine einfache Initiale, die auf der Schriftlinie der ersten Zeile steht.
2. *Eingebaute Initiale* – läuft über mehrere (drei) Zeilen (Abb. 40, Bsp. ②);
3. *Die angesetzte Initiale* läuft ebenfalls über mehrere (drei) Zeilen, steht aber vor dem Text (Abb. 40, Bsp. ③). Bei dieser Initialart besteht die Gefahr, dass der Buchstabe „wie angeklebt" aussieht.
4. *Hinterlegte Initiale* – ein farbiger Initialbuchstabe, der bei vollen Zeilen (optimal: drei) hinter dem Text liegt (hier kein Beispiel).

DTP-Programme machen es dem Benutzer relativ leicht, einen Textabsatz mit einer Initiale zu beginnen. Am häufigsten wird wohl die einfache Initiale eingesetzt. Bsp. ① in Abb. 40 zeigt, wie das oft aussieht, wenn man nur mechanisch den entsprechenden Befehl aktiviert. Bei der Gestaltung einer Initiale sollte man jedoch einige Mühe aufwenden und folgendes beachten:

1. Die Initiale muss mit der sie abschließenden Zeile Linie halten und sich außerdem optisch in den Satzspiegel einfügen, d. h. sie muss meist etwas ausgerückt werden – die Serifen stehen dann über (Abb. 40, Bsp. ②).
3. Der Schriftcharakter der Initiale sollte mit der Grundschrift und dem Inhalt des Werkes übereinstimmen.
4. Bei Schreibschriften werden die auslaufenden Buchstabenteile noch stärker freigestellt (Abb. 40, Bsp. ④).
5. Bei Initialbuchstaben mit schrägen Strichen (z. B. A, V, W) kann der optisch zu große Freiraum durch „gestufte Zeilenführung" reduziert und ausgeglichen werden (Abb. 40, Bsp. ⑧). Problematisch sind Buchstaben wie L und T – ich versuche solche Fälle zu vermeiden, indem ich zumindest bei meinen eigenen Texten so lange umformuliere, bis eine optimale Lösung gefunden ist.

① Buchstaben, die als Schmuckelement und bzw. oder als »optischer Anker« am Anfang eines Textes, einer Seite, eines Kapitels oder eines Zeitschriftenartikels verwendet werden, nennt man Initialen. Das Wort leitet sich her von lat. *initium*, der Anfang.

② Buchstaben, die als Schmuckelement und bzw. oder als »optischer Anker« am Anfang eines Textes, einer Seite, eines Kapitels oder eines Zeitschriftenartikels verwendet werden, nennt man Initialen. Das Wort leitet sich her von lat. *initium*, der Anfang.

③ Buchstaben, die als Schmuckelement und bzw. oder als »optischer Anker« am Anfang eines Textes, einer Seite, eines Kapitels oder eines Zeitschriftenartikels verwendet werden, nennt man Initialen. Das Wort leitet sich her von lat. *initium*, der Anfang.

④ Anfangsbuchstaben, die als Schmuckelement und bzw. oder als »optischer Anker« am Anfang eines Textes, einer Seite, eines Kapitels oder eines Zeitschriftenartikels verwendet werden, nennt man Initialen. Das Wort leitet sich her von lat. *initium*, der Anfang.

⑤ Buchstaben, die als Schmuckelement und bzw. oder als »optischer Anker« am Anfang eines Textes, einer Seite, eines Kapitels oder eines Zeitschriftenartikels verwendet werden, nennt man Initialen. Das Wort leitet sich her von lat. *initium*, der Anfang.

⑥ BUCHSTABEN, die als Schmuckelement und bzw. oder als »optischer Anker« am Anfang eines Textes, einer Seite, eines Kapitels oder eines Zeitschriftenartikels verwendet werden, nennt man Initialen. Das Wort leitet sich her von lat. *initium*, der Anfang.

⑦ Anfangsbuchstaben, die als Schmuckelement und bzw. oder als »optischer Anker« am Anfang eines Textes, einer Seite, eines Kapitels oder eines Zeitschriftenartikels verwendet werden, nennt man Initialen. Das Wort leitet sich her von lat. *initium*, der Anfang.

⑧ Anfangsbuchstaben, die als Schmuckelement und bzw. oder als »optischer Anker« am Anfang eines Textes, einer Seite, eines Kapitels oder eines Zeitschriftenartikels verwendet werden, nennt man Initialen. Das Wort leitet sich her von lat. *initium*, der Anfang.

Abb. 40: Unterschiedliche Möglichkeiten zur Gestaltung und Verwendung von Initialen

6. Überragende Initialen können auch mit einem Einzug versehen werden, der z. B. die Proportionen des *Goldenen Schnittes* aufweist (Abb. 40, Bsp. ⑤).
7. Kassetten-Initialen als ausgefüllte Fläche lassen sich durch Tonflächen hinter dem (weißen) Buchstaben darstellen (Abb. 40, Bsp. ⑥); ihr Abstand zum Text sollte ebenso groß sein wie der optische Zeilenzwischenraum.
8. Wenn echte Kapitälchen zur Verfügung stehen, kann man das mit der Initiale begonnene Wort in diesen setzen (Abb. 40, Bsp. ⑥) – so wurde es zumindest zu Zeiten des Bleisatzes praktiziert.

3.2.6 Die Gestaltungsfläche und ihre Proportionen (DIN und Goldener Schnitt)

Wir erinnern uns an das Zitat von Günter Gerhard Lange, Typografie sei die Inszenierung einer Mitteilung in der Fläche. Botschaften in typografischer Form werden auf Flächen mit unterschiedlichen Beschaffenheiten, Proportionen und Größen platziert und aus verschiedenen Entfernungen gelesen (siehe Kap. 3.1.9). Manche Fläche ist das Ergebnis von mehr oder weniger zufälligen Entwicklungen. So sind die Seitenverhältnisse der gängigen Computerbildschirme im Hinblick auf viele Textsorten nicht unbedingt optimal und können es auch nicht sein, da sie ursprünglich ja gar nicht für die Rezeption von Texten geplant waren und heute für die unterschiedlichsten Medien genutzt werden – für Filme und Bilder ebenso wie für umfangreiche Texte und vieles andere.

Bei Druckmedien ist die Fläche in der Regel funktionsgerecht festgelegt. Es gibt sogar Flächen, die Umrisse von bestimmten Gegenständen (z. B. Auto, Mobiltelefon) andeuten und die man als „ikonische" Formate bezeichnen kann. Meistens hat die Fläche die Form eines Rechtecks mit unterschiedlich langen Seiten und wird als Hoch- oder Querformat genutzt. Diese Seiten stehen dann in einem bestimmten Verhältnis zueinander. Uns interessieren hier in erster Linie die gängigsten Formate für Druckmedien wie Bücher, Zeitschriften und Broschüren, die zum Lesen in der Hand gehalten werden.

Bei der Normung der heutigen europäischen Papierformate wurde auf das seit altersher in Kunst und Architektur angewandte aufgerichtete Diagonal-Dreieck zurückgegriffen. In diesem ergibt die Diagonale des Quadrats über der halben Grundlinie die Höhe des Diagonal-Dreiecks. Halbe Grundlinie und Höhe weisen dann das Verhältnis $1:\sqrt{2}$ auf (Abb. 41, S. 112). Der deutsche Physiker Georg Christoph Lichtenberg bezeichnete bereits 1796 dieses Proportionalgesetz als das brauchbarste und schönste. Sein Vorteil liegt darin, dass das nächst kleinere Format sich ohne Verlust durch Halbierung bzw. das nächst größere durch Verdopplung ableiten lässt. Beim Ausgangsformat DIN A0 wurde diese Formel auf 1 m^2 Papierfläche angewendet. Alle weiteren Formate wurden durch Halbierung davon abgeleitet. Die A-Reihe dient vor allem für sogenannte Bogen- und Blattformate. Das Format DIN A4 (210 × 297 mm) dürfte heute eines der am häufigsten benutzten Formate sein (Bücher, Briefbogen, Prospekte etc.), für die meisten Drucker-Geräte ist es im europäischen Raum die Norm. Die B-Reihe besteht aus zusätzlichen Formaten, von denen besonders B5 (176 × 250 mm) ein beliebtes und brauchbares Buchformat ist. Die C-Reihe umfaßt die Formate für passende Hüllen und Mappen zur A-Reihe. Außerdem existiert eine seltener gebrauchte D-Reihe.

Im angloamerikanischen Raum ist das Standardformat für Korrespondenz und andere Drucksachen das *Letterformat* mit den Proportionen 8,5 × 11 Zoll = 215,9 × 279,4 mm. Damit ist es einerseits etwas breiter, andererseits aber auch etwas niedriger als DIN A4. Da das Letterformat oft bei Textverarbeitungs- und DTP-Programmen als Default erscheint, muss für europäische Verhältnisse an seiner Stelle DIN A4 eingestellt werden.

Format Klasse	Benennung	DIN-A-Reihe	DIN-B-Reihe	DIN-C-Reihe
0	Vierfachbogen	841 x 1189 mm	1000 x 1414 mm	917 x 1297 mm
1	Doppelbogen	594 x 841 mm	707 x 1000 mm	648 x 917 mm
2	Bogen	420 x 594 mm	500 x 707 mm	458 x 648 mm
3	Halbbogen	297 x 420 mm	353 x 500 mm	324 x 458 mm
4	Viertelbogen	210 x 297 mm	250 x 353 mm	229 x 324 mm
5	Achtelbogen	148 x 210 mm	176 x 250 mm	162 x 229 mm
6	Halbblatt	105 x 148 mm	125 x 176 mm	114 x 162 mm
7	Viertelblatt	74 x 105 mm	88 x 125 mm	81 x 114 mm
8	Achtelblatt	52 x 74 mm	62 x 88 mm	57 x 81 mm

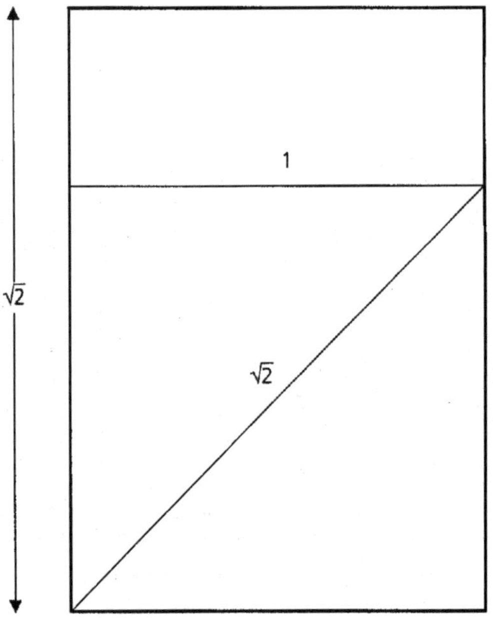

Abb. 41: Konstruktion der DIN-Formate und die DIN-Reihen A, B und C

Eine besonders harmonische Proportion ergibt sich beim *Goldenen Schnitt,* der sich auch in der Natur nachweisen lässt (z. B. Hahnenfußblatt, Schachtelhalm und Eichenblatt) und seit jeher in Kunst und Architektur angewendet wird. Die Beispiele reichen vom Altertum (Platon *Timaios Kap.* 7, Parthenon in Athen, alte Petersbasilika in Rom) bis zu Le Corbusier und seinem Modulor, der den Menschen in engste Beziehung zum Goldenen Schnitt setzt (sämtliche Beispiele bei Hagenmaier 1990).

Der Goldene Schnitt ist ein Gesetz zur Gewinnung harmonischer Proportionen. Er beruht auf der Teilung der Linie in zwei ungleiche Teile, von denen sich

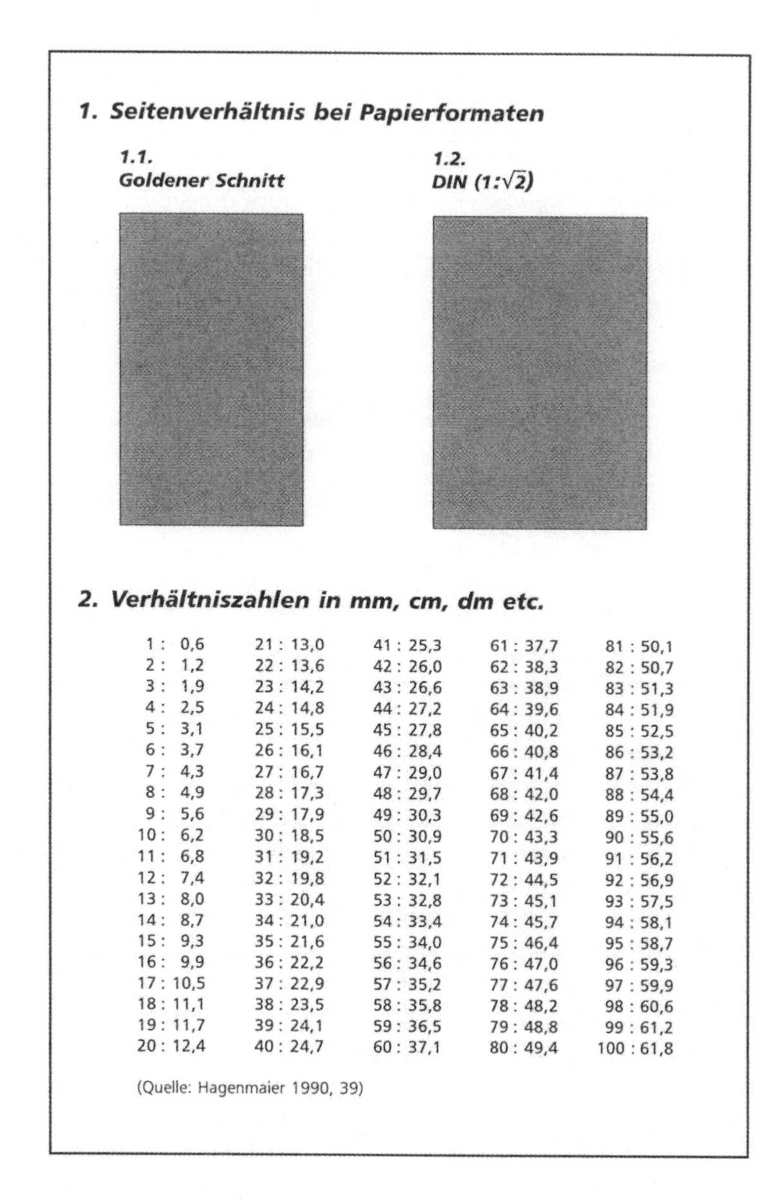

1 : 0,6	21 : 13,0	41 : 25,3	61 : 37,7	81 : 50,1
2 : 1,2	22 : 13,6	42 : 26,0	62 : 38,3	82 : 50,7
3 : 1,9	23 : 14,2	43 : 26,6	63 : 38,9	83 : 51,3
4 : 2,5	24 : 14,8	44 : 27,2	64 : 39,6	84 : 51,9
5 : 3,1	25 : 15,5	45 : 27,8	65 : 40,2	85 : 52,5
6 : 3,7	26 : 16,1	46 : 28,4	66 : 40,8	86 : 53,2
7 : 4,3	27 : 16,7	47 : 29,0	67 : 41,4	87 : 53,8
8 : 4,9	28 : 17,3	48 : 29,7	68 : 42,0	88 : 54,4
9 : 5,6	29 : 17,9	49 : 30,3	69 : 42,6	89 : 55,0
10 : 6,2	30 : 18,5	50 : 30,9	70 : 43,3	90 : 55,6
11 : 6,8	31 : 19,2	51 : 31,5	71 : 43,9	91 : 56,2
12 : 7,4	32 : 19,8	52 : 32,1	72 : 44,5	92 : 56,9
13 : 8,0	33 : 20,4	53 : 32,8	73 : 45,1	93 : 57,5
14 : 8,7	34 : 21,0	54 : 33,4	74 : 45,7	94 : 58,1
15 : 9,3	35 : 21,6	55 : 34,0	75 : 46,4	95 : 58,7
16 : 9,9	36 : 22,2	56 : 34,6	76 : 47,0	96 : 59,3
17 : 10,5	37 : 22,9	57 : 35,2	77 : 47,6	97 : 59,9
18 : 11,1	38 : 23,5	58 : 35,8	78 : 48,2	98 : 60,6
19 : 11,7	39 : 24,1	59 : 36,5	79 : 48,8	99 : 61,2
20 : 12,4	40 : 24,7	60 : 37,1	80 : 49,4	100 : 61,8

(Quelle: Hagenmaier 1990, 39)

Abb. 42: Der Goldene Schnitt und seine Verhältniszahlen

der kleinere Teil zum größeren verhält wie der größere zur Summe der Teile, also der ganzen Linie: a:b = b:(a+b) (Hagenmaier 1990: „Harmoniegesetz"). Im Bereich der natürlichen Zahlen entspricht dem – abgesehen von der ersten Gruppe – in etwa die sogenannte Fibonacci-Reihe (benannt nach dem italienischen Renaissance-Mathematiker Leonardo von Pisa), bei der jede Zahl die Summe ihrer beiden unmittelbaren Vorgängerinnen ist: 1+1=2, 1+2=**3**, 2+3=**5**, 3+5=**8**, 5+8=**13**, 8+13=**21**, 13+21=**34**, 21+34=**55** usw. Je höher man in der Reihe fortschreitet, desto genauer nähert sich das Verhältnis zweier benachbarter Zahlen der Verhältniszahl 0,618 des Goldenen Schnittes an (Graber 1998: 6.11).

In der Typografie finden sich eine Reihe von Anwendungsmöglichkeiten für den Goldenen Schnitt. Als erstes wären die Seitenproportionen des Papierformats zu nennen (Beispiele sind oft bei Buchformaten zu finden); dann das Verhältnis der Ränder zueinander (oben : unten); das Verhältnis von Satzspiegel und Papierfläche; außerdem können die Schriftgrößen für Textteile verschiedenen Grades nach dem Goldenen Schnitt aufeinander abgestimmt werden; die Stärke von zusammengesetzten Schmuck- und Umrandungslinien, bei ersteren auch die Länge, stellt eine weitere Anwendungsmöglichkeit dar; und schließlich sorgt der Goldene Schnitt beim kalligrafischen Schreiben für harmonische Proportionen, wenn das Verhältnis von Mittellänge zu Ober-/Unterlänge 5:3 beträgt.

3.2.7 Der Umbruch

Wenn der Text so umfangreich ist, dass er nicht auf der einfachen zur Verfügung stehenden Fläche Platz findet, muss diese vervielfacht werden. Der Mengensatz wird dann „umbrochen". Dies ist besonders bei Büchern der Fall, aber auch bei Zeitschriften und Zeitungen. Früher war dafür eine spezielle grafische Fachkraft, der Metteur, zuständig – meist ein älterer Setzer mit entsprechender Erfahrung. Im DTP wird der Umbruch größtenteils automatisch durchgeführt; man muss nur die passenden Werte einstellen.

Im weiteren Sinne zählt zum Umbruch auch die gesamte Seitengestaltung mit Einbau von Bildern, dem Einfügen von Titeln, Zwischentiteln und Bildtiteln sowie Marginalien (das sind Randbemerkungen), Kolumnentitel und Fußnoten, die dem Satzspiegel entsprechend angeordnet werden müssen.

Um den Leseprozess nicht unnötig zu stören, gelten für den Textübergang von einer Seite oder Spalte zur nächsten spezielle Regeln. Dadurch sollen sogenannte „Umbruchkrankheiten" vermieden werden. Der Schriftsetzerstand hatte im Wortschatz der typografischen Werkstattsprache dafür z.T. recht drastische Bezeichnungen parat. So heißt die letzte Zeile (die *Ausgangszeile*) eines Absatzes, wenn sie beim Umbruch an den Anfang einer Seite oder Spalte (oder nach einer Abbildung) zu stehen kommt, ein *Hurenkind*. Die Anfangszeile eines Absatzes am Ende einer Seite oder Spalte heißt *Schusterjunge* (in der Schweiz: „Waisenkind"). Beide Umbruchsünden wirken sich wegen der kurz aufeinanderfolgenden doppelten Unterbrechung des Lesevorgangs (Seiten- oder Spaltenwechsel plus neuer Gedanke bzw. Absatz) störend auf den Leserhythmus aus und sollten zumindest bei Qualitätssatz vermieden werden. In manchen DTP-Programmen sind statt *Hurenkind* und *Schusterjunge* übrigens die durch direkte Übersetzung eingeführten Termini *Witwe* (en *widow*) und *Waise* (en *orphan*) zu finden.

Auch wenn der Umbruch sich beim DTP weitgehend automatisieren lässt, bleibt doch noch eine ganze Menge zu berücksichtigen und Raum für typografische Feinarbeit. Dies gilt besonders für Überschriften und Zwischenüberschriften:

- Am Anfang der Kolumne darf beim DTP nicht automatisch der obere Zwischenraum eingefügt werden!
- Am Ende der Kolumne platziert man nur dann einen Zwischentitel, wenn mindestens noch drei Textzeilen Platz finden.
- Überschriften und Titelzeilen werden *nie* auf Block ausgetrieben! Je nach Gesamtlayout eignet sich linksbündig, rechtsbündig oder zentriert.
- Versuchen Sie, die Überschrift bzw. den Titel so zu formulieren, dass das entsprechende Textelement gedruckt (bzw. elektronisch publiziert) gut aussieht.
- Vermeiden Sie in Titelzeilen und Überschriften das Trennen von Wörtern.
- Besteht die Überschrift bzw. der Titel aus mehreren Zeilen, so sollten die einzelnen Zeilenlängen einen klaren Kontrast ergeben („dynamischer Zeilenwechsel").
- Vermeiden Sie die gleichzeitige Verwendung auf Mittelachse zentrierter Titelzeilen und Überschriften mit links- oder rechtsbündigem Flattersatz (oder sorgen Sie zumindest für eine optische Abstimmung mit der Flatterzone, sonst kommt es zur „asymmetrischen Symmetrie" wie in Abb. 47 auf S. 122).
- Denken Sie daran, dass der optische Zeilenabstand zwischen Titelzeile bzw. Überschrift und folgendem Text größer sein muss als innerhalb der Titelzeilen.
- Der Raum über einem Zwischentitel sollte größer sein als unterhalb des Zwischentitels (z. B. im goldenen Schnitt 5:3), um die Zuordnung sichtbar zu machen.
- Bei den meisten Schriften sollte in Überschriften und Titelzeilen die Laufweite (und entsprechend der Wortabstand) etwas reduziert werden, da größere Schriftgrade weniger Buchstabenabstand benötigen.
- *Einschübe* von Zeitungs- und Zeitschriftenartikeln sind deutlich durch gleichmäßigen Weißraum oben und unten zu kennzeichnen und so von Überschriften zu unterscheiden.

Die Minimalbreite von *Spalten* sollte mindestens Platz für 35 Zeichen bieten. Der Spaltenzwischenraum muss deutlich größer als der maximale Wortzwischeraum sein. Bei größerem Zeilenabstand muss auch der Spaltenabstand vergrößert werden. Für nebeneinanderliegende Spalten gilt, dass – zumindest bei qualitativ hohen Ansprüchen an die Drucksache – die einzelnen Zeilen Register halten sollten, d. h. dass die Schriftlinien zweier benachbarter Zeilen sich auf gleicher Höhe befinden müssen. Wird wegen zu geringem Spaltenzwischenraum eine Spaltentrennlinie verwendet, ist diese der Schriftstärke anzupassen.

3.2.8 Wie konstruiere ich einen Satzspiegel?

Als *Satzspiegel* bezeichnet man den im Layout vorgesehenen Bereich für Text und Abbildungen, der sich für den Leser als einheitlich graue Fläche vom Untergrund (Papier, Bildschirm) abhebt. Zum Satzspiegel gehört neben dem eigentlichen Text auch der *lebende Kolumnentitel* (in der alten fachsprachlichen Bedeutung; siehe Kap. 2.6, Abb. 12). Das ist ein metatextuelles Element, das neben der Seitenziffer (fachsprachlich *Pagina*) kurze Texte enthält, die sich je nach Inhalt des Werkes mehr oder weniger häufig wechselnd auf das ganze Werk, den Autor, den Artikel oder (wie bei Lexika und Wörterbüchern) die betreffende Seite beziehen, evt. mit einer Linie vom folgenden Text abgegrenzt. Daher hat der lebende Kolumnentitel optisch so viel Gewicht, dass er mit zum Satzspiegel gerechnet wird.

Nicht zum Satzspiegel gehört der *tote Kolumnentitel*, d. h. nur die Seitenziffer, die natürlich von Seite zu Seite wechselt, aber eben optisch kein Gewicht hat. Ebenfalls nicht dazu gehören die *Marginalien* und die *Bogensignatur* mit drucktechnischen Angaben. Weisen Buchseite und Satzspiegel die gleiche Proportion auf, entsteht ein *harmonischer* Satzspiegel.

Fachleute unterscheiden zwischen konventionellem und unkonventionellem Satzspiegel. Der konventionelle Satzspiegel ist symmetrisch und folgt bestimmten Proportionsgesetzen. Der Satzspiegel kann aber auch asymmetrisch sein und frei bestimmt werden oder einem Gestaltungsraster (Kap. 3.2.9) folgen. Die in typografischer Literatur zu findenden Satzspiegelkonstruktionen beziehen sich in erster Linie auf belletristische Werke. Wegen der breiten Ränder sind sie für Sachbücher, technische Dokumentation und Zeitschriften weniger geeignet.

Zur Konstruktion des Satzspiegels gibt es mehrere Möglichkeiten, von denen in Abb. 43 die drei häufigsten dargestellt sind. Entweder konstruiert man nach der *Faustregel* (oben), nach der *Neunerteilung* (Mitte) oder mit Hilfe der Doppelseiten- bzw. Seitendiagonalen.

1. Nach der Faustregel: Bei dieser Konstruktion (Abb. 43, oben) nimmt man zwei Drittel der Papierbreite als Satzbreite. Das restliche Drittel wird durch sechs geteilt. Davon stehen innen (im Bund) $^2/_6$, außen (am Rand) $^4/_6$, oben (im Kopf) $^3/_6$ und unten (im Fuß) $^5/_6$. Für die gegenüberliegende linke Seite wird die Konstruktion gespiegelt.

2. Die Neunerteilung: Hier werden Papierbreite und -höhe jeweils in neun Teile geteilt, was insgesamt 81 Felder ergibt (Abb. 43, Mitte). Eine Feldbreite wird für den inneren Rand genommen, zwei für den äußeren, die restlichen sechs Feldbreiten ergeben die Satzbreite. Eine Feldhöhe ergibt den oberen Rand, zwei Feldhöhen den unteren etc. Schon Gutenberg hat den Satzspiegel seiner 42-zeiligen Bibel auf diese Weise eingerichtet (sogenannter „Goldener Modul").

3. Mit Hilfe der Diagonalen: Dieser Konstruktion (Abb. 43, unten) liegt der sogenannte *Villardsche Teilungskanon* zu Grunde – auch *Villardsche Figur* genannt nach dem französischen Baumeister Villard de Honnecourt, der das einzige mittelalterliche Bauhüttenbuch hinterließ; mit Hilfe dieser Figur lässt sich eine Strecke in immer kleiner Teile aufteilen, deren folgender Teil stets die Hälfte des vorhergehenden ausmacht (Abb. 44, S. 118). Zuerst zeichnen Sie die beiden Diagonalen

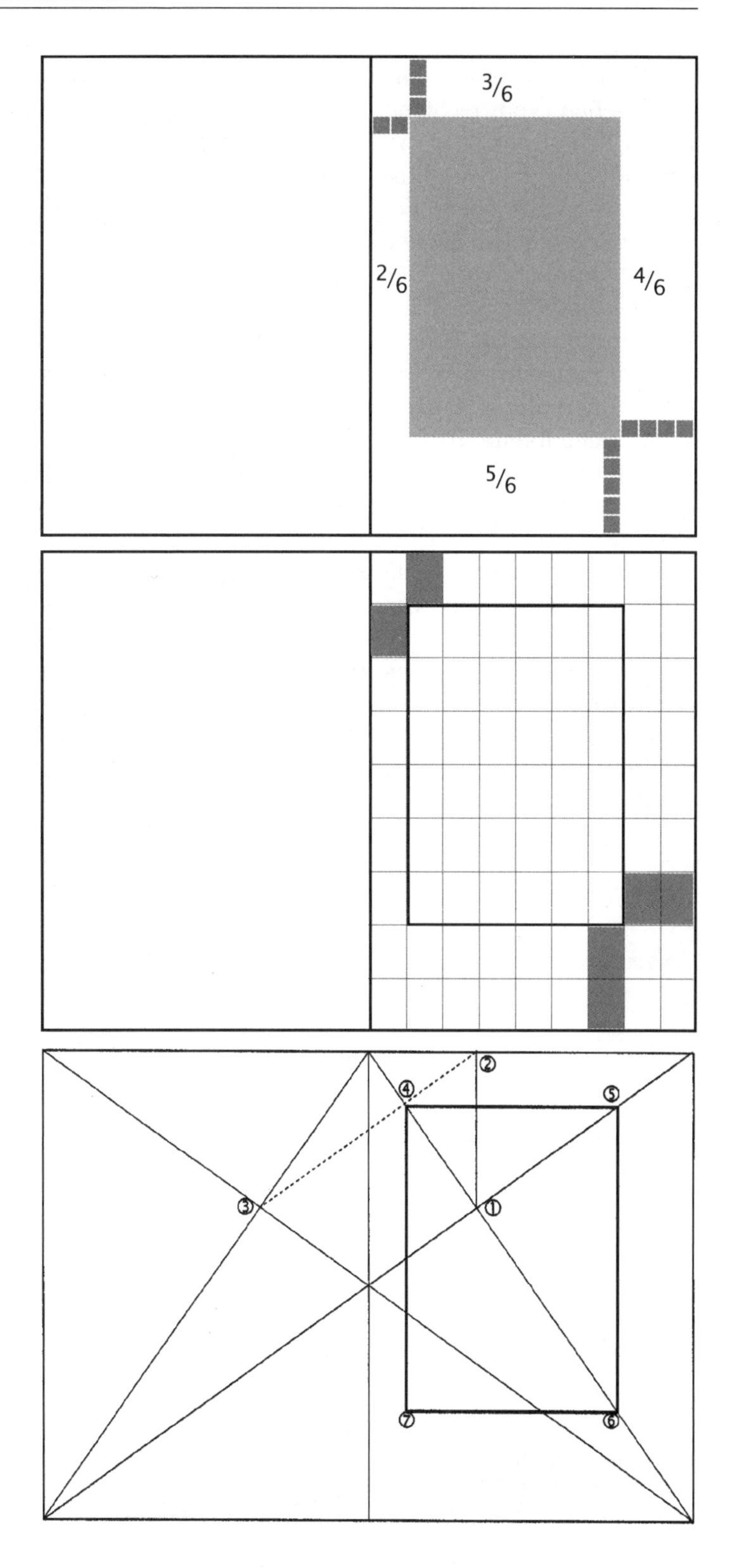

Abb. 43: Drei Möglichkeiten zur Konstruktion eines harmonischen Satzspiegels

der Doppelseite, dann von der Mitte oben ausgehend die Diagonalen der beiden Einzelseiten. Vom rechten Schnittpunkt ① gehen Sie nach oben ②. Von dort zum linken Schnittpunkt ③. Wo sich diese Strecke mit der rechten Seitendiagonale schneidet, beginnt die linke obere Ecke des Satzspiegels ④. Jetzt müssen Sie nur noch die rechte obere Ecke auf der Doppelseiten-Diagonale ⑤ und die rechte untere Ecke auf der Seitendiagonale ⑥ ergänzen, dann ergibt sich die linke untere Ecke ⑦ automatisch. (Quelle: Luidl 1988: 92f)

Diese von dem holländischen Typografen *van de Graaf* stammende Konstruktion wurde von *Jan Tschichold* für die Buchtypografie viel benutzt und wird daher oft ihm zugeschrieben. Sie ergibt einen Satzspiegel, der im Prinzip ebenfalls auf der Neunerteilung beruht und die folgenden Werte aufweist: Innenrand („Bund") $^1/_9$ der Seitenbreite, Außenrand $^2/_9$, Satzbreite $^6/_9$. Oberer Rand („Kopf") ebenfalls $^1/_9$, unterer Rand („Fuß") $^2/_9$ und Satzhöhe $^6/_9$ der Seitenhöhe. Der Satzspiegel für die linke Seite wird natürlich symmetrisch dazu konstruiert. Abbildung 43 bezieht sich auf das DIN-A-Format, das bekanntlich ein Seitenverhältnis von $1:\sqrt{2}$ aufweist. Versuchen Sie die Konstruktion auch für ein Seitenformat, das die Proportion des Goldenen Schnitts hat (z. B. 13 × 21 cm) oder die Proportion 2:3 (z. B. 14 × 21 cm).

Ein Vorteil dieser Konstruktion liegt darin, dass man den Ansatzpunkt ④ für die Konstruktion des Satzspiegels auf der Diagonalen nach oben oder unten verschieben kann und so einen seitenfüllenderen bzw. luftigeren („splendiden") Satzspiegel erhält, wobei die harmonischen Proportionen von Satzspiegel und Rändern erhalten bleiben.

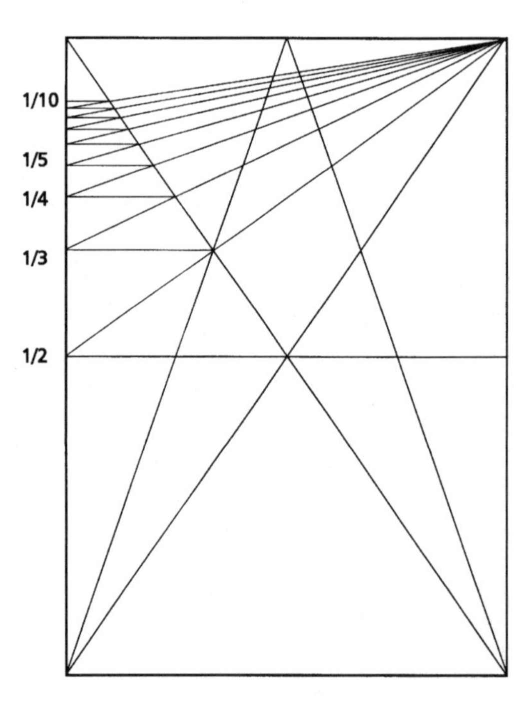

Abb. 44:
Die Villardsche Figur
zur fortgesetzten Halbierung einer Strecke
(nach Kapr & Schiller 1997: 34, Abb. 34.4)

3.2.9 Ordnung auf der Seite: der Gestaltungsraster

Für Publikationsmedien wie Zeitungen und Zeitschriften, Prospekte und Broschüren, Flyer, aber auch bestimmte Sachliteratur und Ähnliches eignet sich besser der Gestaltungsraster zur Ausnutzung des Formats als die eben beschrieben Satzspiegelkonstruktionen.

Bei der Konstruktion eines Gestaltungsrasters (en *grid*) geht man folgendermaßen vor (Luidl 1988: 100–103): Zuerst wird das (Papier-)Format festgelegt, Danach bestimmt man die Ränder und den Satzspiegel. Diesen unterteilt man in Spalten, wobei je nach der zur Verfügung stehenden Formatbreite mindestens zwei, möglichst aber mehr Spalten gewählt werden (optimale, sprachspezifische Zeichenmenge beachten!). Dann wählt man die Schrift für den Mengentext („Grundschrift“) und ihre Schriftgröße. Danach bestimmt man den Zeilenabstand unter dem Aspekt der Lesbarkeit so, dass sich möglichst eine teilbare Anzahl von Zeilen pro Spalte ergibt. Nun werden mehrere Zeilen zu einem Rasterfeld zusammengefasst. Besteht die Spalte z. B. aus 40 Zeilen in der Grundschrift, können entweder 5 Rasterfelder à 8 Zeilen oder 8 Rasterfelder à 5 Zeilen gewählt werden. In Abb. 45 auf der folgenden Seite besteht die Spalte aus 81 Zeilen, das ergibt 9 Rasterfelder à 9 Zeilen. Diese Rasterfeld-Einteilung gilt prinzipiell für alle Spalten. Ein Rasterfeld erstreckt sich von der Oberkante der Mittellänge einer Zeile bis zur Schriftlinie der letzten Zeile des Rasterfeldes (Abb. 45, ①).

Bei der Gestaltung geht man nun so vor, dass Grundtext, Titelzeilen, Vorspann, Abbildungen und weiße Fläche bzw. Leerräume in die entsprechende Zahl von Rasterfeldern eingepasst werden. Abbildungen können bei passendem Motiv aus genau einem Rasterfeld bestehen (z. B. bestimmte Detailaufnahmen) oder sowohl horizontal als auch vertikal mehrere Rasterfelder umfassen (z. B. Gesamtansichten, Panoramaaufnahmen u. Ä.).

Bei zwei- oder mehrsprachigen Druckmedien erleichtert der Raster dem Leser die Orientierung, indem er durch die von Seite zu Seite gleiche Positionierung der jeweiligen Sprachversion des Textes die für ihn relevante schnell auffinden kann.

Noch ein Wort zu den Weißräumen („Leerräumen“): Laien neigen dazu, die Seiten möglichst mit Text und Abbildungen zu füllen; man nennt das „horror vacui“, die Angst vor dem leeren Raum. Dabei berücksichtigen sie nicht, dass der weiße Raum als wichtiges Gestaltungselement zur Gliederung der Tektonik bzw. als Kontrastmittel zur bedruckten Fläche dient (s. u.).

3.3 Typografische Gestaltungsprinzipien

Jeder professionellen typografischen Gestaltung liegt ein Beziehungsgeflecht von Kontrast, Balance, Proportion, Rhythmus, Harmonie, Bewegung und Einheitlichkeit zugrunde (Turnbull & Baird 1975: 156–166). Hier sei auf jene typografischen Gestaltungsprinzipien näher eingegangen, durch die sich das *typografische Schreiben* der Laien von der *professionellen typografischen Gestaltung* (Grafikdesign) deutlich unterscheidet. Typografisch gestaltete Texte folgen in der Anordnung der Text- und Bildelemente entweder dem Prinzip der *Symmetrie* oder dem der

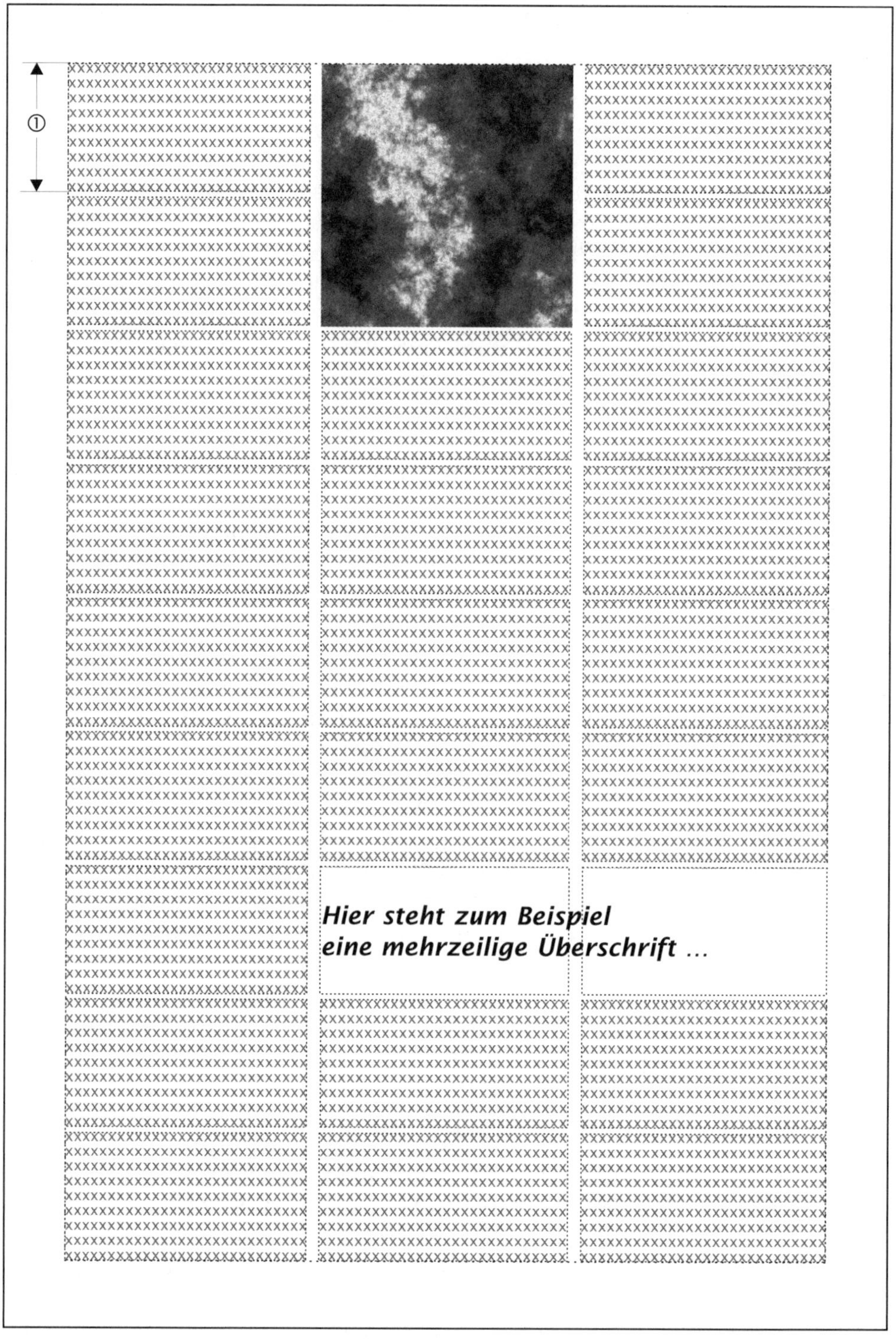

①

Hier steht zum Beispiel eine mehrzeilige Überschrift …

Abb. 45: Der Gestaltungsraster

Asymmetrie (in manchen Fällen einer freien Anordnung). Ein wichtiges Gestaltungsprinzip ist außerdem der Kontrast. Dies zeigt sich u. a. bei der Mischung unterschiedlicher Schriften und bei den Seitenproportionen der Fläche bzw. dem Verhältnis zwischen Fläche und Satzspiegel.

3.3.1 Symmetrie und Asymmetrie

Typografischer Text kann im Layout auf zwei verschiedene Arten angeordnet werden. Bei der *symmetrischen Typografie* (auch *symmetrische Satzanordnung* genannt) gruppiert man die einzelnen Textelemente unter Berücksichtigung der Balancelinie symmetrisch um eine vertikale Mittelachse – man spricht deshalb auch von axialer Typografie. Bei *asymmetrischer Typografie* sind die einzelnen Layoutelemente in einem ausgewogenenen, harmonischen Verhältnis um den Balancepunkt platziert, der auf der Balancelinie liegt.

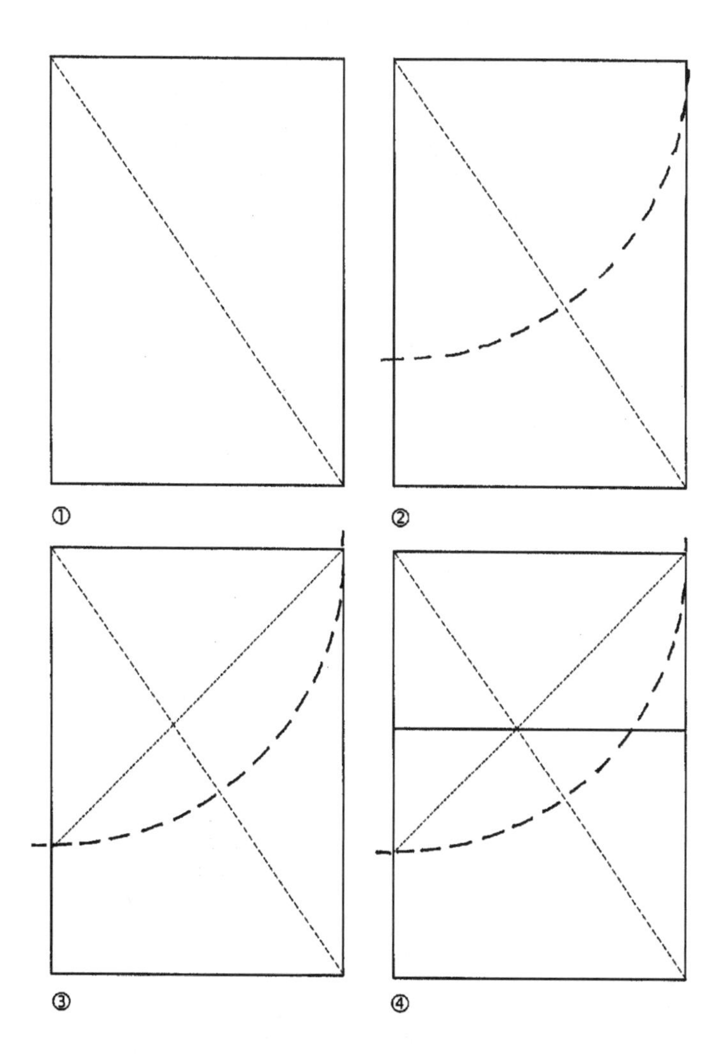

Abb. 46: Konstruktion der Balancelinie

Die Balancelinie ist gewissermaßen der Archimedische Punkt der typografischen Gestaltung. Man konstruiert sie folgendermaßen (Abb. 46): ① Von der linken oberen Ecke der Papierfläche eine Diagonale ziehen. ② Um den oberen Endpunkt der Diagonale einen Kreisbogen schlagen (Radius = Breite des Papierformats). ③ Vom Schnittpunkt des Kreisbogens an der linken Papierseite die Diagonale zur rechten oberen Papierecke ziehen. ④ Der Schnittpunkt beider Diagonalen ergibt den Balancepunkt; durch diesen führt die Balancelinie.

An sich ist die asymmetrische Form die ältere, „natürlichere", da das Erreichen von Symmetrie bestimmte technische Voraussetzungen fordert, die bei der handschriftlichen Buchproduktion und bei der Schreibmaschine nicht gegeben waren. Heute wirkt jedoch die durch Gutenbergs Satztechnik ermöglichte symmetrische Anordnung traditioneller. Sie wird vor allem für festliche und repräsentative Texte wie Buchtitel, Urkunden, Einladungen, Programme etc. verwendet. Spannung und Harmonie erreicht man dabei durch eine sorgfältige Abstimmung der Schriftgrade aufeinander, durch eine durchdachte Variation im Zeilenverlauf („dynamischer Zeilenfall"; siehe Kap. 3.2.3) und bei der Verteilung der Zwischenräume (z. B. nach den Proportionen des Goldenen Schnitts) sowie durch Ausnutzung von Form- und Stärkekontrast. Hinzu tritt die unbedruckte Fläche des Papiers als wichtiges Gestaltungselement. Letztere spielt bei der asymmetrischen Symmetrie eine noch wichtigere Rolle: „Die Asymmetrie der Gestaltung führt von selbst dazu, daß der weiße Untergrund aktiv an der Form beteiligt ist" (Tschichold 1928/1987: 72).

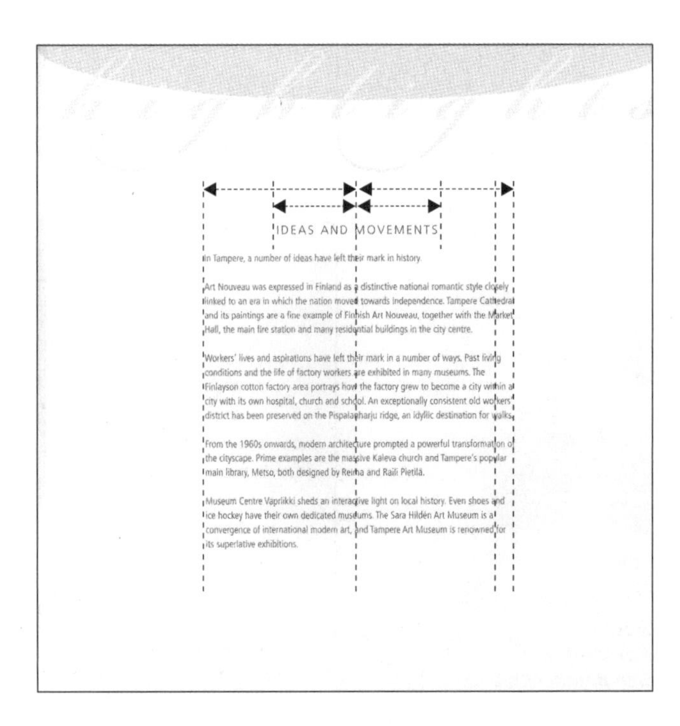
IDEAS AND MOVEMENTS

In Tampere, a number of ideas have left their mark in history.

Art Nouveau was expressed in Finland as a distinctive national romantic style closely linked to an era in which the nation moved towards independence. Tampere Cathedral and its paintings are a fine example of Finnish Art Nouveau, together with the Market Hall, the main fire station and many residential buildings in the city centre.

Workers' lives and aspirations have left their mark in a number of ways. Past living conditions and the life of factory workers are exhibited in many museums. The Finlayson cotton factory area portrays how the factory grew to become a city within a city with its own hospital, church and school. An exceptionally consistent old workers' district has been preserved on the Pispalanharju ridge, an idyllic destination for walks.

From the 1960s onwards, modern architecture prompted a powerful transformation of the cityscape. Prime examples are the massive Kaleva church and Tampere's popular main library, Metso, both designed by Reima and Raili Pietilä.

Museum Centre Vapriikki sheds an interactive light on local history. Even shoes and ice hockey have their own dedicated museums. The Sara Hildén Art Museum is a convergence of international modern art, and Tampere Art Museum is renowned for its superlative exhibitions.

Abb. 47:
„Arithmetische Symmetrie"
bei linksbündigem Flattersatz

Asymmetrische Typografie stützt sich bewusst auf das Prinzip der Unregelmäßigkeit bei harmonischer und proportioneller Balance. Der junge Tschichold lehnte axiale Anordnung von Textelementen ab, denn „[d]ie Asymmetrie ist der rhythmische Ausdruck funktioneller Gestaltung" (Tschichold 1928/1987: 69; im Original gesperrt). Daher machte er diese (neben der Grotesk) zur Grundlage seiner *Neuen Typografie* (in seinem Spätwerk kehrte er wieder zur Symmetrie zurück).

Die Neigung zur Asymmetrie lässt sich in der typografischen Gestaltung in Mitteleuropa, besonders in der Schweiz, immer noch feststellen. Die asymmetrische Form wirkt dynamischer, progressiver – erfordert aber ein gutes Formgefühl und einen entwickelten typografischen Blick – beide meist erst Resultat langjährigen Trainings.

Symmetrischen Arrangements werden vor allem die Attribute festlich, diskret, traditionell, ernst, ruhig und konservativ zugeschrieben, während typografische Produkte mit asymmetrischer Anordnung der Textblöcke eher als zeitgemäß, auffällig, modern, interessant, spannend und progressiv gelten.

Heute häufig zu beobachten ist das gleichzeitige Auftreten von symmetrischem und asymmetrischem Prinzip in einem Layout. Dies ist meist ein Zeichen für Laientypografie, die ihre Ursache im unreflektierten Aktivieren von Software-Optionen hat. So werden im DTP z. B. häufig Titelzeilen auf Mittelachse und Textblöcke im (linksbündigen) Flattersatz miteinander kombiniert, ohne daran zu denken, dass der optische Rand rechts nicht mit dem durch die Zeilenbreite gegebenen Spaltenrand zusammenfällt, sondern weiter links auf der vertikalen Mitte der Flatterzone liegt (Abb. 47) – man kann dieses Phänomen „arithmetische Symmetrie" nennen, da es auf rechnerischen Werten basiert, ohne auf optische Gesetzmäßigkeiten Rücksicht zu nehmen.

3.3.2 Kontrast

Die Wirkung des Textbildes und der Gesamteindruck des Layouts leiten sich zu einem wesentlichen Teil vom *Kontrast* her, in dem die eingesetzten typografischen Mittel zueinander stehen (vgl. Davidshofer & Zerbe 1961: 251ff; Turnbull & Baird 1975: 156–161). Ausreichender Kontrast verleiht dem gedruckten oder elektronisch-digitalen Medium Individualität und Aufmerksamkeitswert. Dabei gilt es (besonders im Akzidenzsatz), „die Ursprünglichkeit der Gegensätze durch die richtige Dosierung aufeinander abzustimmen und durch zweckvolle Anwendung zur Harmonie zu verbinden" (Davidshofer & Zerbe 1961: 252).

Als Wirkungselemente kombiniert man Kräftiges mit Zartem, Großes mit Kleinem, Ruhiges mit Bewegtem, Positives mit Negativem und Schmückendes mit Einfachem, wobei die Hauptregel gilt, dass nicht mehr als drei Wirkungselemente gleichzeitig ins Blickfeld gerückt werden, da sonst die Gefahr der Zersplitterung besteht. Beim typografischen Gestalten werden folgende Kontrastarten unterschieden (Beispiele Abb. 48, S. 124):

Abb. 48:
Kontrastarten (Beispiele)

1. *Formenkontrast:* Versalien im Normalschnitt vs. Kleinbuchstaben in Kursiv oder Schreibschrift; normaler vs. enger oder breitlaufender Schriftschnitt; Bild mit Geraden vs. Bild mit geschwungenen Konturen etc.
2. *Stärkenkontrast:* magerer oder normaler vs. fetter Schriftschnitt; weiße Papieroberfläche vs. Grauwirkung des Satzspiegels; helles Bild vs. dunkles Bild.
3. *Größenkontrast:* großer vs. kleiner Schriftgrad; großflächige vs. kleinflächige Abbildung; lange vs. kurze Zeile (dynamischer Zeilenfall).
4. *Farbkontrast:* bunte Farbe vs. Schwarz; bunte Farbe vs. einer Komplementärfarbe; dunkles Bild vs. Grauwirkung des Textes; weiße bzw. unbedruckte Papieroberfläche vs. Grauwirkung des Textes.
5. *Flächenkontrast:* Proportionen von Papierformat, Satzspiegel, einzelnen Textgruppen und den unbedruckten Flächen (Rändern etc.).
6. *Anordnungskontrast:* horizontale Anordnung vs. vertikaler Anordnung (besonders bei asymmetrischer Typografie wichtig).

Die Dosierung und Abstimmung der verschiedenen Kontraste aufeinander erfordert jahrelange Übung und Schulung des Auges.

Quellen und weiterführende Literatur

Beinert, Wolfgang (Hrsg.). 2006. Typolexikon.de. Das Lexikon der westeuropäischen Typographie. Berlin: online seit 2002. http://www.typolexikon.de/ [25.02.2011]

Davidshofer, Leo & Zerbe, Walter. 1961. *Satztechnik und Gestaltung. – Schweizerisches Fach- und Lehrbuch für Schriftsetzer.* Zürich, Bern: Bildungsverband Schweizerischer Buchdrucker.

Doblhofer, Ernst. 1993. *Die Entzifferung alter Schriften und Sprachen.* Stuttgart: Philipp Reclam jun.

Duden. 2006. *Die deutsche Rechtschreibung.* 24., völlig neu bearb. u. erw. Aufl. Hrsg. v. d. Dudenredaktion. Auf der Grundlage der neuen amtlichen Rechtschreibregeln. Mannheim, Leipzig, Wien, Zürich: Dudenverlag, (Der Duden in 12 Bänden, Bd. 1).

Engel, Ulrich. 1991. *Deutsche Grammatik.* 2., verb. Aufl. Heidelberg: Julius Groos.

Forssman, Friedrich & de Jong, Ralf. 2002. *Detailtypografie.* Mainz: Hermann Schmidt.

Frick, Richard. 1997. *Satztechnik.* Bd. 2 der Lehrmittelausgaben *Satztechnik und Typografie,* hrsg. von der Gewerkschaft Druck und Papier. 3. Aufl. Bern: GDP-Verlag.

Gerstner, Karl. 1990. *Kompendium für Alphabeten.* 3. Aufl. Teufen: Arthur Niggli.

Graber, Christine. 1998. *Formenlehre.* Bd. 4 der Lehrmittelausgaben *Satztechnik und Typografie,* hrsg. von der Gewerkschaft Druck und Papier. 2., unveränderte Aufl. Bern: GDP-Verlag.

Gulbins, Jürgen & Kahrmann, Christine. 1992. *Mut zur Typographie – Ein Kurs für DTP und Textverarbeitung.* Korrig. Nachdruck 1993. Berlin, Heidelberg, New York: Springer-Verlag, (= Edition Page).

Hagenmaier, Otto. 1990. *Der Goldene Schnitt. Ein Harmoniegesetz und seine Anwendung.* Augsburg: Augustus-Verlag.

Harms, Andreas. 1992. „Kanji Schriftzeichen." In: Karow, Peter. 1992. *Schrifttechnologie. Methoden und Werkzeuge.* Berlin etc.: Springer-Verlag, 321–341.

Herrmann, Ralf. 2005. *Zeichen setzen. Satzwissen und Typoregeln für Textgestalter.* Bonn: mitp-Verlag.

Hochuli, Jost. 1987. *Das Detail in der Typografie. Buchstabe, Buchstabenabstand, Wort, Wortabstand, Zeile, Zeilenabstand, Kolumne.* Wilmington (Mass.): Compugraphic.

Hochuli, Jost. 1991. *Kleine Geschichte der geschriebenen Schrift – Einführung in die abendländische Schriftgeschichte von den Römern bis ins 20. Jahrhundert.* St. Gallen: Verlag Typophil.

Kapr, Albert & Schiller, Walter. 1977. *Gestalt und Funktion der Typografie.* Leipzig: Fachbuchverlag.

Luidl, Philipp. 1988. *Desktop-Knigge. Setzerwissen für Desktop-Publisher.* München: te-wi Verlag.

Luidl, Philipp. 1989. *Typografie: Herkunft, Aufbau, Anwendung.* 2., überarb. Aufl. Hannover: Schlütersche.

Nöth, Winfried. 1985. *Handbuch der Semiotik.* Stuttgart: J. B. Metzler.

Rehe, Rolf F. 1981. *Typographie. Wege zur besseren Lesbarkeit.* St. Gallen: Verlag Coating.

Rösner, Hans & Kroh, Isabelle. 1996. *Visuelles Gestalten – Von der Idee zur Produktion.* Frankfurt a.M.: Polygraph.

Sauthoff, Daniel & Wendt, Gilmar & Willberg, Hans Peter. 1997. *Schriften erkennen – Eine Typologie der Satzschriften für Studenten, Grafiker, Setzer, Kunsterzieher und alle PC-User.* 6. Aufl. Mainz: Hermann Schmidt.

Schmitt, Peter A. 1999. *Translation und Technik.* Tübingen: Stauffenburg (= Studien zur Translation, Bd. 6).

Schopp, Jürgen. 1994. „Typographie als Translationsproblem." In: Snell-Hornby, Mary & Pöchhacker, Franz & Kaindl, Klaus (Hrsg.). *Translation Studies. An Interdiscipline.* Amsterdam, Philadelphia: John Benjamins, 1994, (= Benjamins Translation Library 2), 349–360.

Schopp, Jürgen F. 2005. *»Gut zum Druck«? – Typografie und Layout im Übersetzungsprozess.* (= Acta Universitatis Tamperensis 11)7). Tampere: Tampere University Press. www-Version: http://acta.uta.fi/pdf/951-44-6465-6.pdf; besonders Kap. 3 u. 4.

Schuler, Günter. 2003. *bodytypes. Kompendium der Satzschriften: Serif, Sans Serif und Slab Serif.* Kilchberg (Schweiz): SmartBooks Publishing.

Sommer, Martin. 1998. *Typografische Grundlagen.* Bd. 1 der Lehrmittelausgaben Satztechnik und Typografie, hrsg. von der Gewerkschaft Druck und Papier. 2., überarbeitete Aufl. Bern: GDP-Verlag.

Tschichold, Jan. 1928/1987. *Die neue Typographie: ein Handbuch für zeitgemäss Schaffende.* 2. Aufl. Berlin: Brinkmann & Bose, 1987.

Turnbull, Arthur T. & Baird, Russell N. 1975. *The Graphics of Communication. Typography, Layout, Design.* New York etc.: Holt, Rinehart and Winston.

Turtschi, Ralf. 1999. „Ausweg aus der Mitte." In: *Desktop Dialog* 3/1999, 93–96.

Wehde, Susanne. 2000. *Typographische Kultur – Eine zeichentheoretische und kulturgeschichtliche Studie zur Typographie und ihrer Entwicklung.* Tübingen: Niemeyer (= Studien und Texte zur Sozialgeschichte der Literatur, Bd. 69).

Willberg, Hans Peter. 2001. *Wegweiser Schrift. Erste Hilfe im Umgang mit Schriften, was passt – was wirkt – was stört.* Mainz: Hermann Schmitt.

Willberg, Hans Peter & Forssman, Friedrich. 1997. *Lesetypographie.* Mainz: Hermann Schmidt.

Wüster, Eugen. 1985. *Einführung in die Allgemeine Terminologielehre und Terminologische Lexikographie.* 2. Aufl. Kopenhagen: Handelshochschule Kopenhagen.

Zintel, Theo. 1991. „Das Berufsbild des Desktop-Publishers." In: *Desktop Dialog* 9/1991, 47–49.

4 Vom digital-typografischen Schreibprozess

In der praktischen Arbeit der professionellen Textgestaltung ist der Computer nicht mehr wegzudenken. Wurden früher Bilder und Text noch mit Schere, Cutter und Klebstoff „montiert" um eine Seite zu gestalten, werden alle Arbeiten in der sogenannten Druckvorstufe (Prepress) heute selbstverständlich am Computer durchgeführt. In der Druckvorstufe wird traditionell mit Apple-Geräten gearbeitet, die meisten Druckereien verfügen heute aber auch schon über (Windows-) PC-Arbeitsplätze. Welche Probleme sich daraus ergeben können, wird im Abschnitt zur Schrifttechnologie besprochen.

4.1 Textverarbeitungs- und Layout-Software

Es gibt Microsoft Word … und es gibt professionelle Software (der Begriff „DTP-Software" wird zunehmend von „Layoutprogramme" verdrängt.) Zwar kann Word Inhaltsverzeichnisse anlegen, Fußnoten verwalten, Bilder einbinden und alle möglichen und auch aus typografischer Sicht unmöglichen Spielereien (vgl. WordArt) mit Text anstellen, jedoch ergeben sich dabei auch vielfältige Probleme: so speichert Word in der Standardvorlagendatei Normal.dot neben dem mühsam entworfenen Grundlayout auch Informationen darüber ab, welcher Drucker etwa an dem PC angeschlossen ist, an dem gerade gearbeitet wird und welche Seitenränder dieser Drucker bedrucken kann. Öffnet man das Dokument auf einem anderen PC, beginnt Word automatisch, das Dokument für den auf dem neuen Rechner installierten Drucker umzubauen, das heißt in erster Line zu umbrechen – und schon steht die mühsam platzierte Grafik nicht mehr, wo man sie haben wollte. Apropos Grafik: Bei Bildern etwa verwendet Word oft nur eine Qualitätsstufe, die zwar für den Bildschirm perfekt, beim Druck aber völlig unzureichend ist.

Microsoft Word ist aber nicht das einzige ungeeignete Textverarbeitungsprogramm – wenn es um die Erstellung von Druckvorlagen geht sind alle Office-Programme wie OpenOffice Writer, Apple Works, StarOffice, NeoOffice, etc. gleichermaßen ungeeignet. Im professionellen Bereich werden beinahe ausschließlich die beiden Layoutprogramme Quark XPress und Adobe InDesign eingesetzt, wobei sich letzteres aus Gründen der besseren Kompatibilität mit Kreativ-Software wie etwa Adobe Photoshop zur Bildbearbeitung und Adobe Illustrator zur Gestaltung von Logos und nicht zuletzt auch aus wirtschaftlichen Überlegungen durchzusetzen beginnt.

Quark XPress war lange Zeit (vorgestellt 1987 für den Apple Macintosh) marktführend. Aldus (später Adobe) PageMaker sowie Ventura Publisher (heute Corel Ventura) waren zwar ebenfalls im professionellen Bereich verbreitet, jedoch werden beide Programme seit Version 10 nicht mehr weiterentwickelt. InDesign wurde 1999 von Adobe auf den Markt gebracht, um einerseits XPress-geschulten Anwendern den Umstieg so leicht wie möglich zu machen und andererseits die eigene Kreativprogramm-Serie (Creative Suite) abzurunden, die bereits mit Adobe Photoshop und Adobe Illustrator die beiden Industriestandards im Bereich von Bildbearbeitung und Vektorgrafik stellt. Adobe gelang es weiters durch eine gezielte Preispolitik und eine durchgängig einheitliche Bedienung bzw. Menüführung das Zusammenarbeiten der einzelnen Programme der sog. Creative Suite so zu optimieren, dass InDesign heute über einen hohen Marktanteil verfügt. Da InDesign aber beinahe ausschließlich als Teil der Creative Suite verkauft wird, gibt es keine definitiven Zahlen zur Verwendung, nur zum Verkauf des Produktes.

4.2 Arbeitsvorbereitung: Text- und Bildaufbereitung

Allerdings können Word & Co. mit ein bisschen gutem Willen und Konsequenz durchaus als Werkzeug verwendet werden, um Texte für die Weiterverarbeitung mit einem Layoutprogramm aufzubereiten. So lassen sich in Word Formatierungsvorlagen oder Gliederungsebenen (z. B. Überschriften) zuweisen, die die beiden im professionellen Bereich meistgenutzten Layoutprogramme – Adobe InDesign und Quark XPress – als Stilvorlagen übernehmen können. Wichtig dabei ist, dass die Zuweisung durchgängig erfolgt ist und – so man die Satzarbeit nicht selbst macht – der Mediengestalter darauf hingewiesen wird.

4.2.1 Textaufbereitung mit Microsoft Word im Detail

Sichtbarmachen aller nichtdruckbaren Zeichen: Das funktioniert am einfachsten mit der entsprechenden Schaltfläche ¶ in der Titelleiste oder mit der Tastenkombination [strg] [shift] [*].

Vorteil: alle Wortzwischenräume sind durch kleine Punkte markiert und daher ist eindeutig zu erkennen, ob zwischen zwei Wörtern ein Wortzwischenraum zuviel oder zuwenig gesetzt wurde; weiters sind Seiten- oder Spaltenumbrüche ebenso markiert wie Absatzmarken.

So einfach wie möglich formatieren: Wird der Text anschließend sowieso mit einem Layoutprogramm formatiert, ist es überflüssig, diese Formatierungen schon in Word zu setzen. Automatische Silbentrennung, Blocksatz, händische Silbentrennung etc. stören nur die Weiterverarbeitbarkeit des Textes. Idealiter wird der Text ohne jegliche Formatierung als Fließtext gestaltet, vorzugsweise linksbündig. Absätze werden nur mit einer Absatzschaltung (Return-Taste/Enter-Taste) markiert. Entsprechendes gilt für Tabellen – für diese stellt Word ein eigenes Werkzeug zur Verfügung – die keinesfalls mit Tabulator und Absatzschaltung entworfen werden sollten. Soll ein Kapitel auf einer neuen Seite beginnen, verwenden Sie den Umbruchbefehl und keinesfalls so viele Zeilenschaltungen, bis der Cursor auf der nächsten Seite landet. Bedenken Sie bei all diesen Vorgangsweisen, dass bei der Übernahme in das Layoutprogramm unnötige (auch nicht druckbare) Zeichen mühsam händisch wieder entfernt werden – das kostet Zeit!

Empfehlung: Legen Sie möglichst vor Beginn des Schreibens bereits die Gliederungsebenen fest. Trennen Sie Form und Inhalt insofern, als Sie nicht erst beim Schreiben entscheiden, welche Struktur Ihr Text haben soll. Das ist eine inhaltliche Entscheidung und somit die des Autors und nicht des Grafikers, denn der Grafiker ist „nur" für die Form – also die Umsetzung der Struktur – zuständig. Haben Sie in Word Formatvorlagen für die einzelnen Hierarchieebenen Ihres Textes festgelegt, können diese z. B. als sog. Stilvorlagen in XPress übernommen werden – das erspart dem Grafiker viel Arbeit, da er die Stilvorlagen festlegen kann und nicht den gesamten Text formatieren muss, und verringert die Fehleranfälligkeit beträchtlich.

Rechtschreibprüfung und AutoKorrektur: Haben Sie Ihren Text verfasst und soweit formatiert, lassen Sie die automatische Rechtschreibprüfung von Word alle Tippfehler finden. Achten Sie dabei darauf, dass die richtige Sprache eingestellt ist (für Word 2003 und 2007 im Menü *Extras - Sprache - Sprache festlegen* bzw. für Word 2010 im Menü *Überprüfen - Sprache - Sprache für die Korrekturhilfen festlegen*)! Word findet zwar nicht alle Fehler und verfügt nur über einen geringe Anzahl von Einträgen im mitgelieferten Wörterbuch, aber Sie können häufig genutzte Wörter selbst zum Benutzerwörterbuch hinzufügen und die Treffsicherheit somit erhöhen.

Die AutoKorrektur dient dazu, häufig auftretende Tippfehler – wie der Name sagt – automatisch zu korrigieren. Eine kleine Liste bringt Word mit; sollte Ihnen auffallen, dass gewisse Buchstabenfolgen Ihnen öfters misslingen, können Sie auch hier selbst Erweiterungen hinzufügen.

Verzeichnisse, Tabellen, etc.: Die schlechte Nachricht gleich vorweg: Layoutprogramme können weder mit automatischen Nummerierungen noch mit Fußnoten oder Tabellen umgehen. Tabellen müssen nachgebaut werden und dabei passieren erfahrungsgemäß immer Fehler, Fußnoten müssen händisch zugeordnet und auf der entsprechenden Seite platziert werden.

Tipp: Entscheiden Sie sich bei Fußnoten für die Variante „Endnoten", bei der alle Fußnoten nach der letzten Textseite gesammelt stehen. Aus den gesammelten Fußnoten kann der Grafiker dann die Fußnoten auf die einzelnen Textseiten platzieren, ohne alles durchsuchen zu müssen.

Was Verzeichnisse betrifft, so können InDesign und XPress mittlerweile einigermaßen gut mit den Word-Vorlagen umgehen. Ein Versuch, das Verzeichnis zu übernehmen, schadet nicht, allerdings wird es unumgänglich sein, nachzuarbeiten.

Texterstellung abschließen: Bevor Sie mit dem Layouten beginnen, muss die Texterstellung abgeschlossen sein. Zwar können einzelne Fehlerkorrekturen noch im Layoutprogramm vorgenommen werden, das Umstellen von ganzen Absätzen ist jedoch nicht wünschenswert und auch nicht zweckmäßig. Selbst wenn Sie die

Seiten selbst bauen in XPress oder InDesign, zwingen Sie sich, das inhaltliche Gestalten vorher abzuschließen. Dies ist schwierig und die Versuchung ist groß, nachträglich noch einzugreifen, aber der Aufwand steht nie – niemals – in einer vernünftigen Relation zum erzielten Nutzen!

4.2.2 Aufbereitung der Bilddateien

Wie auch die Textdatei, müssen alle Bilder in einem druckfähigen Format vorliegen, bevor sie in ein Layoutprogramm übernommen werden können. Weiters gilt es zu kontrollieren, ob die Vorlagen vollständig sind und in entsprechender Qualität vorliegen, d. h. die entsprechenden Bilder als digitale Fotos, Scans oder aber in Dateiformaten vorhanden sind, die in ein Layoutprogramm importiert werden können und diese Dateien verlustfrei gespeichert wurden. Diese Anforderungen schließen bereits die meisten Formate aus; üblicherweise liegen Bilddateien als Adobe Illustrator-Dokumente (*.ai), Adobe Photoshop (*.psd) oder aber als *.tif bzw. *tiff oder *.eps vor – die bei Bildern aus dem Internet anzutreffenden Formate *.gif, *.png und *.jpg bzw. *.jpeg sind für die Bildschirmanzeige optimiert und entsprechen daher den Qualitätskriterien für den konventionellen Druck nicht (vgl. Kap. 4.3).

4.2.3 Urheberrecht

Die Urheberrechtsfrage ist umfangreich und für jeden Text(ausschnitt) bzw. jedes Bild zu klären. Texte und Bilder ohne Nennung bzw. ohne Wissen des Autors zu verwenden ist Missbrauch geistigen Eigentums und somit strafbar. Dabei obliegt es dem Auftraggeber, keinesfalls dem Übersetzer oder Mediengestalter, die nötigen Freigaben bereits vor der Übernahme der Daten in ein Layoutprogramm zu beschaffen. Liegen die nötigen Freigaben nicht vor, darf der Text bzw. das Bild nicht verwendet werden (vgl. zur Frage des Urheberrechts im translatorischen Kontext für Österreich Noll 1994 und für Deutschland Cebulla 2007).

4.2.4 Übernahme der Text- und Bilddateien in ein Layoutprogramm

Im Layoutprogramm werden nun die einzelnen Dateien der Arbeitsvorbereitungsphase zu einem einzigen, durchgängig gestalteten, digitalen Medienprodukt zusammengeführt. Abhängig von der Gesamtkonzeption kann diese Gestaltungsphase sehr rasch abgeschlossen sein oder sich auch sehr aufwändig gestalten. Wie diese Zusammenführung und Gestaltung im Einzelnen funktioniert, zeigt das folgende Kapitel.

4.3 Der elektronische Text-Gestaltungsprozess

Entworfen wird bei mehrseitigen Publikaten normalerweise immer auf Grundlage einer Doppelseite. Die Aufteilung der Seite unterliegt den Grundregeln der visuellen Gestaltung: meist wird entweder ein Teilungsverhältnis wie etwa der Goldene Schnitt oder eine Rasterteilung angewandt. Diese Aufteilung bleibt dann für alle Seiten gleich und bildet den Satzspiegel, der stark vereinfacht gesagt festlegt, wo auf einer Seite was steht (vgl. Kap. 3.2.8). Alle unveränderlichen Bestandteile der Seite, wie z. B. die Seitenzahlen, die ja immer an der gleichen Stelle stehen sollten, werden auf sog. Musterseiten platziert, sodass diese Teile nicht auf jeder Seite neu angelegt werden müssen oder sogar Gefahr laufen, vergessen zu werden.

Öffnet man ein Layoutprogramm, so findet man zunächst eine leere Arbeitsfläche vor. Mit „Neues Dokument" öffnet sich ein Dialogfeld, das Angaben zum fertigen Druckprodukt abfragt wie etwa einseitiges/doppelseitiges Layout, Papiergröße, Seitenränder, etc.

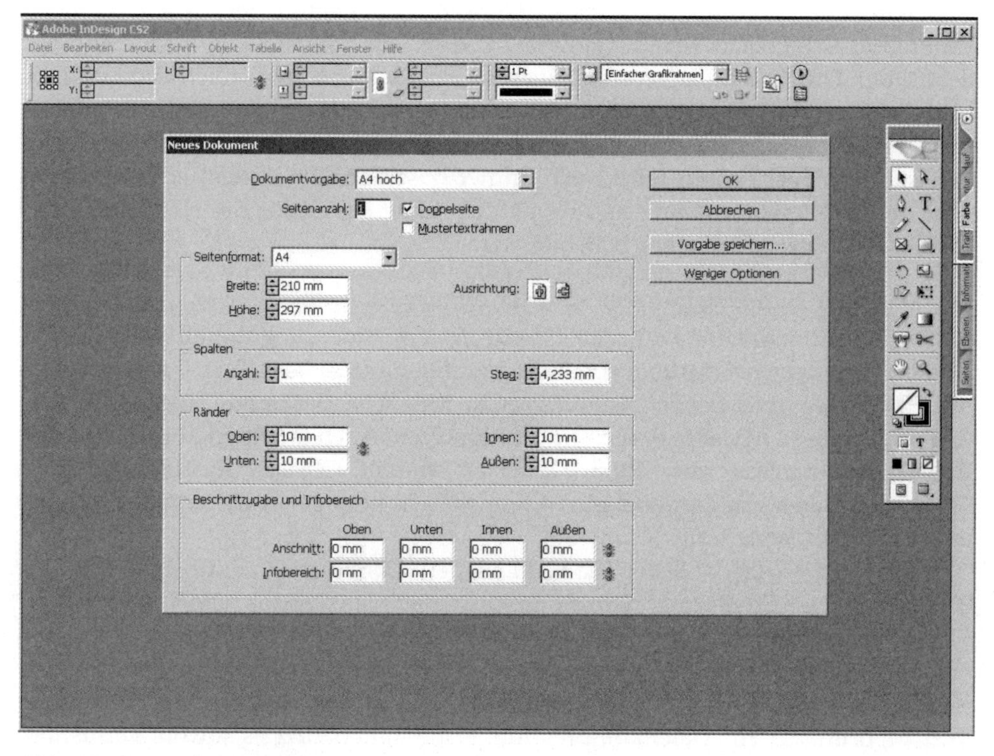

Abb. 49: Screenshot InDesign

Schrittweise: (cf. Runk 2006: Kap. 6 u. 7)

- Kontrolle, ob alle Elemente vorhanden sind
- InDesign / Quark XPress Dokument anlegen
- Satzspiegel festlegen
- Blindtext einfüllen
- Visuelle (optische) Kontrolle => Grundlinie („Schriftlinie") der letzten Zeile des Textes muss auf Unterkante des Satzspiegels liegen

- ggf. Korrektur des Satzspiegels
- Gestaltungsraster festlegen
- Bilder platzieren
- „echten" Text platzieren
- Registerhaltigkeit gewünscht?
- Silbentrennung & Co. festlegen & kontrollieren
- Kolumnentitel, Pagina, Marginalien
- Dokument sammeln
- Preflight
- ggf. Korrekturen
- druckfertiges PDF erstellen.

Wie wird ein Text nun praktisch „montiert"? Zu Beginn der Arbeit im DTP-Programm sollte man sich vergewissern, dass alle Elemente, die nun auf den Seiten der Drucksache angeordnet werden sollen, auch tatsächlich digital (Text, Bild, Scan, etc.) vorhanden sind und in einem Dateiformat verfügbar sind, das in die DTP-Software eingebunden und schließlich auch zum Druck verwendet werden kann. In Fachkreisen wird noch immer das Wort „belichten" gebraucht, das aber im CTP-Zeitalter (Computer to plate) veraltet ist, da für die Herstellung der Druckplatten kein Film mehr belichtet wird.

Die folgenden Bild-Dateiformate sind für den Druck geeignet:

***.eps** – *Encapsulated Postscript* ist ein system- und programmübergreifendes Dateiformat zur Speicherung von Vektorgrafiken, gesetztem Text, Rastergrafiken mit Halbtönen und ganzen Seitenlayouts. Mögliche Farbmodi sind RGB, Lab, CMYK, Duplex, indizierte Farben und Graustufen. Auch Schriften können in einer EPS-Datei enthalten sein. Eine EPS-Datei enthält Objekt-, Rastergrafik- und Separationsdaten und optional eine Voransicht in geringer Auflösung zur schnellen Bildschirmdarstellung.

***.tif / *.tiff** – *Tagged Image File Format* ist ein Dateiformat zur Speicherung von Bilddaten. Das TIF-Format wurde ursprünglich von Aldus (1994 von Adobe übernommen) und Microsoft für gescannte Rastergrafiken für die Farbseparation entwickelt. Zusammen mit *Encapsulated Postscript* ist es das wichtigste Format zum Austausch von Daten in der Druckvorstufe. TIFF kennt verschiedene Farbräume und Algorithmen zur Datenkompression. Dabei unterstützt es sowohl verlustlose (z. B. LZW, Lauflängenkodierung) als auch verlustbehaftete Kompressionsverfahren (z. B. eines der JPEG-Verfahren).

Nicht geeignet sind Formate wie:

***.gif** – *Graphics Interchange Format* ist ein digitales Bildformat mit guter verlustfreier Komprimierung für Bilder mit geringer Farbtiefe (2 bis 256 Farben). Die geringe Farbtiefe macht das Format nach heutigen Maßstäben völlig ungeeignet zur Speicherung digitaler Fotos, aber gut geeignet für die Verwendung im Web. Bei GIF sind die Farb-Informationen in einer so genannten Farbpalette abgelegt. Diese kann bis zu 256 verschiedene Einträge enthalten. Typische

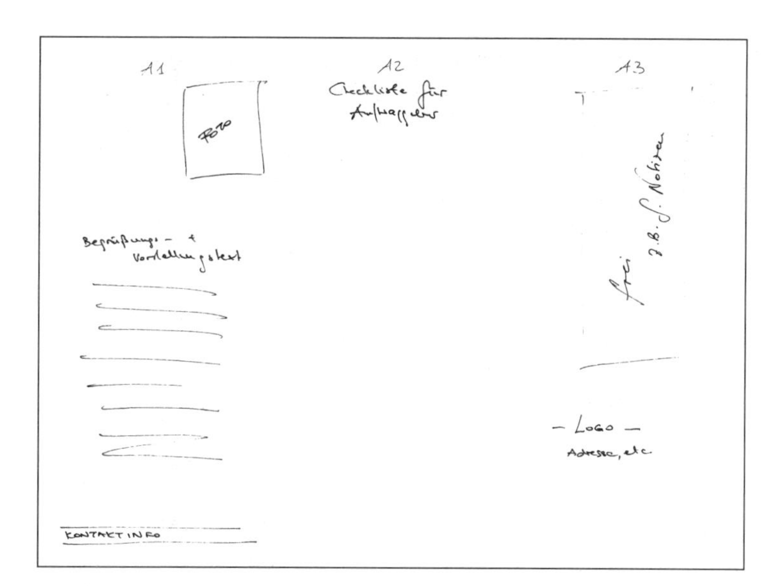

Abb. 50: Scribble einer Gestaltungsidee

Zeichnungen, Cartoons, Schwarz-Weiß-Fotografien und Ähnliches benötigen normalerweise nur 256 Farben.

***.jpeg / *.jpg** – *Joint Photographic Experts Group, File Interchange Format;* standardisiertes Verfahren zur sowohl verlustbehafteten wie (als JPEG2000) verlustfreien Kompression von digitalen Bildern, das nach dem Gremium (Joint Photographic Experts Group) benannt wurde. JPEG (oder JPG) ist das im Web am weitesten verbreitete Grafikformat für Fotos. Für den Profi-Bereich ist JPEG als Dateiformat wegen der meist verlustbehafteten Datenreduktion ungeeignet. Statt dessen werden Formate wie RAW im Bereich der digitalen Fotografie eingesetzt, ungeachtet des großen Speicherbedarfs.

Um alle Elemente „montieren" zu können, muss allerdings zuvor der Inhalt zur Verfügung stehen, denn wenn die Seiten montiert werden, ist es zu spät für inhaltliche Änderungen (Wichtig: Trennung von Inhalt und Form).

Außerdem – und das vor allem, wenn Autor und Mediengestalter zwei verschiedene Personen sind – ist es nützlich, sich zuvor schon auf dem Papier zu überlegen, wie das Endprodukt aussehen soll:

- also etwa wieviele Seiten eine Broschüre haben soll (Achtung: Seitenanzahl muss durch 8 teilbar sein!),
- welches Format die Broschüre haben soll,
- wie text- oder bildlastig sie sein soll,
- in wievielen Spalten der Text angeordnet sein soll
- etc.

Dazu wird zumeist ein sog. Dummy gebastelt[!], der in etwa dem fertigen Produkt entsprechen soll, aber eben nur Entwurfsqualität hat. Manchmal werden die Seiten auch nur gescribbelt, damit der Mediengestalter bzw. der Auftraggeber einen ersten Eindruck bekommt, wie das Endprodukt aussehen soll.

In den letzten Jahren hat es sich eingebürgert, anstatt sogenannter „offener" Dateien (InDesign, XPress), bei denen mühsam erst alle Teile wieder in der Druckerei zusammengeführt werden müssen, ein sog. „druckfertiges" PDF zu liefern. Das hat den Vorteil, dass alle für den Druck nötigen Elemente bereits vom Kunden in einer einzigen Datei zusammengeführt wurden – und somit in der Druckerei keine Schrift fehlen bzw. „umfallen" oder ein Bild vergessen werden kann. Parallel dazu hat sich das sog. JDF (*Job Definition Format*) entwickelt, das – entsprechend dem früher einem Druckauftrag beiliegenden Auftragsblatt – alle Anweisungen an die Druckerei enthält.

4.4 Workflow

Ein Workflow ist ein Verfahren zur computergestützten Organisation von Arbeitsabläufen, das darin besteht, Dokumente geordnet und strukturiert von einer Arbeitsstufe zur nächsten zu bewegen, wobei es durch entsprechende Software überwacht werden kann, um die reibungslose Produktion zu gewährleisten (vgl. Böhringer et al. 2008: I-740-767).

Ein komplettes Workflow-System ermöglicht die vollständige elektronische Angebots- und Auftragsabwicklung, Produktionsplanung, Einkaufs- und Bestellabwicklung, Controlling und die Abbildung der entsprechenden Finanzströme. Der große Vorteil eines so umfassenden Systems liegt einerseits in der enormen Kostenersparnis für die Druckereien und andererseits darin, die vorhandenen Daten gemeinsam nutzen zu können und damit Doppelgleisigkeiten zu vermeiden.

Das Hauptproblem eines so kompletten Systems liegt – auch hier – in der Vielfalt der vorhandenen (Geräte-)Sprachen und Dateiformate. Abhilfe schafft ein einheitliches, standardisiertes und neutrales Datenaustauschformat, das die Weitergabe der Daten von der digitalen Druckvorstufe bis zur Weiterverarbeitung ermöglicht. Dieses Format wurde vom CIP3-Konsortium (jetzt: CIP4-Konsortium) zunächst als PPF (*Print Production Format*) und schließlich als JDF (*Job Definition Format*) entwickelt.

JDF stellt dabei eine Art Container dar, der alle technischen und administrativen Auftragsdaten enthält, und zwar in einer Sprache, die die meisten grafischen Anwendungsprogramme mittlerweile „sprechen", nämlich XML (*Extensible Markup Language*). Weiters protokolliert JDF jeden Arbeitsschritt mit, somit ist jederzeit feststellbar, wer wann was an einem Auftrag durchgeführt oder verändert hat. Außerdem enthält JDF alle Kundendaten, Terminvorgaben und eine Auftragsbeschreibung, sodass auch diese Daten jederzeit im Produktionsprozess allen Beteiligten zur Verfügung stehen.

PDF (Portable Document Format) – Von Adobe in den 1990er Jahren als Dateiformat für den plattformübergreifenden Austausch von Dokumenten entwickelt, ist PDF heute der de facto-Standard für die Publikation elektronischer Dokumente und Bücher, für die Weitergabe von Dokumenten mit Zugriffseinschränkung sowie im Print-Workflow.

Im professionellen Bereich werden PDF-Dokumente mittels des Adobe Acrobat erstellt, dessen Anzeigefunktionen in ein eigenes, kostenlos erhältliches Programm namens Acrobat Reader ausgelagert wurden, um die Verbreitung des Standards zu erhöhen. Die Vollversion des Adobe Acrobat erlaubt das Erstellen und Bearbeiten von PDF-Dokumenten, das Kommentieren und Überarbeiten fremder Dokumente, die Vergabe von eingeschränkten Nutzungsrechten für diese Dokumente sowie die Aufbereitung eines druckfertigen Dokumentes für den Print-Workflow.

PDF/X-3 Standard – PDF/X-3 wurde definiert, um den problemlosen Austausch zwischen den einzelnen Stationen im Print-Workflow zu garantieren. Diese Spezifikationen wurden in der ISO-Norm 15930-3:2002 festgeschrieben und beinhalten unter anderem folgende Vorgaben (vgl. Böhringer et al. 2008: II-363; Merz & Drümmer 2002: 298f.):

Die PDF/X-3-Datei muss alle benötigten Ressourcen enthalten:

- Schriften müssen eingebettet sein
- Bilddaten müssen eingebettet sein
- Kommentare und Formularfelder sind verboten
- Jegliche Verschlüsselung ist verboten
- PDF Version 1.3 (Kompatibilität zu Acrobat 4)
- Transparenzen sind verboten
- LZW-Kompression ist verboten
- Die Namenskonvention sollte „name_x3.pdf" sein

PDF/X-4: Mittlerweile arbeiten viele Druckereien nach dem neueren ISO-15930-7: PDF/X-4-Standard, der weitere Verbesserungen enthält wie etwa die Möglichkeit, Objekte mit Transparenzeffekten wie Schatten ohne Qualitätsverluste einzubinden. Davor mussten Transparenzen reduziert werden, was immer unerwünschte Effekte wie „Kacheln" oder „Verflachung" zur Folge hatte. PDF/X-4 basiert auf der neueren PDF-Version 1.6 und erlaubt einen medienneutralen Workflow, es können sowohl RGB-Bilder als auch CMYK-Texte enthalten sein, was speziell bei der Verwendung von durch Corporate Identity festgelegten „Hausfarben" interessant wird. Die entstehende Datei ist im Vergleich zu PDF/X-3 deutlich kleiner und das Erzeugen der Druckdatei wesentlich einfacher und damit weniger fehleranfällig geworden. PDF/X-4 kann bereits mit OpenType-Schriften umgehen und ist ab InDesign CS4 bzw. Acrobat 9 einsetzbar.

4.5 Zeichenkodierung (Schriftfonts und Schriftformate)

Wie bereits erwähnt, arbeiten Druckereien vorwiegend mit Apple-Computern, Translatoren jedoch eher mit Windows-PCs. Aus diesem Umstand ergibt sich das Problem, dass in der Zusammenarbeit zwischen Auftraggeber und Druckerei immer wieder Probleme mit der Datenkompatibilität auftauchen.

Hierzu ein Beispiel: Sie setzen einen tschechischen Text auf Ihrem PC zu Hause. Alle sprachspezifischen Sonderzeichen wie Ř oder š sitzen perfekt in der von Ihnen gewählten Schrift auf dem richtigen Platz. Dann schicken Sie die Datei per E-Mail an die Druckerei und wenn Sie das gedruckte Werk bekommen, stehen plötzlich nicht gewünschte Zeichen wie etwa ø im Text, von denen Sie sicher sind, sie nicht geschrieben zu haben. Was ist passiert? Ganz banal: die Schrifttechnik im Hintergrund ist bei Windows-PC und Apple verschieden. Daher lohnt sich ein kurzer Blick, wie Computer mit Schrift umgehen.

4.5.1 OpenType – das Schriftformat der Zukunft

Das OpenType-Format wurde ursprünglich von Microsoft, später gemeinsam mit Adobe entwickelt, 1996 veröffentlicht und zwar mit dem Ziel, die bisherigen Schwierigkeiten bei der Verwendung von Schriftdateien auf unterschiedlichen Betriebssystemen wie Microsoft Windows oder Apple Mac OS zu überwinden. Bisher galt: für jede Plattform bedarf es eines geeigneten Dateiformates, um eine Schrift installieren und in weiterer Folge auch verwenden zu können. Bei Windows-Rechnern war das eine sog. TrueType-Schriftdatei mit einem Zeichensatz für sowohl die Bildschirmanzeige als auch den Ausdruck. Bei Macintosh-Rechnern waren es zwei „PostScript" Schriftdateien, eine Datei für die Bildschirmanzeige sowie ein sog. „Fontkoffer" und ein Druckerfont, die zu jedem Druckauftrag mitgeliefert werden mussten. TrueType-Schriften konnten lange Zeit in der Druckerei überhaupt nicht verwendet werden, da die RIPs (*Raster Image Processor*) nur mit PostScript-Dateien arbeiten konnten. Abgesehen von Kompatibilitätsproblemen enthielten die bisher verwendeten Schriftdateien nur einen sehr eingeschränkten Zeichenvorrat, der – wie nach den bisherigen Ausführungen zu erwarten war – für Windows-PCs und Macs in unterschiedlichen Bereichen zugeordnet war, sodass es immer passieren konnte, dass sich ein Zeichen am PC und am Mac auf einem unterschiedlichen Platz befanden. Schließlich ergab sich auch noch das Problem, dass jede Schriftdatei genau einen einzigen Schriftschnitt umfasste, also Normal, Kursiv, Fett etc. jeweils als extra Schriftdatei gekauft werden mussten – und das vom Grafiker, vom Auftraggeber und von der Druckerei!

Die wesentlichen Neuerungen am OpenType-Format im Überblick:

- Plattformübergreifend: eine Datei für alle Betriebssysteme wie Microsoft Windows oder Apple Mac OS
- Typografische Fähigkeiten: die OpenType-Datei enthält Zeichen, die früher nur in sog. Expert-Fonts enthalten waren, wie etwa Ligaturen
- Zeichenklassenbasiertes Unterschneiden: Zeichen, die gleich behandelt werden sollen wie z. B. a und ä werden für das Unterschneiden zusammengefasst.
- geringerer Speicherplatzbedarf für eine Schriftdatei
- Digitale Signatur: Jede Schrift muss mit einer digitalen Signatur des Herstellers (en *foundry*) versehen sein, um die Authentizität und Integrität einer Schriftdatei nachzuweisen. Das ist im professionellen Einsatz wichtig, um die legal korrekte Lizenzierung der Schriften abzubilden.
- Unicode-Unterstützung: OpenType unterstützt die Adressierung der einzelnen Zeichen über Unicode-Tabellen und ermöglicht damit, die für PostScript-

Schriften typische Grenze von 256 Zeichen pro Schrift zu überwinden. OpenType basiert auf einer Datenbreite von 16 Bit (statt den bisher verwendeten 8 Bit) und kann somit theoretisch 65 536 Zeichen, sog. Glyphen enthalten.

Somit ist bei OpenType-Schriften ausreichend Platz für Umlaute und andere Sonderzeichen: Ein typischer OpenType-Font enthält etwa alle Zeichen wie bisher für die englische Sprache (üblicher Weise als „normaler Text" oder „Standardlateinisch" gekennzeichnet), dann weiters Lateinisch-1, Erweitertes Lateinisch-A und Erweitertes Lateinisch-B, welche zumeist Buchstaben wie das scharfe S (Eszett) enthalten oder Umlaute, kyrillische und griechische Buchstaben, Währungssymbole, etc. Manche Fonts enthalten schließlich auch alle Zeichenkombinationen, die früher als sog. „Expert-Fonts" extra gekauft werden mussten, also etwa Ligaturen, Schmuckinitialien, echte Kapitälchen und dergleichen.

Um zu kennzeichnen, welche Zeichen enthalten sind, sind die Schriftenhersteller dazu übergegangen, die zuvor definierten Mindestzeichensätze mittels Kürzel an den Schriftennamen anzuhängen. So existiert neben einem Standard-Zeichensatz-Umfang (*Schriftname Std*) auch ein für professionelle (typografische) Anwendungen geeigneter Zeichensatzausbau (*Schriftname Pro*) und auch ein Zeichensatz, der für die internationale Kommunikation konzipiert wurde (*Schriftname Com*). Auf die Garamond umgelegt heißen die Zeichensätze also Garamond Std, Garamond Pro und Garamond Com.

Allerdings ist es nicht ganz so einfach: Bei Schriften wie der Garamond gibt es – je nachdem, welcher Hersteller diese Schrift digitalisiert hat – auch noch Namenszusätze wie ITC Garamond, Stempel Garamond oder Adobe Garamond. Diese Schriften, die zwar alle auf dem ursprünglichen Entwurf der Garamond basieren, unterscheiden sich jedoch in Details und/oder der Verfügbarkeit von Expert-Fonts.

Vorteile der OpenType-Fonts sind
- system- bzw. plattformübergreifende Verwendbarkeit
- erweiterte Sprachunterstützung
- typografische Zusatzfunktionen
- volle Unicode-Unterstützung

4.5.2 Was ist Unicode?

Unicode ist ein alphanumerischer Zeichensatz, der die Darstellung von Textzeichen in Form von sog. binären Kodes (*Bit = binary digit*, Binärziffer, bei der es nur zwei Zustände gibt: Null und Eins, ein Byte sind 8 Bit) ermöglicht. Dabei ist genau festgelegt, welcher Byte-Wert als welches Zeichen dargestellt wird und jedem Zeichen aus dem Unicode-Zeichensatz ist eine eindeutige Nummer zugewiesen.

Zum Vergleich: Es existieren selbstverständlich auch andere Zeichenkodes. Der bekannteste darunter ist der ASCII (*American Standard Code for Information Interchange*), der auf 7 Bit kodiert und somit 128 Zeichen maximal zulässt. ASCII umfasst neben 33 Steuerzeichen noch 95 typografische Zeichen, genauer gesagt die vor allem in der englischen Sprache verwendeten Buchstaben (also keine Umlaute) und die arabischen Ziffern. Es liegt auf der Hand, dass dieser Kode unzureichend ist für alle Sprachen außer Englisch.

Daraus ergab sich die Notwendigkeit einer Vergrößerung der Zeichensätze und ein sog. *„Double Byte Character Set“* – jedes Zeichen wird durch 2 Byte dargestellt – wurde entwickelt. Nunmehr konnten 256 Zeichen zugeordnet werden, aber auch das war nicht ausreichend; vor allem deshalb nicht, da die Geräte- und Software-Hersteller sich nicht auf eine einheitliche Belegung der zusätzlichen Zeichen einigen konnten und die Belegung etwa schon zwischen Mac und PC unterschiedlich war. Gleichzeitig existierten neben den Belegungen für das lateinische Alphabet auch Belegungen für Kyrillisch, Griechisch oder Hebräisch (vgl. Herrmann 2005: 27ff).

Der Unicode-Zeichensatz ist in mehrere sog. Planes (Ebenen) unterteilt, jedoch wird zumeist nur die erste Ebene, die sog. *„Basic Multilingual Plane“* verwendet, da durch die 16 Bit zur Kodierung jedes Zeichens bereits 65 536 Zeichen möglich sind. Diese Kodierung der Basic Multilingual Plane wird als *„Universal Character Set 2“* (UCS-2) bezeichnet, wobei der Zusatz 2 anzeigt, dass es sich um ein *Double Byte Character Set* handelt und jedes Zeichen somit durch 2 Byte kodiert ist. Die ersten 256 Zeichen des UCS-2 enthalten die Zeichen des ISO Latin-1 oder ISO 8859-1 benannten und von der International Standardization Organisation genormten Zeichensatzes, der die Zeichen der westeuropäischen Sprachen zusammenfasst.

Auf den restlichen Planes von Unicode werden selten verwendete (z. B. chinesische) oder historische (z. B. altägyptische) Zeichensätze kodiert, sodass 16 Bit pro Zeichen verständlicherweise nicht ausreichen und diese Planes 32 Bit pro Zeichen verwenden, und somit (theoretisch) über vier Milliarden Zeichen möglich sind. Diese Kodierung heißt auch UCS-4, es werden also vier Byte (32 Bit) für die Kodierung jedes Zeichens verwendet.

Andere gebräuchliche Bezeichnungen für UCS-2 und UCS-4 sind UTF-16 und UTF-32. UTF steht für *UCS Transformation Format* und die Zahl dahinter gibt die Bitzahl an. Am bekanntesten ist UTF-8, *Unicode Transformation Format 8 Bit*, dabei werden die lateinischen Standardbuchstaben und Ziffern mit einem Byte codiert, Sonderzeichen und Umlaute mit zwei oder drei Byte.

In Unicode werden die Zeichen übersichtlich zu systematischen Klassen wie „Latin“, „Griechisch“, „Kyrillisch“, „Währungssymbole“ oder „Hoch- und Tiefstellungen“ zusammengefasst, um die Verwendung zu vereinfachen. Schließlich enthält Unicode auch noch vier Steuerelemente, nämlich „Zeilenende“, „Absatzende“, „Schreibrichtung von links nach rechts“ und „Schreibrichtung von rechts nach links“.

Professionelle Textgestaltung lässt sich nur durch kompetente Kenntnis der Abläufe im Produktionsprozess und der bewussten und reflektierten Anwendung von *state of the art* Technologie seitens der TranslatorInnen erzielen. Dazu gehört einerseits die objektive Einschätzung der eigenen Kenntnisse und Fähigkeiten, als auch die professionelle Auswahl und Koordination der Kooperationspartner. Um diese Ansprüche zu erfüllen, ist es für TranslatorInnen notwendig, sich mit den einzelnen Stufen des Produktionsprozesses soweit vertraut zu machen, dass sie entscheiden können, welche Arbeiten sie im Sinne einer typografischen Basiskompetenz selbst durchführen können und für welche sie wann externe Experten zuziehen müssen – denn die Arbeit der TranslatorInnen hört nicht bei der rein sprachlichen Gestaltung des Textes auf.

Quellen und weiterführende Literatur

Bauer, Kurt & Giesriegl, Karl. 2002. *Was Sie schon immer über Print wissen wollten.* Wien: Ueberreuter redline Wirtschaft.

Böhringer, Joachim & Bühler, Peter & Schlaich, Patrick. [4]2008. *Kompendium Mediengestaltung. Band I: Konzeption und Gestaltung. Band II: Produktion und Technik.* Berlin, Heidelberg: Springer.

Cebulla, Manuel. 2007. *Das Urheberrecht der Übersetzer und Dolmetscher.* Berlin: wvb – Wissenschaftlicher Verlag Berlin

Giesriegl, Karl. 2007. *Druckwerke und Werbemittel herstellen.Was Sie schon immer über Print wissen wollten.* Wien: Linde.

Herrmann, Ralf. 2005. *Zeichen setzen. Satzwissen und Typoregeln für Textgestalter.* Bonn: mitp-Verlag.

ISO 15930-7:2010 http://www.iso.org/iso/iso_catalogue/catalogue_tc/catalogue_detail.htm?csnumber=55844 [21.4.2011]

Merz, Thomas & Drümmer, Olaf. [2]2002. *Die PDF- und Postscript-Bibel.* München: PDFLib.

Noll, Alfred. 1994. *Handbuch zum Übersetzungsrecht und Übersetzer-Urheberrecht.* Wien: Verlag Österreich, Edition Juristische Literatur

OpenType User Guide for Adobe Fonts. 2007. www.adobe.com/type/opentype [26.04.2011]

Runk, Claudia. 2006. *Grundkurs Typografie und Layout.* Bonn: Galileo Press

5 Vom Angebot zur Kundenkorrektur: Typografie im Translationsprozess

Ein weitverbreitetes Missverständnis unter TranslatorInnen und TranslatologInnen ist, Typografie sei lediglich in der Arbeitsphase der visuellen Gestaltung des Translats relevant, mit anderen Worten dann, wenn die technische Durchführung der Layoutgestaltung als translatorische „Mehrwertdienstleistung" (DIN EN 15038 2006: 5) bestellt, ausgeführt und berechnet wird. Diese enge Auffassung lässt die semiotische Dimension der Typografie und das mögliche Auftreten „visueller Kulturspezifik" (Schopp 2005: 334) im zielkulturellen Medium außer Acht.

Die vorigen Kapitel zeigten, wie Typografie auf die eine oder andere Weise während des gesamten Translationsprozesses präsent ist bzw. berücksichtigt werden muss. Die folgenden Kapitel sollen zeigen, wo TranslatorInnen im Translationsprozess mit Typografie und Layout konfrontiert werden, was das im Einzelnen heißt und worin die translatorische „Mehrwertdienstleistung" besteht.

5.1 Anfrage, Angebot, Auftrag und Vertrag

Versteht man unter Translationsprozess nicht nur die Ausgangstext-Analyse und Zieltext-Formulierung, sondern den gesamten Produktionsprozess eines Translats, angefangen von der Anfrage bis zum Druck des zielkulturellen Mediums, das den Zieltext enthält, dürfte es klar sein, dass TranslatorInnen nicht nur bei der konkreten Gestaltung des Zieltextlayouts mit Typografie zu tun haben.

Bereits die Anfrage des potentiellen Auftraggebers erfordert u. a. die Einschätzung, in welchem Umfang der Auftrag mit typografischer „Mehrwertdienstleistung" verbunden ist. Auf keinen Fall sollten zusätzliche translatorische Leistungen wie die Gestaltung des Zieltextlayouts oder das Überschreiben der layoutformatierten Ausgangstextdatei mit der Übersetzung als Selbstverständlichkeit betrachtet werden – von den Auftraggebern ebensowenig wie von den TranslatorInnen selbst.

In der Auftragsanalyse ist u. a. zu prüfen, ob die Wünsche des Auftraggebers mit der kommunikativen Funktion und den Rezeptionsbedingungen des zu erstellenden Translats im Einklang stehen und welche der drei Textebenen Tektonik, Textur und Typografie (Kap. 2.2) bearbeitet werden müssen; damit verbunden ist die Pflicht zur Aufklärung und Beratung des Auftraggebers bzw. Bestellers.

Dazu gehört bei Herstellung des zielkulturellen Print- oder elektronischen Mediums in der Ausgangskultur die Fähigkeit, bereits jetzt einzuschätzen, ob das vorgesehene Layout in der Zielkultur „funktioniert", ob alle seine Formatierungsgrößen übernommen werden können oder evt. den Konventionen und Regeln der Zielsprache und -kultur angepasst werden müssen. Dann ist der Umfang der zu erbringenden Leistungen abzuschätzen und – abhängig vom Kompetenzprofil des Übersetzers bzw. des Übersetzungsbüros – der u. U. notwendige Kooperationsbedarf festzustellen. Nach sorgfältiger Kalkulation aller Kosten sind im Angebot alle Leistungen (einschließlich Lieferform, Liefermedium und Liefertermin) aufzulisten und bei Bestellung vertraglich festzulegen. Außerdem gehört bei Herstellung des zielkulturellen Mediums in der Ausgangskultur unbedingt dazu, dass sich die Translatorin bzw. der Translator an der Kundenkorrektur – bestehend in der Überprüfung von Orthografie und Orthotypografie – und der Erteilung der Druckerlaubnis (das sog. Imprimatur oder Gut-zum-Druck) beteiligt, gegebenenfalls in Kooperation mit dem Auftraggeber (siehe Kap. 5.5).

5.2 Ausgangstext-Analyse und Zieltext-Konzeption

In der Analysephase geht es mit Hinblick auf die visuelle Gestalt von AT und ZT und deren Integration in ein Druck- oder elektronisches Medium um 1. die Identifikation kulturspezifisch-bedeutungskonstituierender, genrespezifischer und individueller autorenintendierter visueller Textelemente, 2. die Überprüfung des ausgangskulturellen Layouts auf Funktionstauglichkeit in der Zielkultur samt der Berücksichtigung zielkultureller orthotypografischer Konventionen und 3. die Überprüfung und qualitative Bewertung eines in der Ausgangskultur konzipierten Layouts für ein zielkulturelles Medium.

Besonders beim literarischen Übersetzen ist es translatorische Aufgabe, in „Text-im-Text“-Fällen wie Mark Twains *A Connecticut Yankee* (vgl. Kap. 2.3.1), bedeutungskonstituierende bzw. kulturspezifische typografische oder andere Layoutelemente zu erkennen und dafür zu sorgen, dass im Zieltext adäquate Lösungen geboten werden. Im einzelnen handelt es sich um folgende Bereiche (Beispiele in Schopp 2005: 335–384):

1. Typografie- und Layoutelemente als Translationsproblem:
   - 1.1 Sprachspezifische Graphe wie Å/å, Ø/ø, Þ/þ, ß in Namen und Realienbezeichnungen
   - 1.2 Sprach-/kulturspezifische Verwendung von typografischen Zeichen wie „ “ ” » « - – — für paraverbale und tektonische Funktionen
   - 1.3 Kulturspezifischer Einsatz von Versalien und Kleinbuchstaben
   - 1.4 Kulturspezifische assoziative Wirkung und Verwendung von Schriften
   - 1.5 Kulturspezifische Satzgestaltung (z. B. unterschiedliche Frequenz bzw. Bevorzugung von Block- und Flattersatz)
   - 1.6 Kulturspezifische Auswahl von Bildinhalten/-motiven (die in der Zielkultur zu Fehlinterpretationen führen können)
   - 1.7 Kulturspezifische Verwendung von Bildarten (Fotos, Zeichnungen, Comics usw.)
   - 1.8 Text-Bild-Anordnung (Was ist das Hauptmedium?)
   - 1.9 Kulturspezifischer Symbolwert von Farben bzw. Farbkombinationen (Nationalfarben, „heilige“ Farben)
   - 1.10 Kulturspezifische Papierformate (Proportionen, Hoch-/Querformate)

2. Funktionale Konzeption des ausgangskulturellen Layouts im Hinblick auf seine Verwendung als Layout für das zielkulturelle Medium
3. Qualitative Ausführung des ausgangskulturellen Layouts im Hinblick auf seine Verwendung als Layout für das zielkulturelle Medium

Diese Kenntnisse sollten als *typografische Basiskompetenz* Teil der translatorischen Grundkompetenz professioneller TranslatorInnen sein und müssen daher im Rahmen des translatorischen Curriculums speziell unterrichtet werden.

5.3 TranslatorInnen als Layout-Sachverständige – Konzeption des Zieltextlayouts in der Ausgangskultur

Bis zu welchem Grad in der translatorischen Praxis das Phänomen Typografie berücksichtigt wird, hängt ganz vom typografischen Bewusstsein der Beteiligten ab. Wie die Beispiele in Kapitel 2.3 zeigen, bleibt die typografische Dimension bei der Übersetzung nicht selten gänzlich unberücksichtigt und relevante visuelle Information des Ausgangstextes wird nicht ins Zieltextlayout übernommen. Wird das zielkulturelle Medium in der Ausgangskultur hergestellt, vernachlässigt man in den meisten Fällen Gestaltungskonventionen und orthotypografische Regeln der Zielkultur, da diese in Werbebüros und grafischen Betrieben der Ausgangskultur nicht ausreichend bekannt sind. Oft sind die TranslatorInnen als Text- und KulturexpertInnen die einzigen, die eventuell auftretende Probleme erkennen und die AuftraggeberInnen auf notwendige Maßnahmen hinweisen können. Diese bereits von Holz-Mänttäri (1984: 115) betonte translatorische Mitverantwortung an der Layoutgestaltung setzt allerdings eine entsprechende typografische Kompetenz voraus, der entsprechende Inhalte in der Ausbildung zugrundeliegen müssen. Doch darf diese „typografische Basis- oder Grundkompetenz" die TranslatorInnen nicht in den Glauben versetzen, sie seien nunmehr in der Lage, die gleichen Dienstleistungen wie ein Grafischer Designer anbieten zu können. Denn es darf nicht übersehen werden, dass in vielen Fällen das Translat in Kommunikationsfeldern zum Einsatz kommt, für die das Kenntnis- und Fertigkeitsniveau einer Kulturtechnik nicht ausreicht, sondern professionelle typografische Gestaltung bzw. Grafikdesign vorausgesetzt wird.

Daher wird man von translatorischer Seite meist auf die Zusammenarbeit mit anderen ExpertInnen angewiesen sein. Allerdings fällt der Translatorin bzw. dem Translator dann die Kultursachverständigen-Rolle zu und die Aufgabe des Koordinators für die erforderlichen Fremdleistungen, d. h.: in der Vorbereitungsphase der Translation muss der Bedarf für entsprechende Expertenhandlungen feststellt bzw. bei Herstellung des gesamten Kommunikationsmediums in der Ausgangskultur die Auftraggeberseite auf Fehlerquellen aufmerksam gemacht werden, die sich aus der kultur- oder autorenspezifischen Verwendung von typografischen Gestaltungsmitteln ergeben. Schließlich müssen TranslatorInnen in der Lage sein, bei der Autoren-/Kundenkorrektur und der Erteilung des Imprimaturs mitzuwirken oder diese für die Auftraggeberseite zu übernehmen. Denn wer sonst sollte dazu in der Lage sein als eine transkulturelle Kommunikationsexpertin, (die Translatorin bzw. der Translator), die sowohl AT wie auch ZT und die betreffenden Publikate in ihrem situativen und kulturellen Umfeld wahrnimmt und bewertet.

5.4 Visuelle Translat-Gestaltung

Übersetzungen sind schriftsprachliche Texte und deshalb muss der verbale Text durch ein Medium sichtbar und lesbar werden. Dieses Medium ist in vielen Fällen die Typografie.

Die visuelle Gestaltung des Translats erfolgt als translatorische Leistung (in EN 15038: „Mehrwertdienstleistung“) je nach Auftrag und Bestellung in unterschiedlichem Grad, wobei das Erstellen der Übersetzung mittels einer gängigen Textverarbeitungs-Software als selbstverständlich zu gelten hat und noch nicht als „Gestaltung“ bezeichnet werden kann. „Gestaltung“ sollte nur angewendet werden, wenn damit die Anfertigung der rezeptionsfertigen Gestalt des Print- oder elektronischen Mediums gemeint ist, in dem das Translat eingesetzt wird. Die eigentliche Gestaltung reicht in unterschiedlichen Graden von (1) dem Überschreiben der layoutformatierten Ausgangstextdatei über (2) die Reproduktion eines vorgegebenen Layouts durch Übernahme einer Layoutdatei und (3) die Adaption einer ausgangskulturellen Layoutvorlage bis – unter bestimmten Voraussetzungen – zur (4) kreativen Gestaltung des Zieltextlayouts.

5.4.1 Überschreiben der layoutformatierten AT-Datei

Diese relativ neue translatorische Arbeitstechnik funktioniert hinsichtlich visueller Kulturspezifik am reibungslosesten in bilingualen Kulturen wie z. B. Finnland, in denen für die beteiligten Sprachen die gleichen Gestaltungskonventionen gelten. Sobald jedoch in den beteiligten Kulturen typografische Kulturspezifik feststellbar ist, kann eine automatische Übernahme der Layout-Parameter mit Hinblick auf optimalen Lesekomfort nicht zufriedenstellen; erforderlich ist in diesem Fall z. B. die Anpassung der Laufweite für den Mengensatz, die Einstellung von sprachspezifischen Anführungszeichen und u. U. gar die Umstellung auf ein anderes Format, was erhebliche und zeitaufwendige Änderungen nach sich zieht. Hier haben die TranslatorInnen ihren Teil der Verantwortung für den Erhalt sprachspezifischer typografischer Kulturen zu tragen, indem sie nicht unreflektiert z. B. die für englischsprachige Texte eingerichteten typografischen Parameter auf andere Sprachen übertragen und diese somit typografisch „globalisieren“.

5.4.2 Reproduktion und Adaption des ZT-Layouts

Unter *Reproduktion* des ZT-Layouts ist die Umsetzung der Gestaltungsvorgaben des AT-Layouts auf einen konkreten Fall zu verstehen, unter *Adaption* die freiere fallspezifische Abwandlung von Gestaltungsvorgaben zur Layoutherstellung eines zielkulturellen Mediums. Vorausgesetzt sei, dass dieses Layout (in der Bedeutung „Entwurf“ oder in elektronischer Form als Datei) in der Zielkultur auftragsgemäß funktioniert und nicht gegen Gestaltungskonventionen der Zielkultur verstößt.

Die Reproduktion eines solchen ZT-Layouts – gleichgültig, ob es identisch mit dem AT-Layout ist oder speziell für den Zieltext erstellt wurde – kann auf zweifache Weise genutzt werden. Erstens dient sie als Arbeitstechnik bei der Formulierung des Zieltextes zur Einpassung der Textmenge auf eine vorgegebene Fläche (Seite, farbiger Untergrund etc.) und erspart so späteres zeit- und arbeitsaufwendiges Umformulieren – bekanntlich eine nicht unerhebliche Fehlerquelle. Zweitens ermöglicht sie die Nutzung von DTP als Arbeitsmittel zur Druckvorlagenherstellung bzw. zur Herstellung publikationsfertiger Digitalmedien (Veredlungsstufe *Publikationsfertige Übersetzung*).

Gebiete bzw. Textsorten, bei denen diese Kenntnisse und Fertigkeiten zum Einsatz kommen sind vor allem der Bereich der technischen Dokumentation, Multimedia-, Computer- und Bildschirmtexte, das Urkundenübersetzen mit der Möglichkeit zur Kennzeichnung der verschiedenen „Informationsebenen" (Vordruck, Eintrag, Siegel/Stempel, Beglaubigungsteil) durch typografische Mittel (besonders die Schriftart) und schließlich die Tätigkeit der „Untertitelung" für Film und Fernsehen.

Sowohl die Reproduktion als auch die Adaption des Layouts erfordern von den TranslatorInnen Kenntnisse und Fertigkeiten, die über das in der typografischen Basiskompetenz erworbene Wissen hinausreichen und die ich als *erweiterte typografische Grundkompetenz* bzw. *reproduktive Gestaltungskompetenz* bezeichnen möchte (Schopp 2005: 395–397).

5.4.3 Kreative Gestaltung des ZT-Layouts

Als kreative Gestaltung des ZT-Layouts soll hier die äußere Formgebung des Zieltexts oder genauer: des zielkulturellen Mediums bezeichnet werden, die ohne Vorlage eines AT-Layouts auftragsspezifisch vorgenommen wird. Sie kann unter den mehrfach genannten Voraussetzungen entweder durch die Translatorin bzw. den Translator selbst (*Publikationsfertige Übersetzung*) oder durch Fachkräfte des grafischen Gewerbes vorgenommen werden. Allerdings werden sich die wenigsten TranslatorInnen diese Tätigkeit zutrauen dürfen, da sie in der Regel nicht über eine einschlägige Ausbildung verfügen. Die in Anhang E der englischen Fassung von EN 15038 angebotene Mehrwertdienstleistung „Graphic Design" (in der deutschen Übersetzung nicht korrekt „Grafikgestaltung" genannt) verleitet hier zur Überschätzung eigener Fertigkeiten und zur unbewussten Irreführung des Kunden, indem vorgespiegelt wird, Layoutgestaltung sei eine Handlung, die sich gewissermaßen zwangsläufig und wie von selbst aus der sprachlichen Textgestalt ableite und von jedermann vorgenommen werden könne. Daher wird eine volle *typografische Gestaltungskompetenz* eine zweifache Berufsausbildung auf translatorischer Seite voraussetzen, z. B. als grafischer Designer oder Mediendesigner *und* TranslatorIn. Freilich gibt es einen Bereich, in dem die Grenze zwischen Adaption einer Layoutvorlage und (beschränkt) kreativer Gestaltung als „Good-enough-Layout" (vgl. parallel dazu die „Good-enough-Übersetzung") schwer zu ziehen ist. Wenn die qualitativen Ansprüche an die äußere Gestalt nicht so hoch sind und die Lebensdauer des Textes bzw. Druckmediums begrenzt ist, kann in beschränktem Umfang die Layoutgestaltung durch eine Translatorin, die sich in die Materie eingearbeitet hat, selbst vorgenommen werden.

5.5 Überprüfen der visuellen Textgestalt – Kundenkorrektur und „Imprimatur" bzw. „Gut zum Druck"

Der Herstellungsprozess eines Printmediums gliedert sich in eine große Zahl aufeinander bezogener Teilhandlungen, von denen die Übersetzung nur eine ist. Deshalb ist es wichtig, dass die TranslatorInnen ihr eigenes Tun möglichst nahtlos in den Gesamtprozess eingliedern und auf diesen abstimmen.

Nachdem der satzreif ausformulierte Text als Typoskript oder in digitaler Form als Datei vorliegt, kann im grafischen Fachbetrieb mit der visuellen Gestaltung begonnen werden. Dort erfolgen dann die hausinternen Korrekturphasen, die – besonders wenn der Text gesetzt werden muss – die Übereinstimmung von sprachlicher Fassung mit visueller Form gewährleisten sollen (siehe Kap. 6). Erst wenn dieser Prozess abgeschlossen ist, erhält der Kunde einen Korrekturabzug oder wie es heute meist heißt: einen „Proof" im vorgesehenen Endformat und möglicherweise auch auf dem bestellten Papier zur Begutachtung, so dass die genaue Positionierung der Text- und Bildelemente, die Wirkung sowie die Seitenfolge u. a. überprüft werden kann. Dieses sendet der Kunde mit der Druckerlaubnis („Imprimatur", „Gut-zum- Druck") an den grafischen Betrieb zurück.

Wie bereits mehrfach erwähnt, kommt es bei der Herstellung des Translats in der Ausgangskultur fast regelhaft zur Nichtbeachtung orthotypografischer Regeln und Konventionen der Zielkultur, weil in den grafischen Betrieben der Ausgangskultur von den eigenen Gestaltungskonventionen ausgegangen wird. Solche Fälle sind stets ein Indiz dafür, dass von translatorischer Seite entweder nicht professionell gearbeitet wurde oder dass die Translatorin bzw. der Translator nicht über eine typografische Basiskompetenz verfügte. Denn die translatorische Verantwortung endet bei der Herstellung des zielkulturellen Mediums in der Ausgangskultur nicht mit der Abgabe des Typoskripts bzw. der elektronischen Datei beim Auftraggeber, sondern erst, wenn sichergestellt ist, dass sich an der visuellen Gestalt des Textes nichts mehr ändert.

Da der Kunde in der Ausgangskultur in der Regel nicht selbst beurteilen kann, ob im Hinblick auf die zielkulturelle Funktion auf dem Korrekturabzug alles orthografisch und orthotypografisch korrekt ist, hat die Translatorin bzw. der Translator diese Aufgaben stellvertretend für den Auftraggeber zu übernehmen, denn *sie/er* muss die zielkulturellen Gestaltungskonventionen kennen.

> Typografie ist für TranslatorInnen in allen Phasen der Herstellung eines zielkulturellen Kommunikationsmediums eine Größe, auf die unter zweifachem Aspekt bewusst geachtet werden muss.

Aus semiotischer Perspektive können typografische Mittel eine Zeichenfunktion ausüben und somit kulturspezifisch geprägt sein, was eine Art visuelle Kulturspezifik zur Folge hat. Daher muss bei der Ausgangstextanalyse entschieden werden, welche typografischen Elemente im Zieltext erhalten werden müssen bzw. für welche Elemente zielkulturelle Äquivalente gefunden werden müssen.

Bei der visuellen Gestaltung des Translats ist von translatorischer Seite darauf zu achten, dass die Orthotypografie und das typografische Niveau des zielkulturellen Mediums den typografischen Konventionen der Zielkultur entspricht. Dies gilt ebenso für die Gestaltung durch die Translatorin bzw. den Translator, die eine entsprechende typografische Kompetenz voraussetzt, wie für Fremdleistungen durch grafische Betriebe; bei Herstellung des Mediums in der Ausgangs- oder einer Drittkultur endet die translatorische Verantwortung erst mit der Kundenkorrektur.

Typografische „Mehrwertdienstleistungen" sind gesondert beim Angebot und bei der Abrechnung aufzuführen und in Rechnung zu stellen.

Quellenangaben und weiterführende Literatur

Didaoui, Mohammed. 1999. „Qualitätslektorat." In: Snell-Hornby, Mary & Hönig, Hans G. & Kußmaul, Paul & Schmitt, Peter A. (Hrsg.). *Handbuch Translation*. 2., verb. Aufl. Tübingen: Stauffenburg, 1999, 144–147.

DIN EN 15038. 2006. *Übersetzungs-Dienstleistungen – Dienstleistungsanforderungen*. Berlin: Beuth.

Holz-Mänttäri, Justa. 1984. *Translatorisches Handeln. Theorie und Methode.* Annales Academiae Scientiarum Fennicae B 226. Helsinki: Suomalainen Tiedeakatemia.

Schmitt, Peter A. 1999. *Translation und Technik.* Tübingen: Stauffenburg (= Studien zur Translation, Bd. 6).

Schopp, Jürgen F. 2005. *»Gut zum Druck«? – Typografie und Layout im Übersetzungsprozess.* Acta Universitatis Tamperensis 1117. Tampere: Tampere University Press. www-Version: http://acta.uta.fi/pdf/951-44-6465-6.pdf

6 Vom professionellen Korrekturlesen

In so gut wie jeder Translationskultur stößt man – zuweilen häufiger, zuweilen seltener – auf aufwendig gestaltete und teuer ausgestattete Druckwerke, die aber sprachliche oder visuelle Mängel aufweisen – ein sicheres Zeichen, dass vor dem Druck in einer oder gar mehreren Phasen des Herstellungsprozesses gar nicht oder nicht sorgfältig genug Korrektur gelesen wurde. Gründe gibt es hierfür viele: fachliche Kompetenzdefekte auf translatorischer Seite, Unwissenheit oder Ignoranz auf Seiten der grafischen Herstellerbetriebe, Zeitdruck oder unrealistische Lieferfristen und dergleichen mehr.

Wird das Translat bzw. das zielkulturelle Medium in der Ausgangskultur oder einer Drittkultur hergestellt, kommt es fast regelhaft zu Verstößen gegen orthotypografische Regeln und Konventionen der Zielsprache bzw. Zielkultur, denn in den dortigen grafischen Betrieben wird oft stillschweigend von den eigenen Gestaltungskonventionen ausgegangen. Solche Fälle sind stets ein Indiz dafür, dass von translatorischer Seite entweder nicht professionell gearbeitet wurde oder dass niemand von den Beteiligten über eine typografische Basiskompetenz verfügte. Hier sind die TranslatorInnen als TextexpertInnen in transkultureller Kommunikation gefordert.

Verstehen wir „Translationsprozess" nicht nur als die Formulierungsphase eines zielkulturellen Textes oder gar als sprachliche Umkodierungsphase, sondern als einen aus vielen Arbeitsschritten zusammengesetzten Prozess zur Herstellung von zielkulturellen Kommunikationsmitteln (oft in typografischer Gestalt), dann muss das Korrekturlesen ein fester Bestandteil translatorischen Handelns sein, denn während des Translationsprozesses muss mehrfach Korrektur gelesen werden – angefangen vom Entwurf bis zum endgültig gestalteten Produkt, dem zielkulturellen Print- oder digitalen Medium. Darum ist der Translationsprozess erst abgeschlossen, wenn für das Translat die auftragsgerechte sprachliche und visuelle Qualität garantiert ist.

Leider herrschen in translatorischen Kreisen noch immer zum Teil die abenteuerlichsten Missverständnisse über das Korrekturlesen. Für die einen ist es eine Gelegenheit, noch kurz vor dem Druck anhand der „Druckfahnen" (korrekt müsste es „Proofs" oder „Abzüge" heißen) eigene Unterlassungen und Nachlässigkeiten zurechtzubiegen. Für die anderen ist es eine lästige Prozedur, für die man am liebsten anderen die Verantwortung zuschiebt. Immerhin deutet die Einführung des Vier-Augen-Prinzips in EN 15038 darauf hin, dass ein Umdenken eingesetzt hat und man so langsam zur Einsicht kommt, dass das Korrekturlesen eine unverzichtbare Arbeitsphase in einem auf Qualität ausgerichteten Translationsprozess ist. Doch was ist überhaupt gemeint, wenn von „Korrekturlesen" die

Rede ist? Die Antwort auf diese Frage richtet sich danach, welche Textebene aktuell im Mittelpunkt des translatorischen Handelns steht.

6.1 Textebene und Korrekturbereich

Wie in dem in Kap. 2.2 besprochenen „TT+T-Modell" dargestellt, ist ein typografisch gestalteter Text ein Gewebe aus Zeichen, die einer bestimmten Struktur folgend auf mehreren Ebenen miteinander verflochten sind. Wir erinnern uns: die drei „T" stehen für „Tektonik", „Textur" und „Typografie". Das Korrekturlesen betrifft grundsätzlich alle drei Ebenen, doch rücken diese je nach Arbeitsphase in unterschiedlichem Maße in den Brennpunkt der Aufmerksamkeit.

1. Auf die *Tektonik,* die funktional-kommunikative Textstruktur, bezieht sich das *inhaltsbezogene* Korrekturlesen während oder nach Abschluss der Formulierungsphase (Roh- bzw. Arbeitsübersetzung). Hierzu lässt sich außerdem das in DIN EN 15038 geforderte Überprüfen des Textes auf seine Zwecktauglichkeit sowie das Vergleichen von Ausgangs- und Zieltext (S. 6) zwecks Überprüfung der „Terminologiekonsistenz sowie Adäquatheit von Sprachregister und Stil" (S. 11) zählen. Während Letzteres auch unter den im Folgenden behandelten Aspekt „Textur" fallen kann, gehört die fachliche Überprüfung durch den fachlichen Prüfer (S. 12) wieder eindeutig zur Tektonik. Auch Kapitel-, Tabellen- und Bildnummerierungen sowie Bildlegenden wären hier zu nennen.

2. Die „Textur" erfordert das *sprachbezogene* Korrekturlesen. Hier geht es um Stil und korrekte Terminologie ebenso wie um die Orthografie. Hat die Übersetzung bzw. das diese enthaltene Medium einen hohen Repräsentations- und Materialwert (vgl. Schopp 2005: 271), dann muss bei Anfertigung der Übersetzung durch TranslatorInnen mit B-Arbeitssprachenkompetenz die Übersetzung sprachlich überarbeitet („redigiert") werden. Man spricht im Translationswesen daher auch von „Sprachlektorat" (Didaou 1999: 383). Wenn nicht in einer „Vorkorrektur" (auch: „Vorauskorrektur") bereits durchgeführt, muss jetzt auf einheitliche Schreibung von Fremdwörtern (z. B. „ph" vs. „f"), Namen, Titeln und Berufsbezeichnungen, Zitaten, Abkürzungen, Zahlen, Maßen, Gewichten und anderen Daten geachtet werden, nicht zu vergessen Groß- und Kleinschreibung sowie die Zeichensetzung. Aus translatorischer Perspektive ist hier daran zu erinnern, dass Namen aus Sprachen mit nicht-lateinischen Schriftsystemen (z. B. Griechisch, Russisch, Arabisch) in lateinischer Schrift oft sprachspezifisch unterschiedlich transkribiert werden (vgl. Schopp 2005: 346f). Erst wenn der Text endgültig ausformuliert und orthografisch korrekt vorliegt – also wirklich satz- bzw. publikationsreif ist –, sollte mit der visuellen Gestaltung begonnen werden. Daher müssen translatorische Arbeitsleistungen wie „Fachlektorat" und „Mehrfach-Korrektur" (Didaoui 1999: 382f), die sich auf die sprachliche und sachliche Richtigkeit des Translats beziehen, vor der eigentlichen visuellen Gestaltung durchgeführt sein.

3. Die Korrektur auf der dritten Ebene, der Typografie, erfordert vom Korrekturlesenden ein typografisches Basiswissen und solide Kenntnis der zielkulturellen Gestaltungskonventionen bzw. Orthotypografie. Bei Herstellung des Print-

mediums in der Zielkultur übernahm früher der Korrektor im grafischen Betrieb automatisch die Kontrolle dieser Textebene – heute wird diese Funktion in nicht wenigen Betrieben nur noch unvollständig wahrgenommen. In der Ausgangskultur geht man meist stillschweigend von den eigenen Konventionen aus, so dass die Translatorin bzw. der Translator spätestens bei der Autor-/Kundenkorrektur als FachkorrektorIn einspringen muss.

Unter die typografische Korrektur fallen Zeilen- und Wortzwischenräume, das Auftreten von „Hurenkindern“ (siehe Kap. 3.2.7) und „Schusterjungen“, irritierende Trennungen am Zeilenende (Urin-stinkt, Blumento-pferde), „harte“ (im Zeileninneren stehengebliebene) Trennstriche, Trenn- bzw. Bindestriche in der Funktion von Gedankenstrichen und umgekehrt, falsche Zeichen (z. B. das Betazeichen β aus dem Symbolzeichensatz anstelle von ß – eine Art visueller Faux Ami; ß als Großbuchstabe anstelle von SS), das Zollzeichen "..." anstelle der typografischen Anführungszeichen „...“, das einfache Abführungszeichen ‘ oder gar die Akzentzeichen ´ ` anstelle des Apostrophs ’ und umgekehrt. Dies sind nur einige Beispiele, die Liste lässt sich beliebig fortsetzen.

Prinzipiell stehen in den frühen Korrekturphasen eher tektonische Aspekte im Vordergrund, darauf texturelle, schließlich typografische. Sollten in einer Korrekturphase mehrere Aspekte beachtet werden, sind auch mehrere Korrekturlesegänge notwendig, denn das menschliche Gehirn kann nicht viele Dinge gleichzeitig bewusst wahrnehmen.

6.2 Was alles man unter „Korrekturlesen“ versteht

Die Herstellung eines Mediums, das einen Text in typografischer Gestalt darbietet, war vor Einführung von Desktop-Publishing ein langer Prozess, an dem unterschiedliche Experten beteiligt waren. Während dieses Herstellungsprozesses wurde immer wieder Korrektur gelesen, wobei sich die Schwerpunkte naturgemäß verschoben. Waren es während der Formulierungsphase zunächst Stil und Wortwahl, richtete sich später das Augenmerk mehr auf Orthografie einschließlich der Orthotypografie, also der sprachkulturspezifisch korrekten Verwendung typografischer Zeichen. Streng genommen müssen also zwei Großbereiche des Korrekturlesens unterschieden werden: die verbale Formulierungsphase, die zu einer endgültigen sprachlichen Gestalt führen soll, und die visuelle Gestaltungsphase, die den verbalen Text typografisch für das Publizieren aufbereitet.

Wir müssen also daran denken, dass die Benennung *Korrekturlesen* unterschiedlichen Begriffen mit stark voneinander abweichendem Merkmalsumfang zugeordnet wird (vgl. auch Witzer 2003: 143). Die Bedeutung hängt vom Tätigkeitsbereich des Textschaffenden und der Bearbeitungsphase des Textes ab.

Das Wort *Korrektur* geht zurück auf das Lateinische: Das Verb *corrigo* bedeutet „geraderichten“, aber auch „berichtigen“ und „verbessern“; entsprechend ist *correctio* die „Verbesserung“ und der *corrector* ein „Verbesserer“ (zuweilen wurden auch „Sittenprediger“ als *corrector* bezeichnet). Die Verbesserungen betreffen alle im TT+T-Modell erfassten Textdimensionen.

In bestimmten Fällen wird die Korrektur als „Selbstkorrektur" durchgeführt, das heißt, dass der Korrekturlesende den zu korrigierenden Text selbst verfasst hat. Das hat den Nachteil, dass leicht Fehler übersehen werden (man weiß im Prinzip ja schon, was man geschrieben hat) oder bestimmte Fehler gar nicht wahrgenommen werden können. Daher beschränkt sich die Selbstkorrektur in der Regel auf die Korrektur und Überarbeitung von Erst- und Rohfassungen. Die „Fremdkorrektur" (siehe *Vier-Augen-Prinzip*) ist dort sinnvoll oder gar unerlässlich, wo eine relativ weit gediehene Endfassung auf Vollständigkeit und Korrektheit überprüft werden soll bzw. muss.

Im *Translationswesen* bezieht sich „Korrekturlesen" vor allem auf inhaltliche Aspekte: die Überprüfung von Terminologie, Sprache und Stil (vgl. Didaoui 1999 sowie DIN EN 15038), also eigentlich redaktionelle Arbeitsschwerpunkte (s. u.). Dies lässt sich aus den besonderen Umständen bei der Textgestaltung in der Translation und deren Arbeitsbedingungen verstehen, die u. U. zusätzliche Kontrollgänge erfordern, bevor der Text reif zur weiteren Bearbeitung für ein Print- oder elektronisches Medium ist. So sind bei Didaoui *Korrekturlesen*, *Überprüfen* und *Revision* unter dem Stichwort „Qualitätslektorat" zusammengefasst (wobei der Begriff *Revision* offensichtlich in einer anderen Bedeutung verwendet wird als im grafischen Gewerbe; s. u.), speziell auf die sprachliche Qualität achtet das *Sprachlektorat* (ebd.). Im Hinblick auf das Translat kann sich die Korrekturhandlung auf unterschiedliche Textbereiche erstrecken: die Vollständigkeit des Zieltextes im Vergleich zum Ausgangstext, die terminologische Korrektheit des Zieltextes, seine sprachliche Korrektheit im allgemeinen, die textsortenspezifisch stilistische Korrektheit, die Schreibung von Namen, die Verwendung kulturspezifischer typografischer Zeichen und dergleichen mehr.

Im *Verlagswesen* und im *grafischen Gewerbe* versteht man unter Korrekturlesen vor allem die Überprüfung der orthografischen und orthotypografischen Korrektheit des Printmediums. Dem gehen im Idealfall zwei Arbeitsphasen voraus, das *Lektorieren* und das *Redigieren* (vgl. Witzer 2003: 94). Sinn dieser Einteilung ist, den Bearbeitungsaufwand in Grenzen zu halten und optimale Voraussetzungen für die jeweils folgende Bearbeitungsphase zu schaffen (ebd.).

Beim *Lektorieren* geht es um die allgemeine sachliche, inhaltliche, sprachliche und stilistische Beurteilung des Manuskripts unter verlegerischem Aspekt. Fällt diese Phase zufriedenstellend aus, wird das Manuskript zum Redigieren weitergeleitet (Witzer 2003: 122). Hier werden formale, sprachliche und fachliche Details geklärt und kontrolliert bzw. korrigiert, Quellen und Verweise überprüft etc. Bei kleineren Verlagen können die Aufgaben des Lektorierens und Redigierens in Personalunion von einer Person wahrgenommen werden, eben dem Verlagslektor bzw. der Verlagslektorin.

Unter Umständen führt man beim Eintreffen der Textdatei im Verlag oder in der Druckerei als *Vor-* oder *Vorauskorrektur* eine sprachliche redaktionelle Bearbeitung und eine orthografische Korrektur des Manuskripts durch, um möglichst fehlerfreie Texte ins Satzsystem zu geben (Witzer 2003: 144). Sie umfasst neben der Korrektur orthografischer und grammatischer Fehler die Überprüfung auf

„einheitliche Schreibweise von Zahlen, Abkürzungen, Anführungen, Maßangaben und Namen" sowie die „Richtigkeit von Namen, Telefonnummern, Straßennamen" (Minoretti 1998:7). Allerdings wird dieser Arbeitsgang heute meist eingespart, indem man ihn dem Kunden bzw. Autor zuschiebt. Die Phase des eigentlichen Korrigierens bzw. Korrigierens im engeren Sinne setzt erst ein, wenn der Text in typografischer Gestalt vorliegt.

Das grafische Gewerbe kennt im Ablauf des Herstellungsprozesses einer Drucksache mehrere Korrekturphasen, die sich von der translatorischen Korrektur in ihrer Zielsetzung, d. h. dem Umfang und Fokus des Korrekturlesens z. T. wesentlich unterscheiden. Vom Eingang des Typo- oder Manuskripts bzw. heute vorzugsweise der teil- oder vollformatierten Textdatei (Witzer 2003: 176: „digitale Manuskripte") bis zur Aufnahme des Druckvorgangs sind mehrere fachspezifische Korrekturgänge vorgesehen, die ein Höchstmaß an sprachlicher wie visueller (orthografischer und orthotypografischer) Qualität sichern sollen. Dabei gilt der Grundsatz, dass neben den für die betreffende Korrekturphase spezifischen Schwerpunkten stets die korrekte Durchführung der im vorausgehenden Korrekturgang geforderten Korrekturen überprüft wird.

Zu Bleisatzzeiten erfolgte nach dem Setzen des Textes eine (bei Bedarf auch mehrmalige) Selbstkorrektur durch den Setzer, bevor dieser einen Korrekturabzug an den Korrektor zur internen *Hauskorrektur* gab. Heute wird dies durch die Rechtschreibkontrolle der Textverarbeitungssoftware mehr oder weniger automatisch durchgeführt, doch reicht ein elektronischer Korrekturdurchlauf nicht aus, da die Software nicht alle Aspekte berücksichtigen kann.

Die Hauskorrektur von Qualitätsarbeiten erfordert zweimaliges Lesen (vgl. DIN EN 15038: „Vier-Augen-Prinzip"): zuerst anhand des Manuskripts, dann wird das Ganze noch einmal frei überlesen. Die Kontrolle über die korrekte Durchführung dieser Korrekturen wird in der (ebenfalls internen) *Hauskorrekturrevision* vorgenommen. Erst dann wird dem Kunden ein Korrekturabzug vorgelegt (die sog. Kunden- oder *Autorkorrektur*). Handelt es sich um ein umfangreiches Druckwerk, erhält der Kunde vor dem Seitenumbruch Fahnenabzüge, die er mit dem Vermerk „Gut zum Umbruch" an den grafischen Betrieb zurückschickt. Nach erfolgtem Umbruch erhält der Kunde dann eine weitere Autorkorrektur, diesmal in der endgültigen Form als Probeabzüge oder – wenn Bilder und Farben vorgesehen sind – als möglichst farbähnliche „Proofs", die in Deutschland mit dem Imprimaturvermerk, in der Schweiz mit dem Vermerk „Gut zum Druck" an die Druckerei zurückgehen. Dort erfolgen intern noch die Korrekturphasen der *Bogenrevision*, die der Kunde normalerweise nicht mehr zu Gesicht bekommt; hier geht es neben der Kontrolle der korrekten Durchführung kleinerer Autorkorrekturen bei mehrseitigen Arbeiten um die korrekte Seitenfolge („Ausschießen" bzw. Bogenmontage), sowie um Standkontrolle und die Platzierung von Falz- und Schnittzeichen. Unmittelbar vor dem Beginn des Druckvorgangs erfolgt bei Bedarf eine letzte Kontrolle in der *Maschinenrevision*.

6.3 Auf die richtige Lesetechnik kommt's an

Warum fällt es vielen Leuten nicht leicht, Korrektur zu lesen? Oder anders gefragt: Warum werden beim Korrekturlesen doch immer wieder Fehler übersehen? Die Gründe sind zum einen in einer falschen Lesetechnik zu suchen, zum andern im Kompetenzprofil des Korrekturlesenden.

Es ist alles andere als einfach, einen selbst verfassten oder gestalteten Text Korrektur zu lesen. Dafür gibt es mehrere Gründe. Zum einen lesen wir unsere Texte anders als fremde (wir wissen ja bereits, was wir geschrieben haben). Diese fehlende Distanz zum eigenen Text schränkt gerade bei der Selbstkorrektur die Fähigkeit ein, eigene Fehler zu finden (Didaoui 1999: 382). Damit ist aber nur ein Aspekt erfasst. Der andere Grund besteht darin, dass die Technik des Korrekturlesens psychophysiologisch selten professionell beherrscht wird und man den Text als geübter Leser wie beim normalen Lesen rezipiert, d. h. die zu korrigierenden Texte werden oft mit der gleichen Lesetechnik überflogen, die wir allgemein bei Lektüre anwenden – vielleicht sogar in einem „Speed reading"-Leseverfahren oder durch kursorisches Lesen. Dadurch aber werden Wortbilder, die von den im Gedächtnis gespeicherten abweichen, nur dann wahrgenommen, wenn sie sich bei einer Fixation im Sehfeld befinden (s. u.). Und schließlich sind wir nicht alle gleichermaßen für alle Aspekte des Korrekturlesens geschult: Der orthotypografische Aspekt dürfte bei vielen LaientypografInnen und auch TranslatorInnen recht schwach ausgebildet sein und von ihnen nur unvollständig berücksichtigt werden. Ein Beispiel: Hat man keine deutsche Tastaturbelegung, verwenden viele anstelle des „ß" das Betazeichen („β") aus dem Symbolzeichensatz. Dieser „visuelle Faux Ami" wird von Korrekturlesenden oft ignoriert.

Machen wir uns bewusst, dass beim normalen Lesen die Augen in ruckartigen Bewegungen, sog. Sakkaden, die Zeile entlang gleiten, wobei sie beim geübten Leser in den zwischen diesen Sakkaden befindlichen Ruheperioden, den Fixationen, Wortbilder aufnehmen und an das Gehirn weiterleiten (Abb. 51), dann verstehen wir, dass selbst diese Lesetechnik nicht geeignet ist, wenn es darum geht, die Korrektheit von einzelnen Zeichen festzustellen – ganz zu schweigen von den „Speed reading"-Methoden wie die bei Buzan aufgelistete „S"-Methode, die „Zick-Zack"-Methode, Schleife, vertikale Wellenbewegung u. a. m. (2005: 120ff). Es dürfte einleuchten, dass dabei mancher Fehler übersehen wird.

An diesem kleinen Text soll der Leseprozeß anschaulich
gemacht werden. Die Kreise stehen für die Fixations-
perioden, bei denen das Auge ruht und Wortbilder auf-
nimmt. Die geraden Linien symbolisieren hier die
Sakkaden, die gebogene Linie stellt eine sogenannte
Regressions-Sakkade dar.

Abb. 51: Der psychophysiologische Leseprozess beim linearen Lesen

Das in der deutschen Translatologie gebrauchte Wort *Translotion* ist nicht aus dem englischen *tranlation* entlehnt, sondern wesentlich älter. So gibt es im Wörterbuch der Brüder Grimm die *translatze* und *translatieren*. Sowohl das englische *transslation* als auch das duetshce *Translation* sind also vom lateinischen *translatio* abzuleiten.

Abb. 52: Korrekturen mit Grundzeichen, Grundzeichen mit „Fähnchen", Winkelzeichen und Deleaturzeichen

6.4 Und so wird Korrektur gelesen

Korrekturlesen ist „detailgenaues Vergleichslesen" (Witzer 2003: 111). Am Bildschirm – an dem heute meist „Korrektur gelesen" wird – lässt sich das kaum ganz befriedigend realisieren, der Ausdruck auf Papier ist da immer noch die zuverlässigere Lösung.

Gelesen wird beim professionellen Korrekturlesen in erster Linie der Korrekturabzug, und zwar Zeile für Zeile, Wort für Wort, bei Bedarf sogar Zeichen für Zeichen. Das geschieht so, dass man die Vorlage bzw. das Manuskript links vor sich liegen hat, rechts daneben die Korrekturfahne bzw. der Seitenabzug (bei Linkshändern natürlich umgekehrt).

Nun wandern die Augen ständig zwischen dem Abzug und der Vorlage hin und her und vergleichen die betreffenden Elemente. Zur Erleichterung und Orientierung im Text benutzt man ein Lineal oder etwas Ähnliches als Hilfsmittel, durch das das Auge sofort auf die betreffende Zeile im Manuskript gelenkt wird. Für den Korrekturabzug dient der Korrekturstift (er sollte eine andere Farbe als der gedruckte Text haben) auf Höhe der zu lesenden Zeile als Orientierungshilfe.

Entdeckt man einen Fehler (sprachlicher oder typografischer Art), wird dieser Fehler im Abzug angezeichnet, und zwar mit einem der im nächsten Kapitel beschriebenen Zeichen. Das gleiche Zeichen wird dann am rechten Rand möglichst auf Höhe der betreffenden Zeile wiederholt und daneben die richtige Variante geschrieben. Dies ist schon allein deshalb wichtig, weil gesetzte (typografische) Texte – anders als z. B. wissenschaftliche Manu- oder Typoskripte mit ihrem anderthalbfachen oder doppelten Zeilenabstand – innerhalb des Textes oft wenig Raum für Korrekturen lassen.

Für den Gebrauch der Korrekturzeichen (siehe Kap. 6.5) sind einige Prinzipien zu beachten, damit eine möglichst eindeutige Kommunikation zwischen Korrekturlesendem und Korrekturausführendem gewährleistet ist:

1. Die Korrektur muss eindeutig sein. Das heißt im Klartext: Derjenige, der die Korrektur liest muss denjenigen, der die Korrektur ausführt, genau davon in Kenntnis setzen, was zu tun ist. Daher gilt beim Korrekturzeichengebrauch das – wie ich es hier nenne – „Ersetze-X-mit-Y-Prinzip". Zum Beispiel (siehe oben Abb. 52): Steht im gesetzten Text statt „Translation" das Wort „Translotion", wird

das erste „o“ mit einem senkrechten Strich markiert, der durch den Buchstaben geht, und am rechten Textrand wird das Zeichen wiederholt und dahinter ein „a“ geschrieben, so dass das Wort „Translation“ entsteht. Steht im Text „Tranlation“, wird das „n“ angestrichen und am Textrand hinter dem Korrekturzeichen „ns“ geschrieben. Überflüssige Buchstaben wie z. B. in „Transslation“ werden wie beschrieben im Text angezeichnet, am Rand folgt dann allerdings hinter dem betreffenden Korrekturzeichen ein besonderes Zeichen, das Deleaturzeichen (Abb. 53 unten). Dieses war ursprünglich eine Abkürzung, bestehend aus dem „d“ der Deutschen Schreibschrift mit einem angehängten „l“ für lat. *deleatur,* d. h. „es werde getilgt“. Am besten ist diese Buchstabenverbindung noch beim spanischen und englischen Deleaturzeichen zu erkennen (Abb. 54). Im Laufe der Zeit hat es sich zu einem eigenen Zeichen entwickelt, das nur noch entfernte Ähnlichkeit mit dem ursprünglichen Deleaturzeichen aufweist (Abb. 53).

Ist die Fehlerdichte in einem Wort zu groß, werden erster und letzter Buchstabe des Wortes angestrichen und mit einem waagrechten Strich verbunden; am Rand wird dann das Wort richtig geschrieben (Abb. 52, vorletzte Zeile des Beispiels).

Um Eindeutigkeit zu gewährleisten, muss bei großer Fehlerdichte das Grundzeichen durch Zusätze („Fähnchen“ – vgl. Abb. 52) variiert werden, und zwar so oft, bis wirklich keine Verwechslung mehr möglich ist. Da bei einem Text in kleinem Schriftgrad und geringem Zeilenabstand bei einer hohen Fehlerfrequenz der Raum am Rand kaum ausreichen wird, erweist sich die im Einführungstext zu den genormten Korrekturzeichen in DIN 16511 auf S. 6 aufgeführte Einschränkung der Variationsregel auf Fehler innerhalb einer Zeile als unrealistisch und unbrauchbar. Und noch eine Bemerkung: Nach logischer Anwendung des „Ersetze-X-mit-Y-Prinzips“ dürften streng genommen bei bestimmten Fehlertypen (z. B. einem falschen Wort) die Wortzwischenräume nicht mit angezeichnet werden, denn auch diese sind Bedeutungselemente.

»d« der
Deutschen Kurrent

»d« der
Sütterlin-Schrift

»d« der
Offenbacher Schrift

Deleaturzeichen
von 1733

Deleaturzeichen
nach DIN 16511

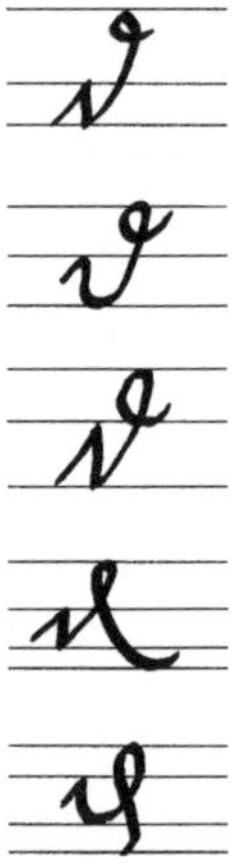

Abb. 53:
Das „d“ der Deutschen Schreibschrift und das deutsche Deleaturzeichen

2. Jede Korrektur muss sinnvoll, d. h. auch durchführbar sein; es muss z. B. Platz für eine vorgeschlagene Trennung oder die Behebung eines „Hurenkindes" vorhanden sein. Daraus folgt:

3. In bestimmten Situationen muss *prospektiv* (vorausschauend) korrigiert werden, d. h. die Folgen einer Korrektur (z. B. neue oder andere Trennung, Einfügung oder Tilgung von Wörtern) müssen abgeschätzt und berechnet werden, denn es können korrekturbedingt dadurch neue Trennungen und daraus folgend ein neuer Zeilen- oder gar Spalten- und Seitenumbruch entstehen. Das prospektive Korrigieren ist besonders wichtig im Translationsprozess, wenn Sprachunkundige mit dem Medium weiterarbeiten sollen, d. h. bei Herstellung des Print- oder digitalen Mediums in der Ausgangs- oder einer Drittkultur (s. u.).

6.3 Eine eigene Zeichensprache

Zwei Gründe haben dazu geführt, dass sich für das Korrekturlesen ein eigenes Zeichensystem etabliert hat. Der erste Grund besteht darin, dass es, wie bereits erwähnt, bei typografisch gestalteten Texten oft nicht möglich ist, die Verbesserungen an der betreffenden Stelle im Text selbst einzuzeichnen und der Fehler daher im Text nur markiert werden kann, die Korrektur aber an den Rand geschrieben werden muss. Der zweite Grund ist, dass während des Produktionsprozesses eines Print- oder digitalen Mediums immer wieder und von unterschiedlichen Beteiligten redigiert und Korrektur gelesen wird. Diese müssen miteinander kooperieren und folglich kommunizieren. Dies geschieht in der Regel nicht verbal-auditiv, sondern verbal-visuell anhand von Zeichen. Zeichen aber müssen – wie allerorts, wo sie in kommunikativer Absicht zum Einsatz kommen – „verstanden" werden, d. h. sie müssen konventionalisiert sein.

Um die Kommunikation zwischen allen Beteiligten zu erleichtern und die Eindeutigkeit der Korrekturen zu gewährleisten, hat sich schon relativ früh im grafischen Gewerbe ein System von Korrekturzeichen etabliert, das 1929 in Form einer DIN-Norm im deutschen Sprachraum verbindlich wurde. Diese Norm, die 1966 überarbeitet wurde und trotz mehrfachem Wandel der Satztechnologie immer noch gilt (vgl. Rezension in *Lebende Sprachen* 2/2007: 93–96) bildet auch die Grundlage für die Korrekturanweisungen im Rechtschreibduden (Duden 2006: 131–136); darüber hinaus berufen sich die Darstellungen des Korrekturlesens in der Fachliteratur und im Internet in der Regel auf die Norm.

Etwa zwei Drittel der in der Norm festgelegten Korrekturzeichen sind auch auf Texte anwendbar, die mit digitaler Satz-/Layoutsoftware hergestellt wurden, das restlich Drittel bezieht sich auf den Bleisatz und ist z. T. heute irrelevant oder muss für entsprechende Formatierungsfehler adaptiert werden. Eine brauchbare Darstellung der Norm befindet sich in der 24. Auflage des Rechtschreibdudens im Kapitel „Textkorrektur" (Duden 2006: 131–136). Ausführlicher ist die Norm mit – allerdings nicht immer ausreichend – erklärenden Kommentaren in der Broschüre *Korrekturzeichen und deren Anwendung nach DIN 16511* des Beuth-Verlags zugänglich.

Deutsches Deleaturzeichen

Englisches Deleaturzeichen

Spanisches Deleaturzeichen

Niederländisches Tilgungszeichen

Abb. 54: Einige Tilgungszeichen im internationalen Vergleich (nach Witzer 2003:308)

Beim Arbeiten in interkulturellen Netzwerken sollte nicht vergessen werden, dass Korrekturzeichen zum Teil kulturspezifisch sein können (Abb. 54; vgl. auch die Listen in Witzer 2003: 307–313). Dies gilt bereits für den binnendeutschen Kulturraum, da in den östlichen Bundesländern einige von DIN 16511 abweichende Zeichen verwendet werden (vgl. Duden 2006: 135) und in der Schweiz das Winkelzeichen eine andere Gestalt hat.

6.6 Wichtig, doch gern vergessen: die Kundenkorrektur

Wie in Kapitel 5.5 bereits beschrieben, ist aus translatorischer Sicht die Autor- oder Kundenkorrektur als Teil des gesamten Translationsprozesses besonders dann wichtig, wenn das zielkulturelle Medium (Print oder in elektronischer Form) in der Ausgangskultur bzw. einer Drittkultur hergestellt wird. Denn vor allem in kleineren Translationskulturen ist es üblich, auch solche Texte in die B-Arbeitssprache zu übersetzen, die publiziert werden. Daher endet die translatorische Verantwortung nicht mit der Abgabe des Typoskripts bzw. der elektronischen Datei beim Auftraggeber, sondern erst, wenn sichergestellt ist, dass auch die visuelle Gestalt des Textes den Konventionen der Zielkultur entspricht. Da der Auftraggeber oder Kunde in der Ausgangskultur in der Regel nicht selbst beurteilen kann, ob im Hinblick auf die zielkulturelle Funktion auf dem Korrekturabzug alles orthografisch und orthotypografisch korrekt ist, bleibt als einzige kompetente Institution der Translator bzw. die Translatorin. Dies setzt allerdings voraus, dass die Betreffenden über eine typografische Basiskompetenz und weitreichende Kenntnisse der zielkulturellen Orthotypografie verfügen.

> Bei der Herstellung eines Kommunikationsmediums wird in den verschiedenen Arbeitsphasen nach unterschiedlichen Gesichtspunkten Korrektur gelesen. Dabei ist zwischen *inhaltsbezogenem* und *sprachbezogenem* Korrekturlesen zu unterscheiden. Letzteres umfasst sowohl die *orthografische* Richtigkeit als auch die (sprachspezifische) *orthotypografische* Korrektheit des gesetzten Textes.

Quellenangaben und weiterführende Literatur

Buzan, Tony. 2005. *Speed Reading.* 10. Aufl. Heidelberg: mvg Verlag.

Didaoui, Mohammed. 1999. „Qualitätslektorat." Snell-Hornby, Mary & Hönig, Hans G. & Kußmaul, Paul & Schmitt, Peter A. (Hrsg.). *Handbuch Translation.* 2., verb. Aufl. Tübingen: Stauffenburg, 1999, 144–147.

DIN 16511. 2006. Korrekturzeichen und deren Anwendung nach DIN 16511. 2. vollst. überarb. Aufl., bearb. von Barbara Hoffmann. Berlin, Wien, Zürich: Beuth.

DIN EN 15038. 2006. *Übersetzungs-Dienstleistungen – Dienstleistungsanforderungen.* Berlin: Beuth.

Duden. 2006. *Die deutsche Rechtschreibung.* 24., völlig neu bearb. und erw. Auflage. Hrsg. von der Dudenredaktion. Auf der Grundlage der neuen amtlichen Rechtschreibregeln. Der Duden in 12 Bänden, Bd. 1. Mannheim, Leipzig, Wien, Zürich: Dudenverlag.

Holz-Mänttäri, Justa. 1984. *Translatorisches Handeln. Theorie und Methode.* Annales Academiae Scientiarum Fennicae B 226. Helsinki: Suomalainen Tiedeakatemia.

Minoretti, Renata. 1998. *Avor Text / Avor DTP.* Bd. 3 der Lehrmittelausgaben Satztechnik und Typografie, hrsg. von der Gewerkschaft Druck und Papier. 2., überarbeitete Aufl. Bern: GDP-Verlag.

Schopp, Jürgen F. 2005. *»Gut zum Druck«? – Typografie und Layout im Übersetzungsprozess.* Acta Universitatis Tamperensis 1117. Tampere: Tampere University Press. www-Version: http://acta.uta.fi/pdf/951-44-6465-6.pdf

Schopp, Jürgen F. 2007. „Korrekturlesen – ein translatorisches Stiefkind?" In: *Lebende Sprachen* Nr. 2/2007, 69–74. [mit einer Rezension von: *Korrekturzeichen und deren Anwendung nach DIN 16511.* Hrsg. von DIN Deutsches Institut für Normung e.V., 2. vollst. überarb. Auflage, bearb. von Barbara Hoffmann; Berlin: Beuth-Verlag, 2006. In: *Lebende Sprachen* Nr. 2/2007, 93–96].

Witzer, Brigitte (Hrsg.). 2003. *Duden, Satz und Korrektur: Texte bearbeiten, verarbeiten, gestalten.* Mannheim, Leipzig, Wien, Zürich: Dudenverlag.

Abbildungsnachweis

Abbildung 51 ist Schopp (2005: 226) entnommen; die Abbildungen 52–54 stammen aus Schopp (2007).